Erfolgreiches Referendariat

Bernd Oehmig

# Erfolgreiches Referendariat

Hinweise und Hilfen für Schule
und Lehramtspraktika

PETER LANG
Frankfurt am Main · Berlin · Bern · Bruxelles · New York · Oxford · Wien

**Bibliografische Information Der Deutschen Bibliothek**
Die Deutsche Bibliothek verzeichnet diese Publikation in der
Deutschen Nationalbibliografie; detaillierte bibliografische
Daten sind im Internet über <http://dnb.ddb.de> abrufbar.

ISBN 3-631-54177-5
© Peter Lang GmbH
Europäischer Verlag der Wissenschaften
Frankfurt am Main 2005
Alle Rechte vorbehalten.

Das Werk einschließlich aller seiner Teile ist urheberrechtlich geschützt. Jede Verwertung außerhalb der engen Grenzen des Urheberrechtsgesetzes ist ohne Zustimmung des Verlages unzulässig und strafbar. Das gilt insbesondere für Vervielfältigungen, Übersetzungen, Mikroverfilmungen und die Einspeicherung und Verarbeitung in elektronischen Systemen.

www.peterlang.de

# Inhaltsverzeichnis

**Kapitel 1 Einleitung**     9

**Kapitel 2 Die Unterrichtsplanung**     15

| | | |
|---|---|---|
| 2.1 | Die thematische Einordnung der Stunden in eine Unterrichtseinheit | 15 |
| 2.2 | Ziele und Zielformulierungen | 18 |
| 2.3 | Sinn- und Bedeutungsgebung | 24 |
| 2.4 | Das Anforderungsniveau | 26 |
| 2.5 | Die Sachstrukturproblematik und die didaktische Reduktion | 28 |
| 2.6 | Sachanalyse und Sachdarstellung | 32 |
| 2.7 | Überlegungen zum Grundaufbau der Stunde | 33 |
| 2.8 | Die Strukturierung von Unterricht | 35 |
| 2.9 | Einzelne Unterrichtsphasen | 39 |
| 2.9.1 | Der Unterrichtseinstieg | 39 |
| 2.9.2 | Weitere Phasen | 41 |
| 2.9.3 | Allgemeine Hinweise zur Phasengestaltung | 41 |
| 2.10 | Verschiedene Elemente der Unterrichtsplanung | 42 |
| 2.10.1 | Angaben über die Lerngruppe | 42 |
| 2.10.2 | Angaben über den „sachstrukturellen Entwicklungsstand" | 43 |
| 2.10.3 | Angaben über die Ausstattung der Schule | 44 |
| 2.10.4 | Literaturangaben | 44 |
| 2.11 | Didaktische Überlegungen | 45 |
| 2.12 | Methodeneinsatz und Sozialformen | 47 |
| 2.13 | Der Medieneinsatz | 50 |
| 2.13.1 | Medien allgemein | 52 |
| 2.13.2 | Inhaltliche Fragen an das Medium | 52 |
| 2.13.3 | Fragen zur Darbietungsform und zur Wirksamkeit | 54 |
| 2.14 | Einzelne Medien | 56 |
| 2.14.1 | Textmedien | 56 |
| 2.14.2 | Der Arbeitsbogen | 58 |
| 2.14.3 | Die Tafel | 60 |
| 2.14.4 | Der Overhead- und der Dia-Projektor | 61 |
| 2.14.5 | Der Filmeinsatz | 62 |
| 2.14.6 | Computer und Internet | 63 |
| 2.14.7 | Spiele | 64 |
| 2.15 | Berücksichtigung allgemeiner Prinzipien bei der Unterrichtsplanung | 64 |

| | | |
|---|---|---|
| 2.15.1 | Unterricht vom Phänomen aus und problemorientierter Unterricht | 67 |
| 2.15.2 | Verstehen lehren | 68 |
| 2.15.3 | Berücksichtigung lernbiologischer Gesichtspunkte | 75 |
| 2.16 | Die Verlaufsplanung | 77 |
| 2.17 | Abschluß der Planung | 81 |

**Kapitel 3 Die Durchführung von Unterricht** 83

| | | |
|---|---|---|
| 3.1 | Die Einstiegsphase | 83 |
| 3.2 | Mündliche Unterrichtsabschnitte und Impulsgebung | 84 |
| 3.3 | Die Arbeit an den Medien | 87 |
| 3.4 | Der Umgang mit Methoden und Sozialformen | 88 |
| 3.5 | Lesen | 89 |
| 3.6 | Flexibilität | 89 |
| 3.7 | Die Beobachtung der Schüler | 90 |
| 3.8 | Auswertungssituationen | 91 |
| 3.9 | Das Lehrerverhalten | 92 |
| 3.10 | Verschiedene Aspekte der Unterrichtsdurchführung | 92 |

**Kapitel 4 Anmerkungen zu den einzelnen Unterrichtsfächern** 95

| | | |
|---|---|---|
| 4.1 | Deutsch | 95 |
| 4.2 | Fremdsprachen | 97 |
| 4.3 | Mathematik | 97 |
| 4.4 | Naturwissenschaftliche Fächer | 98 |
| 4.4.1 | Biologie | 99 |
| 4.4.2 | Chemie | 100 |
| 4.4.3 | Erdkunde | 100 |
| 4.5 | Informationstechnischer Unterricht | 101 |
| 4.6 | Geschichte | 102 |
| 4.7 | Bildende Kunst | 102 |
| 4.8 | Sport | 103 |
| 4.9 | Vorfachlicher Unterricht | 104 |

**Kapitel 5 Analyse von Unterricht** 107

**Kapitel 6 Den Unterricht bestimmende Leitlinien und
Fragen der Leistungsbewertung** 113

| | | |
|---|---|---|
| 6.1 | Begriffsbildung im Unterricht | 113 |
| 6.2 | Berücksichtigung von Schülerinteressen und der Ernstcharakter von Unterricht | 116 |
| 6.3 | Lernen und Motivation | 122 |
| 6.4 | Offenere Unterrichtsformen – Wege aus der Lehrerzentrierung | 126 |
| 6.5 | Sprache und Sprechen im Unterricht | 137 |
| 6.6 | Differenzierung | 138 |
| 6.7 | Leistungsbewertung | 143 |
| 6.7.1 | Schriftliche Leistungen | 146 |
| 6.7.2 | Bewertung eines Schulhefters | 149 |
| 6.7.3 | Die Ermittlung der mündlichen Leistung | 150 |

**Kapitel 7 Der Referendar in der Schule** 153

| | | |
|---|---|---|
| 7.1 | Die Rolle der Mentoren | 153 |
| 7.2 | Hospitationen | 155 |
| 7.3 | Die erste Stunde | 157 |
| 7.4 | Lehrer und Schüler im Unterricht | 159 |
| 7.5 | Unterrichtsdemonstrationen – „Vorführstunden" | 161 |
| 7.6 | Das Zusammenleben in der Schule und der Umgang der Personen untereinander | 165 |
| 7.7 | Disziplinschwierigkeiten und Störeinflüsse | 167 |
| 7.8 | Der massiv gestörte Unterricht – die gestörte Schule | 174 |
| 7.9 | Formale Regelungen | 176 |
| 7.10 | Was im Referendariat noch wichtig ist | 178 |

**Kapitel 8 Die Prüfungsarbeit** 181

# Kapitel 1 Einleitung

Dieses Buch richtet sich an Lehramtsanwärter, die in der Grundschule und der Sekundarstufe I der Oberschulen im Rahmen der zweiten Ausbildungsphase zum Lehrer oder Studienrat ausgebildet werden. Darüber hinaus kann es all jenen Lehramtstudenten hilfreich sein, die im Studium ihre Unterrichtspraktika absolvieren. Ziel ist es, den Ausbildungsunterricht zu optimieren und sich im Dschungel von Anweisungen, Erfordernissen, Wünschen, Ratschlägen und Regeln zur Planung und Durchführung von Unterricht zurechtzufinden.

„Sechste Regel. Zergliedert das Zusammengesetzte", heißt es in § 149 der „Anweisung zum zweckmäßigen Schulunterricht für Schullehrer im Fürstentum Münster" 1793 (B. Overberg, 1957, S. 130, Abdruck der Ausgabe von 1793). Diese Form der Unterrichtsanweisung gilt heute zu Recht als obsolet, berücksichtigt sie doch weder inhaltliche Erfordernisse noch die Intentionen der Lehrkraft, Erkenntnisse der Lernforschung oder die Belange der Lerngruppe. Dennoch stellt sich die Frage, unter welchen Bedingungen bestimmte Entscheidungen, Regeln oder Vorgaben „richtig" oder „falsch" sein können.

Die „Hinweise und Hilfen" wollen nun dazu beitragen, einen Ausweg aus der Regelfalle zu finden. Allerdings werden nur solche Felder von Unterricht und Ausbildung fokussiert, die erfahrungsgemäß gewisse Probleme bereiten. Diese Problemlagen können vorzeitig erkannt und entschärft werden. Die Hinweise verstehen sich nicht als Handlungsregelung oder Verfahrensanweisung, sondern als Vorschlag und Anregung.

Der Umgang mit Regeln in Form von Unterrichtsrezepten wird kritisch gesehen, weil diese u.a. als formal gelten oder weil sie mitunter nur Probleme aufzeigen, aber keine Lösungsmöglichkeiten bieten. Oft werden keine Kriterien für das Wie und Warum einer Handlung geliefert. Ein besonders heikler Punkt und ein begründeter Einwand gegen die Rezepte ist die oft fehlende theoretische Fundierung der Rezeptur oder der Handlungsanweisung, wie sich auch in den Beratungsgesprächen im Anschluß an die Unterrichtsbesuche zeigt. Hier wird nicht selten im Kern damit argumentiert, daß etwas üblich sei.

Diese Einwände können nun aber nichts an dem Umstand ändern, daß viele Berufsanfänger im Lehramt dem durch eine Anweisung oder eine Regel bezeichneten Sachverhalt – ganz gleich, welche Alternative zur Lösung denkbar ist – nicht genügend Aufmerksamkeit widmen. Dies wiederum zeigt sich in der Durchführung von Unterricht dann als kritische Passage im Ablauf, als Lernstörung, als Verständniserschwernis, als ungeeignete Medienwahl, als fehlendes Unterrichtsergebnis oder dergl. mehr.

Es ist daher nicht erforderlich, eine Regel wie die über das „Zergliedern" aufzustellen, sondern es ergibt sich eher die Frage, ob der Planende an dieser Stelle überhaupt ein Problem gesehen hat und tatsächlich zu einer bewußten Entscheidung gekommen ist. Wenn ja, dann kann weitergefragt werden, ob diese Entscheidung mit den Intentionen vereinbar ist (z.B. das Zusammengesetzte zu zergliedern oder nicht). Erst danach ist die Frage nach dem Wie zu stellen und zu beantworten. Die Frage nach dem Richtigen bzw. Falschen wird durch die Frage nach dem unter den gegebenen Bedingungen Bestmöglichen abgelöst.

Hier wird die Ansicht vertreten, nicht das Aufstellen einer Regel ist negativ zu sehen, sondern der damit verbundene Dogmatismus: Oft ist die Beachtung einer Regel hilfreich, aber eben nicht unter allen Umständen. Da es im übrigen ganz sinnlos wäre, ein komplexes Geschehen wie Unterricht mit einem Regelwerk überziehen zu wollen und die Regeln als solche schon problematisch sein können, zeigt sich der Sinn der vorliegenden Überlegungen im Aufweisen typischer, immer wieder auftretender Problemkreise einerseits und dem Versuch der Bewußtmachung, daß hier durch Fokussierung der Aufmerksamkeit auf bestimmte unterrichtliche Entscheidungen andererseits eine möglichst gangbare und widerspruchsfreie Unterrichtskonzeption realisiert werden kann.

Die Konzeption der Überlegungen zur Verbesserung des Unterrichts kann wie folgt veranschaulicht werden:

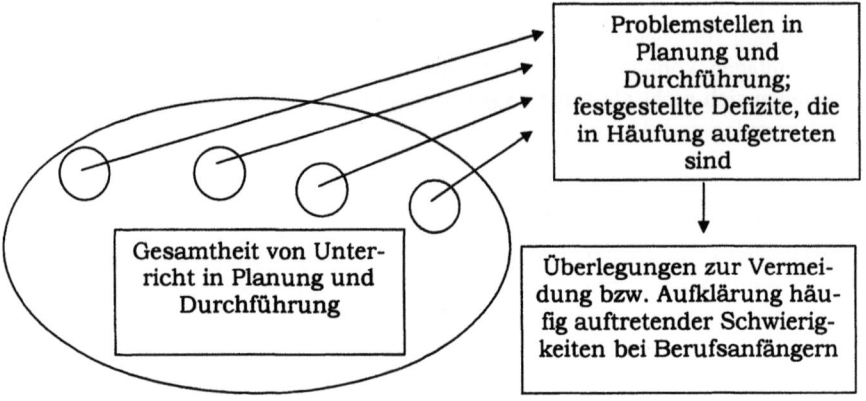

Damit soll deutlich werden: In der Praxis gehäuft auftretende Probleme (kleine Kreise) des Unterrichtens (Ellipse) werden aufgegriffen (Pfeile) und benannt (oberes Kästchen). Sie werden einer Betrachtung zur Problembewältigung zugeführt (unteres Kästchen). Es sollen demnach keine allgemeinen Regeln aufgestellt werden (auf bestimmte Ausnahmen wird gesondert eingegangen), sondern Überlegungen zur praktikablen Handhabung bestimmter Teilbereiche von Planung und Unterrichtsdurchführung angestellt werden. Immerhin erscheint dies möglich, denn bei aller Skepsis den Ratschlägen oder Hinweisen gegenüber, ist es doch sehr auffällig, daß es immer wieder die gleichen Planungsstrukturen und -entscheidungen sind, die, wenn sie in die Praxis umgesetzt werden, nicht nur dem Unterrichtsbeobachter, sondern auch dem Lehrenden selbst als weniger geglückte Lösungen erscheinen. Das Vorhaben macht auch mit Blick auf das an den Unterricht anschließende Beratungsgespräch Sinn. Dieses basiert nämlich genau auf denjenigen Auffassungen von gelungenem Unterricht, über die weithin Konsens bestehen dürfte. Es existiert in weiten Teilen eine Art Gleichklang der Auffassung bei Ausbildern und Lehramtsanwärtern darüber, was unterrichtstauglich und was weniger unterrichtstauglich ist. So gesehen bekommen die Hinweise und Hilfen, die in Einzelfällen Regelcharakter annehmen können, einen neuen Sinn, ja, ohne sie wäre eine anleitende Arbeit gar nicht denkbar. Wichtig ist dabei nicht, was der einzelne meint, für richtig erachtet oder selbst favorisiert, sondern ob unter den gegebenen Umständen die Schüler den größtmöglichen Ertrag erzielen konnten. Damit wird auf eine Ebene von Unterricht gezielt, die sehr konkret ist. Das heißt auch, sie ist zum Teil weit ab von allgemeinen Unterrichtsansätzen, Lernarrangements, systemischer Unterrichtsbetrachtung usw. Folglich geht es nicht um Unterrichtsansätze im allgemeinen, sondern um die Optimierung von Einzelschritten. Deshalb ist im folgenden keine Unterrichtsdidaktik zu erwarten, und viele Felder sind gänzlich ausgeblendet, da sie erfahrungsgemäß kaum Widerstände bieten oder den an der Ausbildung Beteiligten kaum Anlaß zur Besorgnis sind.

Erfahrungsgemäß läßt bereits das Betrachten einiger Planungselemente gewisse Voraussagen über Passagen des Stundenverlaufes zu, die mit dem Anliegen der Lehrkraft nicht vereinbar sind. Auch auf solche Elemente wollen die nachfolgend aufgeführten Punkte aufmerksam machen.

In der langen Literaturliste zu den Themen von „Unterrichtslehre" oder „Unterrichtsplanung" finden sich viele Hinweise und Anregungen – teils mit besonderer Schwerpunktsetzung (Fragenkatalog für die Stundenplanung, Reflexion organisatorisch-technischer Unterrichtsvoraussetzungen u.a.). Auch für die Unterrichtsbeobachtung und damit die Bewertung von Unterricht gibt es lange Checklisten. Im vorliegenden Fall wird nicht der Weg der Vollständigkeit verfolgt, sondern es wird auf bestimmte Defizitstellen aufmerksam gemacht. Diese allerdings sind solche, die sich in jahrelanger Unterrichtsbeobachtung gehäuft herauskristallisiert haben. Auf solche Problemstellen werden die Hinweise und Überlegungen zulaufen, nicht aber generell auf Unterricht, so daß nur bestimmte Aspekte erfaßt werden.

In Form einer Aufzählung von Problemkreisen zu verschiedenen Themen verstehen sich die Ausführungen als Anregung, Hinweis, Frage, Bedenken oder Erprobungsratschlag für das Gelingen einer Planung und ihrer Umsetzung sowie für die Bewältigung anderer Tätigkeitsfelder in der Ausbildungsschule. Sie sollen sicherstellen, daß die Planenden die kritischen Stellen auch tatsächlich gedanklich erfaßt haben bzw. klären, ob einige Gestaltungselemente von Unterricht angemessen berücksichtigt wurden. Fast alle genannten Beispiele stammen aus der beobachteten Unterrichtspraxis. Nur dort wurden sie konstruiert, wo es um eine systematische Darstellung im Sinne einer Abfolge geht.

Die Ausführungen können außerdem dazu genutzt werden, im Anschluß an die Unterrichtsstunden Analyseschwerpunkte aufzufinden.

Es ist bis auf wenige Ausnahmen, die sich wegen der Formulierungen leicht auffinden lassen, nicht beabsichtigt, den Fragen und Hinweisen zu den einzelnen Themen eine Ja-nein-Tendenz oder eine Richtig-falsch-Antwort zu unterlegen, sondern es muß abgewogen werden, in welche Richtung die Antwort unter den gegebenen Umständen tendiert. Teilweise finden sich banal klingende Hinweise, doch hat sich herausgestellt, daß gerade die damit verbundenen Sachverhalte oft unterschätzt werden, was zum Teil zu erheblichen Einbußen bei der Planungsrealisierung führen kann. Den Teilkapiteln ist meist ein Text vorgeschaltet, der die Grundsatzproblematik des jeweiligen Themas verdeutlichen soll.

Auf eine Literaturliste ist aus folgenden Gründen verzichtet worden: Es ist nicht Ziel, die Themenkreise theoretisch aufzuarbeiten. Der Blick auf die Praxis soll nicht durch entsprechende Exkurse verstellt werden. Dies bringt dann natürlich die Gefahr der Pauschalität und Einseitigkeit mit sich und kann im Einzelfall wie eine Plattheit wirken, was hier in Kauf genommen wird. Sofern Literaturpassagen bekannt sind, die eine ähnliche Absicht verfolgen, so erschienen sie doch nicht deckungsgleich. Selbstverständlich schimmern an einzelnen Stellen bestimmte Autoren, Positionen oder Schulen durch (z.B. zu den Themen Lernen, Motivation usw.). Das Begriffsschema (siehe S. 113) etwa beruht auf dem Klettenmodell des Begriffes von Gerhard Schaefer, oder das Verständnis zum „pädagogischen Wagnis" (siehe S. 167) ist natürlich nur mit auf Blick auf Otto Friedrich Bollnow denkbar.

Die Unterkapitel befassen sich mit bekannten Planungsfeldern (z.B. Ziele, didaktische Überlegungen) sowie Schwerpunktthemen (z.B. Differenzierung, Disziplin), wobei sich naturgemäß Überschneidungen ergeben bzw. andere Zuordnungen denkbar wären. Diese Überschneidungen finden sich wohl auch schon bei dem Versuch der Trennung von Planung und Durchführung von Unterricht, wobei hier der Schwerpunkt auf die Planung gelegt wurde, denn entscheidende Fragen an den Unterricht oder problematische Ergebnisse haben in der Regel in der Planung ihre Wurzeln.

Einigen Teilthemen, wie „Ziele" oder „Sachstrukturproblematik", wird eine aufwendigere Betrachtung zuteil, da sie sich als überaus bedeutungsvoll für das Gelingen von Unterricht erwiesen haben. Allerdings ist die Erfahrung im Zusammenhang mit dem Thema „Kompetenzen und Standards" – soweit davon Unterrichtsplanungen betroffen sind – noch zu gering, um hier Aussagen machen zu können. Bisher konnte lediglich das gleichgewichtige Einbringen entsprechender Unterkapitel in die Planungen beobachtet werden, die unverbunden nebeneinander standen.

Es wurde bereits erwähnt, daß die aufgeführten Punkte aus der Beobachtung der Unterrichtspraxis bei Lehramtsanwärterinnen und -anwärtern sowie der Unterrichtspraktikantinnen und -praktikanten stammen. Dies bezieht sich auf den Grundschul- und Oberschulbereich. Die Beachtung der aufgeführten Punkte wird jeder routinierten Lehrkraft geläufig sein, so daß hier tatsächlich nur den Berufsanfängern eine Hilfestellung als erste Orientierung über häufige Anfängerschwierigkeiten gegeben werden soll.

Der besseren Übersicht und der Vereinfachung halber werden die Lehramtsanwärter in der zweiten Ausbildungsphase (Vorbereitungsdienst nach dem Studium) nachfolgend nur noch gemeinsam und in der männlichen Form „Lehrer" oder „Referendar" genannt, wobei der Begriff „Referendar" in der Sache den Studienreferendaren und damit dem gymnasialen Lehramt (höherer Dienst) vorbehalten ist. Die Bezeichnung Lehreranwärter bezieht sich auf Ausbildung im Rahmen des gehobenen Dienstes, also auf die anderen Lehrerlaufbahnen, und ist eine Dienstbezeichnung. Lehramtsanwärter kann als Oberbegriff (Funktionsbezeichnung) für die Angehörigen aller Lehrämter in der Ausbildung verwendet werden.

Es wird vorausgesetzt, daß die Referendare sich ausführlich mit dem Inhalt ihres Unterrichts auseinandergesetzt haben. Es wird weiterhin vorausgesetzt, daß sie der Unterrichtsplanung eine besondere Bedeutung zumessen. Gelegentlich hört man, daß Planungen hinderlich beim Unterrichten wären! Es scheint die Tendenz erkennbar, daß aufwendige und facettenreiche Unterrichtsplanungen zwar keine Gewähr für das Gelingen von Unterricht darstellen, doch ist auch erkennbar, daß unzureichende und ohne gedankliche Exaktheit angelegte Planungen eher zum Mißerfolg führen. Hier wird die Auffassung vertreten, Unterrichtsplanungen sind die Grundlage für das Gelingen des Unterrichts.

Für die Abfolge der Kapitel gilt, daß zunächst im großen und ganzen den Usancen der Anordnung in den Planungen gefolgt wird, dann aber integrative Kapitel zunehmend Berücksichtigung finden.

Mit „Stunden" sind jeweils Unterrichtsstunden gemeint. In der Regel können darunter aber auch allgemein Unterrichtsabschnitte verstanden werden, wenn freiere Zeitrahmen und Arbeitsformen vorliegen.

Fragen, Hinweise und Überlegungen wurden bei den einzelnen Punkten vermischt, denn Betrachtungen während des Planens von Unterricht können von solchen nach Abschluß von Planungsschritten unterschieden werden. Teilweise können die Überlegungen auch erst nach der Durchführung von Unterricht angestellt werden. Daraus resultiert ein Zeitformwechsel (Präsens, Präteritum usw.) in der Darstellung.

# Kapitel 2 Die Unterrichtsplanung

Die Planung von Unterricht ist unverzichtbarer und höchst bedeutsamer Teil jeder unterrichtlichen Tätigkeit. Die gelegentlich bei Referendaren aufscheinende Meinung, schriftliche Unterrichtsplanungen würden zusätzlichen Ballast bedeuten und man könnte sie auch als entbehrlich betrachten, ist zurückzuweisen. Die Planung ist die Grundlage jeglicher unterrichtlicher Handlung. Nachfolgend werden einige Elemente zur Unterrichtsplanung behandelt, wie sie in dieser Reihenfolge üblicherweise auftreten.

## 2.1 Die thematische Einordnung der Stunden in eine Unterrichtseinheit

Der scheinbar formale Vorgang der Festlegung von Stundentiteln einer Unterrichtseinheit oder – bei freieren Unterrichtsformen – der Aufstellung von Arbeits- und Ablaufplänen erweist sich bei genauerer Betrachtung als erster Ansatzpunkt inhaltlich-didaktischer Auseinandersetzung. Nur vor dem Hintergrund didaktischer Filterscheiben (z.B. den Fragen einer didaktischen Analyse) einerseits und gediegener Sachkenntnis andererseits gelingt eine didaktische Reduktion, deren Ergebnis auch in den präzisen Stundentiteln wiederzufinden ist. Damit sind die thematischen Festlegungen (Titel und Abfolge von Stunden) das Ergebnis von Planungsarbeit und nicht deren Beginn. Sie sind an dieser Stelle aber aufgeführt, weil sie üblicherweise auch in den Planungen am Beginn stehen.

1. Wurde die Schwerpunktsetzung (Anzahl von Einzelstunden im Rahmen einer Unterrichtseinheit) im Vergleich zu anderen Unterrichtseinheiten abwägend berücksichtigt? Gelegentlich umfassen Einheiten fraglich viele Stunden zu nur einem Aspekt innerhalb dieser Planung. Beispiel: 5 Stunden zum Thema „Igel" in der Einheit „Heimische Säugetiere".
2. Sind die Stunden sachlogisch nachvollziehbar eingeordnet? Erfordert die Behandlung des Themas die Einführung neuer Grundbegriffe, die eventuell günstiger im vorausgehenden Unterricht behandelt werden sollten? Beispiel: Das Thema „Funktion des Gasaustausches in der Lunge" setzt die Behandlung der Teilaspekte „Bau der Lunge" und „Diffusion" voraus.
3. Handelt es sich um die Einstiegsstunde in eine Einheit? In diesem Fall besteht die Gefahr, den Unterricht inhaltlich zu überladen. Zudem ist die Versuchung groß, den Schülern zunächst einen „Überblick" über die Gesamtthematik geben zu wollen (lehrbuchartiges, deduktives Vorgehen). In diesen Fällen werden die Inhalte zumeist nur angerissen, bleiben beschreibend

und befördern kaum neue Erkenntnisse. Beispiel: „Das Auge als wichtiges Sinnesorgan". Hier ist keine Schwerpunktsetzung erkennbar. Daraus folgt: Eine präzise Bezeichnung der Stundentitel (z.B. „Versuche, sich ‚blind' zu orientieren, zeigen die Bedeutung des Sehsinns") setzt Schwerpunkte, läßt die Stunde bereits im Titel in Umrissen erscheinen und vermeidet den Aufbau verschiedener Erwartungshaltungen bei Unterrichtsbeobachtern.

4. Von besonderer Bedeutung ist die Größe des Inhaltsausschnittes der zur Diskussion stehenden Thematik. Häufig wird der einfache Zusammenhang vergessen: Je größer der Umfang, desto geringer die Möglichkeit der Schwerpunktsetzung und desto geringer die Chance, einen Gedanken in die Tiefe verfolgen zu können. Dies gilt auch für jeden einzelnen Begriff, der im Unterricht thematisiert werden soll (siehe „Wahl des inhaltlichen Schwerpunktes am Beispiel literarischer Gattungen", S. 17). Bei komplexen Themen greifen Referendare gern auf die Darstellungsform des Übersichtsschemas zurück. Dies stellt dann nicht selten eine Überforderung dar, weil wegen der dann notwendigen (unbekannten) Begriffsvielfalt der Vorteil der Übersicht wieder in Frage gestellt wird.

5. Stundentitel, die etwa lauten „Die Europäische Union I", „Die Europäische Union II", „Die Europäische Union III" sind kennzeichnend für fehlende Orientierung und Schwerpunktsetzung. Außerdem können damit ganz verschiedene Erwartungshaltungen aufgebaut werden, von denen aber nur eine wirklich gemeint ist. Beispiel: „Probleme menschlicher Ernährung" kann verstanden werden als die inhaltliche Orientierung auf die Zusammensetzung unserer Nahrung, auf eine Vitaminmangel-Erkrankung, auf die Problematik von Kantinenessen, auf die Übergewichtigkeit, auf falsche Zubereitung, Lagerung usw. von Lebensmitteln.

6. Wenn ein Stundentitel in einer Planung an verschiedenen Stellen auftaucht, sollte er stets gleichlautend sein.

7. Die präzisierten Festlegungen der Stundentitel sind auch deshalb von besonderer Bedeutung, weil damit bereits ein inhaltlicher Schwerpunkt gesetzt wird und nun keine weiteren Schwerpunkte später in der Planung auftreten sollten (Gefahr fehlender Stringenz). Die Titel sollten mit den Zielen in Übereinstimmung sein. Es ist beispielsweise nicht hilfreich, das Deckblatt der Planung mit „Thema der Stunde: Informationssuche im Internet" zu betiteln, in der Einheitsaufstellung diese Stunde mit „Begriffssuche im Internet" zu bezeichnen und in den Zielen zu formulieren: „Die Schüler lernen den Umgang mit Internetsuchmaschinen kennen." Alle drei Positionen bedeuten in der Sache etwas Unterschiedliches. Erfahrungsgemäß kann sich diese Unklarheit in der Unterrichtsdurchführung weiter fortsetzen.

# WAHL DES INHALTLICHEN SCHWERPUNKTES AM BEISPIEL LITERARISCHER GATTUNGEN

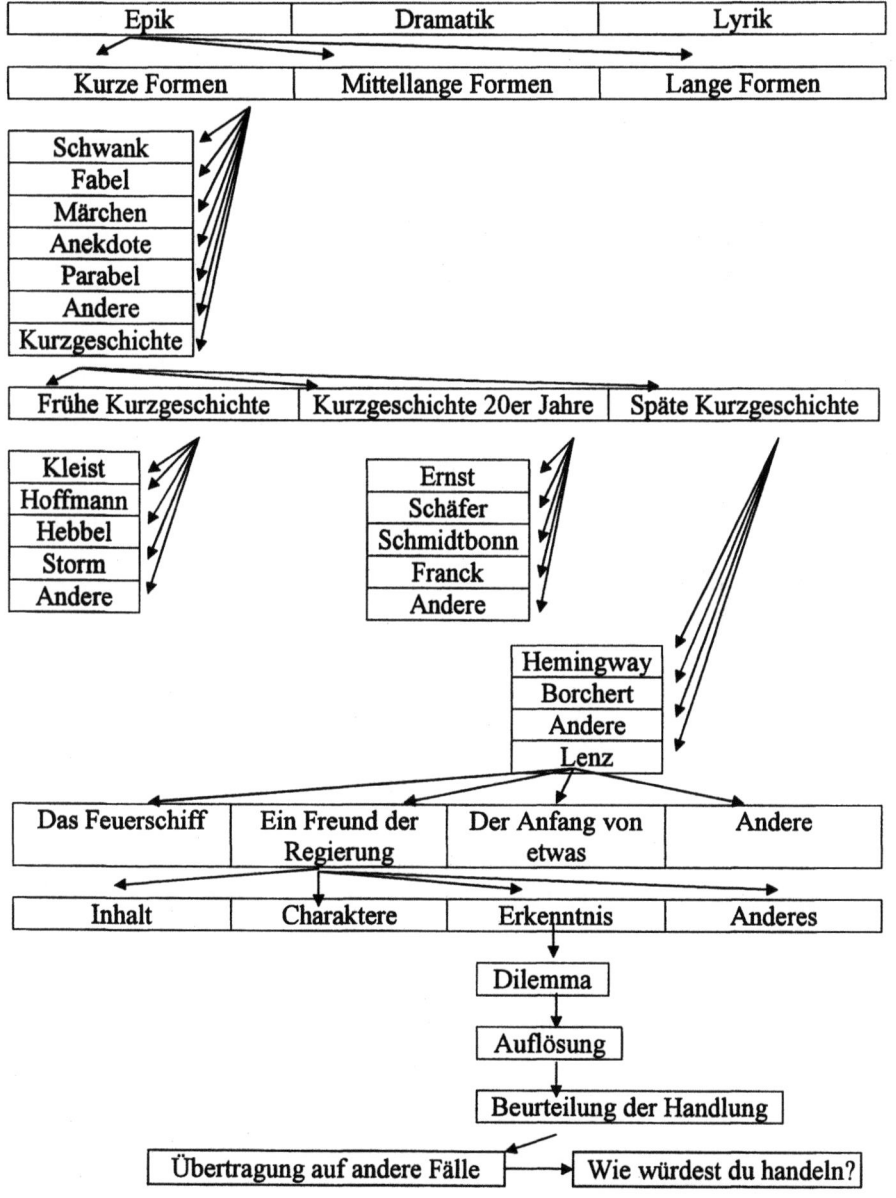

Das Schema „Wahl des inhaltlichen Schwerpunktes am Beispiel literarischer Gattungen" erlaubt die Verdeutlichung darüber, ob eine Thematik eher schwerpunktvertiefend oder eher in einer Art Übersicht an die Schüler herangetragen wird. Die Bestimmung des inhaltlichen Bezugsrahmens von unterrichtlichen Themen ist in mehrfacher Hinsicht von besonderer Bedeutung:

- Festlegung des Stundenschwerpunktes
- Gewinnung einer Übersicht sachanalytischer Art
- Ausgliederung exemplarischer Teilthemen
- Klarheit über die didaktische Reduktion
- Verdeutlichung des kontextuellen Bezugsrahmens

Stellt man sich eine Thematik wie ein Objekt unter dem Mikroskop vor, so wird klar, daß – je nach Wahl des Objektivs – entweder die Sicht auf das Ganze randlich erweitert wird oder nur ein Kernthema fokussiert bleibt. Im vorliegenden Beispiel entspräche der Blick auf alle Kurzgeschichten der geringen Vergrößerung, der auf eine spezielle der mittleren und der auf ein Thema zur Bearbeitung einer bestimmten Kurzgeschichte der stärksten Vergrößerung. Die oben genannten Punkte können daran beispielhaft aufgezeigt werden. Zu beachten wäre allerdings, daß das ganze Schema seinerseits wegen der Übersichtlichkeit auf jeder Ebene nur einen kleinen Ausschnitt aller Möglichkeiten darstellt. So gibt es selbstverständlich unzählige Kurzgeschichten-Autoren. Andererseits zeigt diese Feststellung, welche Bedeutung der Sachanalyse einerseits und der mit Hilfe der didaktischen Analyse gewonnenen Entscheidung für ein bestimmtes Thema andererseits eigentlich zukommt. Der letzte Punkt (oben) verweist darauf, daß man den Schülern die Verankerung der Thematik im Gesamtsystem zeigen sollte. Eine solche Aufgliederung erlaubt ein Hin- und Herschalten zwischen unten und oben, zwischen links und rechts.

Es kommt bei der Planung also darauf an, genau zu bestimmen, welcher Bezugsrahmen gewählt werden soll (und dieses ist dann auch zu begründen). Mit Hilfe solcher Übersichten kann man auch sehr gut verdeutlichen, welcher Tiefgang der unterrichtlichen Behandlung einer Thematik überhaupt zukommen kann oder soll.

## 2.2 Ziele und Zielformulierungen

Die Frage nach der „richtigen" Formulierung von Unterrichtszielen ist erfahrungsgemäß ein Dauerthema. Hierin zeigt sich die ganze Problematik der Vermischung didaktischer Ansätze und Modelle. Auf welches Denkmodell beziehen sich die Ziele? Sind sie behavioristisch (auf Wissen und Fertigkeiten ausgerichtet), kognitivistisch (auf kognitive Strukturveränderung ausgerichtet) oder konstruktivistisch (auf selbstgesteuertes Lernen und Problemlösen ausgerichtet) orientiert? Demzufolge kann auch die Unterrichtsanlage ganz unterschiedlich sein, also z.b. auf Übung und Verstärkung, auf Wissenstransfer oder Entdeckenlassen ausgelegt. In den Planungen verlangt wird jedoch zumeist ein mehr oder weniger immer gleichbleibender Zuschnitt – in der Sache ein Unding. Demzufolge wird bei der Kommentierung der Lernziele regelmäßig – je nach Vorliebe – die Perspektive gewechselt. Insofern ist es schwer oder gar unmöglich, hier überhaupt zu klaren Linien zu finden.

Aber auch innerhalb eines Systems, z.b. der curricularen (lernzielorientierten) Didaktik, besteht Unklarheit. So kann unter „Operationalisierung" verstanden werden:

a) das "Kleinarbeiten" von Lernzielen = die Überführung von Grobzielen in Feinziele;
b) die beobachtbare Schülerhandlung wird selbst als Operation gefaßt;
c) die Meßoperation des Lehrers, der den Lernerfolg „mißt".

Allerdings möchte heute kaum jemand auf die alten Operationalisierungsschemata zurückgreifen (schon der Gebrauch des Begriffes „Operationalisierung" wird meist vermieden), doch werden die Lernziele und ihre Formulierung regelmäßig vom Unterrichtsbeobachter kommentiert, zumeist als „zu wenig präzisiert – zu ungenau", so sie denn Anlaß zur Kritik gaben. Werden sie jedoch „genau" formuliert, erstrecken sie sich auf banale Beschreibungen von Tätigkeiten, selten auf die dahinterstehenden, höherwertigen, „eigentlichen" Ziele (siehe das Beispiel unten, bei dem das konkrete Ziel (rechts) wahrscheinlich nur unter einem bestimmten Gesichtspunkt tragfähig und vertretbar ist). Um hier Sicherheit darüber zu erlangen, was das jeweilige Ziel sein kann, vergegenwärtige man sich lediglich, daß alle Zielbeschreibungen auf einer Skala von „sehr allgemein, abstrakt" bis „sehr speziell, konkret" eingeordnet werden können. Beispiel:

Der Schüler soll ein mündiger ⟶ Der Schüler öffnet einem Weißfisch mit
Bürger werden (allgemeines      der Winkelschere sachgerecht den
Unterrichtsziel).                Bauchraum und kann die Schwimmblase
                                 ohne Beschädigungen entnehmen (spezielles fachliches Ziel).

An diesem Beispiel zeigt sich auch gut die Deduktionsproblematik, der zufolge konkretere untergeordnete Ziele nicht regelhaft und zwingend aus übergeordneten abgeleitet werden können. Das Ziel rechts könnte ebensogut lauten: Der Schüler soll einen Weg nennen können, sich mit dem Abgeordneten einer Partei in Verbindung zu setzen.

Um diese Sachlage zu verdeutlichen, seien einige Merkmalsausprägungen der Präzisierung von Zielen genannt (siehe folgende Seite; die spitze Seite des Dreiecks meint eine Verminderung, die breite eine Zunahme der jeweiligen Ausprägung; Minus- und Pluszeichen). Man sieht an der Zuordnung insgesamt die prinzipielle Qualitätsveränderung der Ziele (von links nach rechts in einer Zeile betrachtet). Die sich gegenüberstehenden Begriffe sind sinngemäß die beiden Extrempole ein und desselben Sachverhaltes.

Vor dem Hintergrund dieser Betrachtung ist es nun nicht unbedingt zwingend, die bekannten Problemkreise der Zielformulierung (Zielqualitäten, Lernzieltaxonomie) abzuhandeln. Die genannte Poligkeit bedeutet bei der Zielformulierung gleichzeitig einen Qualitätswechsel: Allgemein formulierte Ziele haben Haltungen, Werte oder allgemeines Wissen und Vermögen zum Inhalt, konkret formulierte münden im Extremfall in der Beschreibung einer Handlung, die dann zumeist gar nicht mehr das „eigentliche" Ziel ist, sondern nur noch die Symptombeschreibung, die als Beleg für die Zielerreichung herhalten soll. Dies ist der Grund dafür, warum oft in „Ziel" und „Indikator" (Verhalten, an dem sich das erreichte Ziel erweise) unterschieden wird. Dies hat Konsequenzen für das, was nicht beobachtbar ist und demzufolge entweder ganz ausfällt oder nur noch als diffuses Beiwerk (z.B. unter „längerfristige Ziele") beschrieben wird. Es fällt auf, daß unter der Planungs-Rubrik „längerfristige Ziele" viele Allgemeinplätze erscheinen, Inhalte jedoch deutlich weniger – ganz so, als käme es auf deren langfristiges Behalten gar nicht an.

Eine Betrachtung der Ziele, wie sie die unten stehende Dreiecksdarstellung nahelegt, enthebt die Planenden auch von der leidigen Frage, ob eine Beschreibung nun eher einer „Intention", einem „fächerübergreifenden Richtziel", einem „Grobziel", einem „Stundenziel" oder einem „Teilziel" entspricht. In jedem Falle beschreibt das Ziel, dessen genaue Bezeichnung damit zweitrangig wird, dann den Tiefgang und den Umfang dessen, was die Schüler am Ende des Unterrichtsganges beherrschen oder vermögen sollen. Insofern kann an jeder beliebigen Stelle der Skala in dem Schema eine Marke (ein Zeiger – mal mehr links, mal mehr rechts) gesetzt werden, um den Präzisierungsgrad anzugeben. Entsprechend kann dazu ein Ziel in der jeweiligen Abstraktionsstufe formuliert werden.

Die bloße Beschreibung einer Handlung (im Sinne von Tun) ist nicht zu verwechseln mit einem Handlungsziel, das auf die Befähigung zur Durchführung einer Arbeit, eines Projektes, einer Präsentation o.ä. abzielt. Im Falle besonderer Fächer, wie z.B. „Sport", kann es allerdings durchaus sein, daß das formulierte Ziel, das lediglich ein ganz bestimmtes Verhalten beschreibt, mit dem eigentlichen Ziel zusammenfällt. Wenn ein Schüler eine bestimmte Form der Hocke absolvieren soll, und deren Details sind in die Zielformulierung aufgenommen, so ist dies dann tatsächlich das gemeinte Ziel.

**Darstellung des Verhältnisses von allgemeinen (übergeordneten) Zielen und konkreten Unterrichtszielen**

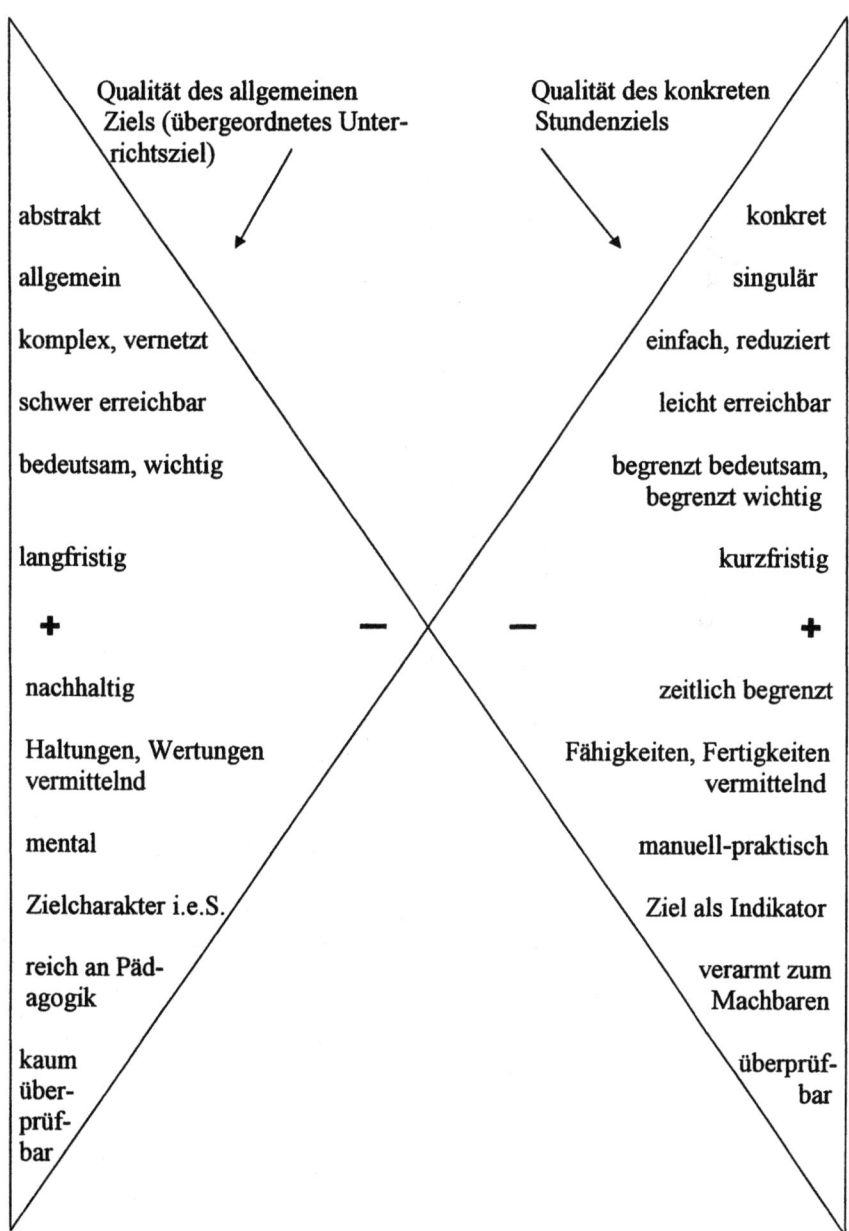

Im Zusammenhang mit dem oben erwähnten Operationalisierungsbegriff muß allerdings auf folgenden Umstand aufmerksam gemacht werden, der in der Praxis der Unterrichtsbeobachtung immer wieder eine besondere Rolle spielt. Gemeint ist der häufig an die Referendare ergehende Hinweis, in der Zielformulierung sollten Begriffe wie „Schüler erfahren", „Schüler werden sich bewußt" oder „Schüler erkennen" entweder entfallen oder präzisiert werden. Hier wird eine andere Auffassung vertreten: Was könnte günstiger sein, als wenn eine Sache (tatsächlich) erkannt wird, wenn man sich über etwas (tatsächlich) bewußt wird. Das heißt, es kommt – auch im Hinblick auf die Sinn- und Bedeutungsgebung von Unterricht – darauf an, fundamentale Erfahrungen und echte Erkenntnisse zu ermöglichen. Dieses Ziel darf nicht durch Formulierungsprobleme verschüttet werden. Es kann gezeigt werden, daß, wenn man diese Zielqualität (emotional-sozial) in operationalisierte Formulierungen bringt, vom Inhalt und von der Form her eine geradezu lächerliche Konstruktion entsteht. Die entscheidende Frage dabei ist jedoch, ob es nur von der Formulierung oder auch von der Sache her tatsächlich lächerlich ist, wenn die Lehrer vorhaben, auf die Schüler einzuwirken oder sie dorthin zu führen, etwas z.B. „schön" zu finden. Das Gegenargument lautet regelmäßig, daß gerade diejenigen Ziele, die auf eine emotionale Ebene hinzielen, nicht überprüfbar bzw. nur durch entsprechende Formulierungen in den Zielvorgaben zu handhaben seien. Diese Zielqualität fällt oft aus. Damit entsteht eine Wirklichkeitslücke, die nicht vertretbar ist, und die Frage, ob etwas brillant formuliert werden kann oder nicht, darf die Möglichkeiten der Schule, die Schüler an die oben genannten fundamentalen Erfahrungen heranzuführen bzw. ihnen diese zu ermöglichen, nicht behindern. Insofern interessiert bei einer Zielformulierung, die etwa auf das „Entdecken" hinausläuft („Die Schüler sollen entdecken, daß..."), in der Sache auch mehr, ob der Unterricht wirklich Möglichkeiten einräumt, Dinge entdecken zu lassen (oder ob es im Ernst gar nichts zu „entdecken" gibt).

Die mitunter als reine Garnierung aufgeführten „Intentionen", unter denen dann all diejenigen Zielvorstellungen gefaßt werden, die schlecht im Erfolg bewertet werden können, und die oft längerfristig angelegt zu verstehen sind, sind häufig genug die wirklich wichtigen Ziele. Deshalb ist unklar, warum ihnen so wenig Aufmerksamkeit zukommt. Wenn sie längerfristig sind, so müßte es doch möglich sein, vom gegenwärtigen Stand aus auf Geleistetes zurückzublicken und eine Entwicklung (=Zielerreichung) zu konstatieren. Es wäre doch ein sehr erfolgreicher Unterricht, wenn Schüler kämen und mitteilten, daß sie nun z.B. (freiwillig) lesen würden. Darauf allerdings zu verzichten, nur weil man dies schlecht in eine Zielformulierung gießen kann, ist nicht vertretbar.

Problematisch bleibt allerdings der Einsatz des Begriffes „kennen" (z.B. „Die Schüler kennen die Lebensweisen der Oasenbewohner..."), weil er weder auf Wissen noch auf Erfahrung oder Verstehen ausgelegt ist, sondern nur diffus darauf verweist, daß bestimmte Inhalte Gegenstand von Unterricht sind.

Allgemein lassen sich zur Zielformulierung folgende Punkte zur Beachtung nennen:

1. Lassen sich die Absichten des allgemeiner formulierten Unterrichtsziels (z.B. „Grobziel") nachvollziehbar in den Teilzielen („Feinzielen") wiederfinden? Beispiel: Wenn das Ziel des Erdkundeunterrichts darin besteht, den Schülern die Lebensbedingungen bestimmter Ethnien nahezubringen, so können sich die Teilziele nicht nur auf die Kartenarbeit, die Informationsaufnahme aus Texten und die Durchführung von Partnergesprächen konzentrieren, sondern müssen auch Sachinhalte wiedergeben, also Angaben zu den Lebensbedingungen selbst machen. Es ist zwar klar, daß es keine zwingende Deduktion des untergeordneten Zieles aus einem höherrangigen gibt, doch kann darauf geachtet werden, daß Aussagen der Teilziele mühelos diskursiv dem Grobziel zugeordnet werden können.
2. Die Aufstellung von sog. „Intentionen" erfüllt oft nur Alibifunktion. Können sie gestrichen oder aufgewertet werden?
3. Für manch Planende ist es hilfreich, sich noch einmal Klarheit darüber zu verschaffen, was genau das Ziel der Stunde ist und in welchen Äußerungen, Verhalten, Aktionen usw. der Schüler sich dieses widerspiegeln soll (Zielformulierung und Indikatorangabe als Kern von kognitiven oder sog. pragmatischen Zielen).
4. Eine Aufspaltung in eine Unzahl von Teilzielen ist oft nicht sinnvoll, weil sie kaum kontrolliert werden können, weil sie die Stunde atomisieren und weil man damit auf einer Formulierungsebene landet, die nur das Unterrichtsgeschehen selbst beschreibt. Beispiel: „Die Schüler schneiden die Bilder aus." Dies wäre kein Ziel an sich, sofern es sich nicht ausdrücklich um eine Schneideübung handelte, bei der gerade das saubere Ausschneiden Gegenstand der Betrachtung wäre.
5. Mit dem vorgenannten Punkt steht in engem Zusammenhang, daß es eine Tendenz gibt, jegliches Unterrichtsgeschehen mit einem Teillernziel zu versehen, was in der Sache verfehlt ist. Beispiel: Wenn ein Schüler an der Tafel etwas anschreiben soll, wird dazu ein Ziel formuliert, der Schüler solle an der Tafel schreiben können. Das macht die Zielformulierung absurd.
6. Es gibt eine Reihe von Unterrichtsplanungen, in denen die Teillernziele einzelnen Phasen zugeordnet werden. Dies erscheint als unangemessene äußere Formalisierung des Unterrichts, vor allem aber dürfte dies kaum eine Entsprechung im komplexen Lern- und Aneignungsprozeß (Lernen in abgeschlossenen Portionen gibt es von der Sache her nicht) haben.
7. Im Fachunterricht werden emotional-soziale Ziele häufig nur „nebenbei" genannt. Sie werden zudem häufig nur einer vermeintlichen Vollständigkeit halber aufgeführt. Dies entspricht in keiner Weise dem Stellenwert dieser

Zielqualität im Rahmen von Lernen, Denken und Leben. Deswegen kann es nicht verkehrt sein, diese Ziele mit zu berücksichtigen.

8. Ziele, die explizit auf das Einführen, Aufbauen oder Üben von Methoden abzielen, sind legitim, bedürfen aber ebenfalls der genauen Darstellung. Es ist nämlich zu bedenken, daß auch Arbeitsweisen eingeführt, angeleitet oder aufbauend entwickelnd vermittelt werden müssen. Methodeneinübung ist ein Ziel, das auch explizit erscheinen sollte.
9. Im Zusammenhang mit emotional-sozialen Zielen wird in bestimmten Fällen (z.B. bei der Gruppenarbeit) häufig eine unkritisch übernommene und unbefragte Palette an Begriffen in die Ziele eingesetzt, die dem Unterrichtsverlauf und den wirklichen Absichten gar nicht entsprechen, wenngleich sie für sich genommen sehr berechtigt sein können (z.B. kooperative Verhaltensweisen einüben, kritikfähig sein, anderen helfen, anderen zuhören, selbstgesteuert lernen, selbst verantwortlich sein). Solange dies hohle Floskeln sind, muß man sich nicht der Mühe unterziehen, dies auch noch aufzuschreiben.
10. Stunden verfolgen zumeist ein bestimmtes Ziel oder übergeordnet eine Intention. Treten in einer Stunde zwei Intentionen auf (z.B. „Charaktere von Romanfiguren erfassen" und gleichzeitig „Einführung der Arbeitsform X"), zeigen sich regelmäßig Schwierigkeiten in der Umsetzung. Meist wird dann keiner Intention voll Rechnung getragen, weshalb hier Vorsicht geboten ist (didaktisch reduzieren). Im Rahmen von selbstbestimmter Schülerarbeit (selbstgesteuerten Erprobungen bei entsprechend langer Zeit- und angepaßter Zielvorgabe) ist dieses Problem entschärft.
11. Formulierungen wie „Die Schüler sollen einige..." sind regelmäßig wegen des Begriffes „einige" problematisch, weil unklar bleibt, welche und wie viele Dinge benannt oder bearbeitet werden sollen. Außerdem bleibt unklar, mit welchem Tiefgang diese Dinge von den Schülern erfaßt werden sollen. Zwar scheint dies auf die alte Lernzielformulierungsproblematik zu verweisen, doch konnte festgestellt werden, daß solche Formulierungen der Beliebigkeit lediglich Beleg dafür waren, daß die Referendare für sich selbst keine Klarheit erlangt hatten.

## 2.3 Sinn- und Bedeutungsgebung

Unterrichtsplanungen – insbesondere wenn sie lernzielorientiert aufgebaut sind – behandeln den Unterrichtsprozeß wie einen linearen Ablauf. Von einer sog. Problemstellung ausgehend, die häufig genug ein Scheinproblem darstellt, wird Unterricht vorwiegend „gemacht", vollzogen, durchgeführt. Wenn die Schüler das Richtige geantwortet haben, wird auf das Gelingen geschlossen.

Dabei wird verkannt, daß die Schüler zwar vordergründig im Sinne der Lernzielstellung Dinge vollbracht haben, daß diese jedoch nicht notwendigerweise Eingang in die Köpfe der Schüler gefunden haben müssen. Häufig mangelt es an der Vermittlung des Sinns des Unterrichts und damit an der Bedeutung der Thematik für die Schüler. Ein Referendar begann seinen Physikunterricht in der Oberstufe mit den Worten: „Kommen wir zum nächsten Nobelpreisträger...." Er meinte dies nicht etwa ironisch, sondern legte eine Folie, die die Konstruktion eines Gerätes zeigte, auf. Die Beziehungslosigkeit der Schüler zum Inhalt hätte größer nicht sein können.

Sich im Erdkunde- oder Biologieunterricht eine Fischfangstatistik anzusehen bleibt völlig belanglos, auch wenn die Schüler am Ende nun Auskunft darüber geben können, welche Fischart in den Fangquoten an vorderster Stelle steht. Vielmehr käme es darauf an zu verdeutlichen, welche Bedeutung eine solche Statistik gerade auch für diese Schüler hat. Dies wiederum erfordert aber einen veränderten Zugang zur Thematik, jedenfalls keinen, der lernzielorientiert die Fangquoten aufsagen läßt. Sinn- und Bedeutungsgebung können vorwiegend durch den Rückbezug auf die Schüler selbst (schüler-, nicht fachorientiert) erfolgen, indem Beschreibungen von Sachverhalten in Frage- und Aufgabenstellungen umgewandelt werden. Erweisen sich diese dann als zu belanglos für die Schüler, ist die gewählte Thematik erneut hinsichtlich ihrer Legitimation zu überdenken. Sinn- und Bedeutungsgebung sind unmittelbar mit dem Verstehen-Lehren verbunden (siehe unten).

1. Ist dem Planenden genau klar, welches Begriffsverständnis bei den Schülern vorliegt? Beispiel: Für die genannte Fischfangquote muß deutlich sein, was eine Quote ist oder wie sich der Schüler diesen abstrakten Begriff in Verbindung mit dem ganz konkreten Fischfang denkt.
2. Thematische Aussagen und Beschreibungen können in Fragen und Aufgabenstellungen umgewandelt werden. Beispiel: Haben die Fischfangquoten für mich persönlich eine Bedeutung? Wie sehen die Fische überhaupt aus? Kann ich die Fische bei uns im Laden kaufen? Wie schmecken sie? Wer überwacht die Fangquoteneinhaltung? Wer legt die Quoten fest und wie werden sie auf die Länder verteilt? Was bedeuten die Quoten für das ökologische Gleichgewicht? Ist eine bestimmte Menge viel oder wenig? Wie kann man sich die Größe der Menge überhaupt vorstellen? Stelle fest, ob, wie, warum....
3. Das Umwandeln von Aussagen und Beschreibungen in Fragen und Aufgaben darf seinerseits nicht auf der vordergründigen Abfrage-Ebene geschehen, sondern erfordert veränderte Unterrichtsformen und -methoden, die in Richtung fächerübergreifendes, projektartiges, selbstgesteuertes, entdeckendes Lernen usw. zielen.

4. Der Unterricht sollte seinen Ausgang vom Denkhorizont der Schüler her nehmen. Beispiel: Bei der Erschließung eines Gedichtes erscheint es ratsam, vom gegenwärtigen Verständnis auszugehen und auch diejenigen Schülerbeiträge einzubeziehen, die ganz auf der Wortsinnebene verbleiben.
5. Wie weit kann der Unterricht den Wissenserwerb an eine konkrete Lernsituation binden, die einer späteren Anwendungssituation möglichst nahe kommt (sog. situiertes Lernen; Lernen in sinnstiftenden Zusammenhängen)?
6. Die Herstellung eines Alltagsbezuges muß mit der entsprechenden Begrifflichkeit arbeiten und kann nicht deduktiv auf fachliche Begriffe zur Erklärung von Alltagssituationen zurückgreifen. Beispiel: Zins- und Zinseszins-Rechnung können kaum abstrakt-theoretisch eingeführt werden, um später festzustellen, daß auch Banken damit arbeiten, sondern umgekehrt: Wie berechnen Banken meine Zinsen? Was steht auf dem Auszug? Wie kommt es dazu? Worauf muß ich bei den Zinsangaben achten? Einschränkend muß darauf verwiesen werden, daß es auch Ansätze geben wird, die zunächst ein rein theoretisches Arbeiten verlangen, um dann festzustellen, daß eben dies die gängige Praxis ist. Der letzte Fall wird insgesamt wohl der eher seltenere sein.

## 2.4 Das Anforderungsniveau

Das Anforderungsniveau ist thematisch üblicherweise keine feste Größe in den Unterrichtsplanungen, weil es der Hintergrund ist, vor dem mehr oder weniger bewußt geplant wird. Die Unschärfe des Begriffes liegt u.a. daran, daß sich das Anforderungsniveau definitorisch von anderen Bezügen her speist. Hier wären in erster Linie natürlich der Inhalt bzw. seine didaktische Reduktion, die Zielsetzung und die Voraussetzungslage der Schüler zu nennen. Diese in ein ausgewogenes Verhältnis gebracht, würden das Anforderungsniveau fast „von allein" bestimmen, aber eben dies ist auch besonders schwer. Das hat zur Folge, daß die Schüler im Unterricht – je nach Ausrichtung des Fokus' – unter- und überfordert zugleich sein können. Sie können überfordert sein, indem die Unterrichtsanlage sie nicht in den Stand versetzt hat, explizit, begriffsvertiefend und verstehend über die Dinge zu sprechen, so daß sie nur Schlagwörter wiedergeben können, der Lehrer aber viel Genaueres von ihnen verlangt. Sie sind unterfordert, indem sie mehr hätten leisten können, als nur oberflächlich Alltagserfahrungen zu verbalisieren und die Schlagwörter zu reproduzieren. Ein Beispiel: Die Schüler sollen Gerichtsurteile bewerten. Sie können damit überfordert sein, insofern sie keine Hintergrund- und Detailkenntnisse besitzen. Sie können unterfordert sein, wenn sie lediglich ihr fachfremdes Alltagsverständnis verbalisieren sollen. Deshalb prüfe man:

1. Was ist wirklich neu für die Schüler? Durch die Bestimmung der Differenz zwischen Vorwissen und Lernzielinhalt läßt sich die Anforderung relativ konturenreich feststellen.
2. Die Lernziele sind so zu bestimmen, daß sie über das Alltagswissen der Schüler hinausgreifen. Ansonsten würde nur über Dinge gesprochen, die ohnehin schon bekannt sind.
3. Bei Themen, die in irgendeiner Weise den Bau und die Funktion einer Sache thematisieren, ist die Gefahr von Unter- und Überforderung groß. Beispiel: Der Bau des Verdauungsapparates ist relativ leicht benannt, seine Funktion hingegen zu erklären, erfordert ein vertieftes Wissen und damit eine strukturierte Herangehensweise an die Thematik. Hier sind die Schüler unterfordert, wenn sie nur Begriffe wie „Magen" oder „Darm" zuordnen sollen. Sie sind überfordert, wenn sie etwas über die Funktion aussagen sollen.
4. Über- und Unterforderung machen sich vor allem auf der Begriffsebene fest. Beispiel: Allgemeine Begriffe stellen oft eine Überforderung dar, Alltagsbegriffe eine Unterforderung, wenn sie nicht vertieft, variiert, verglichen oder in Fachsprache überführt werden. Es ist weitgehend sinnlos, im Biologieunterricht an einer Tafelzeichnung, die eine Maus darstellt, das Wort „Ohr" zuzuordnen, weil dies ohnehin jeder Schüler kennt. Es wäre hingegen viel interessanter festzustellen, ob allen Schülern klar ist, daß die Maus zu den Säugetieren zählt. Genau dies wird vielfach wie selbstverständlich in diesem Zusammenhang begrifflich vorausgesetzt. Hier jedoch wird das Unwichtige – weil Bekannte (Ohr) – zum Ziel von Unterricht erklärt, das Schwierige und Wichtige hingegen geht unter.
5. Über- und Unterforderungen stellen sich ein, wenn voraussetzungslos, d.h. ohne etwas festgelegt oder erarbeitet zu haben, von den Schülern eine Leistung oder Handlung verlangt wird. Beispiel: Es wird über AIDS und die Übertragungswege gesprochen. Als Aufgabe erhalten die Schüler, die Übertragungswege bildlich darzustellen. Das Ergebnis sind obszöne Latrinenbildchen. Hier sind die Schüler überfordert, weil sie natürlich einen solchen Sachverhalt nicht bildlich darstellen können, sie sind insofern unterfordert, als keinerlei neue Erkenntnis aus solchen Aufträgen erwachsen kann. Im Gegenteil, im vorliegenden Beispiel fallen sie praktisch noch hinter die Ausgangslage zurück.

## 2.5 Die Sachstrukturproblematik und die didaktische Reduktion

Unter der Sachstrukturproblematik wird an dieser Stelle der dem jeweiligen Lerngegenstand innewohnende Komplexitätsgrad sowie der Widerstand, den die Thematik dem Verstehen gegenüber aufbaut, verstanden. Die Sache selbst besitzt natürlich keine eigene Problematik, sondern es entsteht eine Problematik bei dem Versuch, die Inhalte unterrichtlich umzusetzen. Verwickelte Sachlagen erschweren den Erkenntnisprozeß. Die Problematik bezieht sich auf den Unterrichtsprozeß und die Planung, die die Vielschichtigkeit der Sachstruktur in den Griff bekommen muß. Die Untersuchung der Sachstruktur ist damit Voraussetzung für eine sinnvolle didaktische Reduktion. Da jede Thematik ihre ureigenen Charakteristiken besitzt, kann keine allgemeingültige Sachstrukturproblematik angegeben werden, sondern es kann nur ein Hinweis darauf erfolgen, womit sich der Planende auseinandersetzen muß, nämlich mit dem Komplexitätsgrad, mit der Ambivalenz des Sachgegenstandes, mit den zur Erfassung der Gesamtheit erforderlichen Differenzierungen, mit verborgenen Verständnisschwierigkeiten (antizipieren!) oder mit der Vernetzung des Gegenstandes. Einige Beispiele: Das Verstehen der Uhr ist an das Begreifen der Zeit (geht allein das schon?) oder von Tätigkeiten zu bestimmten Tageszeiten gebunden. Nun gibt es aber unterschiedliche Einteilungen der Tätigkeiten tagsüber im Gegensatz zur (oft) einheitlichen und langen Nachtruhe. Schwierigkeiten bereiten weiterhin die Formalien der Uhrzeit-Angaben, die geophysikalischen Gegebenheiten, die arbiträren Setzungen (Kalendereinteilung) und die „störenden" Alltagsauffassungen und -sprachregelungen (mittags muß nicht 12.00 Uhr am Mittag heißen). Andere Inhalte haben andere Sachstrukturen und sind deshalb in anderer Weise schwierig: Chemische Reaktionen können als solche nicht gesehen werden und werden in höchst unanschauliche Formeln verpackt, biologische Objekte sind so klein, daß sie nur mit Hilfe von Gerätschaften beobachtet werden können, die Zellfunktionen können beschrieben, aber nicht „erfaßt" werden (Warum „lebt" das?), ein Gedicht beinhaltet die unterrichtlich schwer zugängliche Problematik der Wirksamkeit von Form und Inhalt gleichermaßen, geschichtliche Themen beinhalten neben vielen anderen speziellen Problemen die prinzipielle Hürde, sich eine versunkene Zeit „vorstellen" zu sollen. Besonders schwierig werden historische Themen, wenn sich Zeitebenen vermischen und die Schüler Bewertungen abgeben sollen: Geschieht dies aus heutiger Sicht rückwärts (Problem der Anmaßung, Aufeinandertreffen zweier Denkwelten) oder wird gar gefordert, mit dem hier und jetzt zur Verfügung stehenden Intellekt, aber mit der Brille „von damals" das Geschehen zu bewerten (Problem der doppelten Übertragung). Sogar ganze Unterrichtsfächer haben ganz spezifische Sachstrukturen, z.B. hat der Sportunterricht im Geräteturnen ganz sicherlich zu Teilen mit Hemmschwellen oder gar Angst (vor Verletzungen) zu tun, der Kunstunterricht hat mit dem

Hader des eigenen Vermögens (eher Unvermögens) in Hinblick auf ein gutes Kunstwerk zu tun (kein Schüler kann so malen wie der Künstler). In einer Reihe von Fällen besteht die Problematik der Sachstruktur im Aufspüren des dem Gegenstand innewohnenden Prinzips, das den Schlüssel zum Verständnis darstellt. Bei dem unten genannten Beispiel des Winterschlafes des Igels etwa macht es keinen Sinn, auf der Stufe der allgemeinen Beschreibung zu verbleiben (Er schläft, weil es kalt ist.). Das sachimmanente Prinzip, das alles klären kann, ist vielmehr die physiologische Anpassung des Tieres im Rahmen der Thermoregulation (z.b. Frequenzabsenkung des Herzschlages). Außerdem ist dies im Zusammenhang mit dem Verhältnis von Größe der Körperoberfläche zum Volumen zu sehen (je kleiner die Tiere, desto größer die Wärmeabgaberate).

Eine Sache vollständig in ihrer Sachstruktur aufzuklären, hat immer auch mit fächerübergreifenden Betrachtungen zu tun. Das Beispiel einer Drogenabhängigkeit ist unter dem Blickwinkel der Statistik sicher leicht geklärt, warum aber eine Abhängigkeit aufgebaut wurde, ist außerordentlich verwickelt und nicht ohne weiteres zu erklären. Chemische und sinnesphysiologische, auch genetische Aspekte würden hinzutreten. Damit hat die Sachstrukturproblematik auch immer wieder mit verschiedenen Erklärungsebenen zu tun, die in der Planung festgelegt werden müßten. Insbesondere, wenn Begründungen für einen Sachverhalt oder das Entstehen einer Situation dargelegt werden sollen, ist Vorsicht und Gründlichkeit geboten. Beispiel: Warum brach ein Krieg aus? Weil es der Herrscher so wollte, weil alle mitgemacht haben, weil es eine Kriegsstimmung gab, weil es das Interesse einzelner Gruppen war, weil der Gegner so schwach war, weil der Gegner den Krieg provoziert hatte, weil der Kriegführende genug Mittel zur Kriegsführung hatte, weil der Herrscher ein Psychopath war, weil die Ernte schon eingebracht war usw. Es gibt also sehr viel verschiedene Erklärungsebenen.

Die Sachstruktur zu beherrschen, ist an bestimmten Stellen und bei einigen Themen besonders schwer, insbesondere bei politischen und wirtschaftlichen Themen, also dort, wo es um ein Geschehen geht, dessen Motivlagen nicht ohne weiteres sichtbar sind. Bei der Frage etwa nach den Standortfaktoren für die Industrieansiedlung wird das ganze Ausmaß deutlich: Niemand kann im Ernst die wirklichen Faktoren überblicken, weil es zum Teil gar keine Möglichkeit gibt, in die Thematik einzusteigen (Steuergesetzgebung, EU-Reglungen, Förderprogramme, Verträge, Bestechung usw.). In anderen Fällen ist die Sachstrukturproblematik mit der Semantik des zur Diskussion stehenden Begriffes selbst unmittelbar verbunden (z.B. beim Thema „Gott"). Dies gilt auch für den Versuch zu verdeutlichen, was ein Vorurteil ist.

Nicht zuletzt ist daran zu denken, daß bestimmte Themen und ihre Sachstruktur oft ganz spezifische assoziative Widerstände hervorrufen. Mitunter reicht die Nennung eines Themas, um eine ablehnende Haltung einzelner Schüler der Bearbeitung gegenüber entstehen zu lassen. Beeinträchtigungen können auch durch

die Auslösung von Ekelreaktionen hervorgerufen werden. Im Sprachunterricht sind die Sprachhemmungen nicht zu unterschätzen.
Sachstrukturen sind besonders verwickelt, wenn

- die Gegenstände besonders klein (Mikro, Nano usw.) oder besonders groß (Weltall, Pyramiden, Afrika) sind,
- die Gegenstände, Menschen oder Vorgänge historisch sind (Zeit, Evolution),
- die Gegenstände oder Themenfelder viele Verflechtungen und Verschränkungen mit diversen Lebensbezügen haben (Wirtschaft, Politik),
- die Gegenstände oder das Gemeinte sehr abstrakt sind (Systeme, Relationen), also keinen echten Stellvertreter haben,
- die Gegenstände, Inhalte oder Strukturen einen komplizierten Detailaufbau haben (technisches Gerät, Fremdsprache),
- die Gegenstände, Inhalte oder Strukturen zum Verständnis verschiedene Ebenen der Wahrnehmung ansprechen (Beispiel Jugendsprache: tatsächliches Vorkommen der Sprache im Alltag einerseits und das Sprechen darüber bei gleichzeitiger Klärung der Funktion der Jugendsprache sowie der Bewertungsfrage (Darf man so sprechen?) andererseits, oder: Aufbau eines Reisekataloges: Die Vielfältigkeit des Kataloges einerseits und der unfunktionale unterrichtliche Einsatz andererseits (die Schüler buchen eben keine Reise) lenken von der Zielfrage nach dem Aufbau ab; gleichzeitig gibt es die Verschränkung diverser Ebenen in Bezug auf Anregung, Information, Manipulation, Träume usw.),
- die Gegenstände, Inhalte oder Themen eine Reihe sehr ähnlicher, aber nicht deckungsgleicher Begriffe in den Fragehorizont stellen oder zur Erläuterung Begriffe benötigen, die ihrerseits verwickelt sind (Beispiel: Zusammenhang von Würde, Verletzung, Respekt, Achtung, Beleidigung),
- die Gegenstände, Inhalte oder Strukturen nur mit einer Modellvorstellung zu verdeutlichen sind (Reizleitung am Neuron, physiologische Vorgänge, Atombau),
- die Gegenstände, Inhalte oder Strukturen besonders alltagsfern sind (Maßeinheiten vor der Einführung standardisierter Maße, imaginierte Situationen für den Fremdsprachenunterricht) oder im Gegenteil so alltäglich sind, daß sie scheinbar keinen Widerstand bieten und keine Einsicht zur Erforderlichkeit der Auseinandersetzung mit dem Thema anregen (Bedeutung von Grußformeln, Funktion der Nahrungsaufnahme (Eßgewohnheiten)),
- die Gegenstände und Inhalte in der sprachlichen Handhabung eine große Kluft zwischen Wissenschaftssprache und Alltagssprache besitzen (biolo-

gisches Gleichgewicht, Länge und Breite (z.B. sagt man beim Fußballtor, es sei 7,32 Meter breit, obwohl es doch damit länger als breit ist)),
* die Gegenstände und Inhalte scheinbar aus der Welt der Schüler stammen, in ihrer Funktion aber aus Altersgründen praktisch nicht geklärt werden können (Winterschlaf des Igels, Atmung und Sauerstoffaufnahme),
* die Themenkreise sich als besonders beschulungsresistent erwiesen haben, u.a. weil sie keinen Gegenstand i.e.S. darstellen (Energie, Strom, chemische Formeln) oder die Verwendung in der Alltagssprache eine festgefügte andere Bedeutung hat (Kraft).

Es liegt auf der Hand, daß die Sachlagen dann besonders verwickelt sind, wenn mehrere Kennzeichen gleichzeitig gelten.

Allgemein sei darauf verwiesen, daß der Aufklärung der Sachstrukturproblematik und der daraus gezogenen Konsequenzen oft eine ganz entscheidende Rolle zum Gelingen des Unterrichts zukommt. Kaum ein Bereich der Planung wird so fundamental unterschätzt wie dieser. Dabei können dann selbst so simpel erscheinende Themen wie „Der Wasserkreislauf" unterrichtlich entgleisen. Inwiefern handelt es sich um einen Kreislauf? Welche Probleme ergeben sich bei der Begrifflichkeit (Verdunsten, Verdampfen, Salz- und Süßwasser, Versikkern)? Wie kommt das Versickerte wieder an die Oberfläche usw.? Die Verkennung ist zum Teil auch folgenschwer für die methodischen Entscheidungen. Wenn z.B. ein Rollenspiel zur Behandlung der Thematik der Verletzung der Würde des Menschen eingesetzt werden soll, so kann dies nur gelingen, wenn bereits zuvor klar ist, was „Würde" ist.

Die Sachstrukturproblematik ist unmittelbar auch mit der didaktischen Reduktion verbunden. Es ist die Aufgabe der didaktischen Reduktion, einen komplexen Sachverhalt auf das Schülerniveau einerseits und die Lernzielanforderungen andererseits zuzuschneiden. Aber im Begriff der didaktischen Reduktion treffen sich noch weitere Kennlinien von Unterricht. Zum Beispiel berührt er den Begriff des Exemplarischen. Aber auch die grundsätzliche Inhaltsauswahl bzw. das bewußte Auslassen von Inhalten gehören dazu. Da die didaktische Reduktion nun auch von der Struktur der Sache nicht getrennt werden kann, nimmt es nicht wunder, keine scharfe Angabe darüber machen zu können, womit sich die didaktische Analyse als Anschlußthema denn nun zu befassen hätte. Da Unterricht nicht auf einer Abbilddidaktik basiert, in der die Inhalte der Bezugswissenschaften eins zu eins übertragen werden würden, müssen die Inhalte in der didaktischen Reduktion vereinfacht, überschaubar, erfaßbar, sinnfällig, verkürzt, umgewandelt usw. werden. Mit Blick auf die Sachstruktur, die bei der Behandlung einer Grammatikregel eben anders liegt als beim Aufbau eines Laubblattes, kommen im wesentlichen folgende Denkmuster bei der didaktischen Reduktion in Frage:

- eine Art „Eindampfen" (das Wesentliche komplexer Inhalte herausstellen; Verzicht auf Differenzierung und Vollständigkeit, z.B. ein Prinzip herausarbeiten, ohne alle Details gleichgewichtig vorzustellen);
- eine Ausschnittsvergrößerung (ein Teil von vielen möglichen Teilen wird genau untersucht; pars pro toto, z.B. die Funktion des Zellkerns ohne Berücksichtigung weiterer Zellstrukturen);
- Inhalte mit Prozeßcharakter (Zeitabläufe) werden nur in einem Abschnitt beobachtet, z.B. einige historische Themen;
- Inhalte mit schichtartigem, hierarchischem Aufbau ermöglichen die Erschließung von einer Ebene aus (z.B. wäre es denkbar, die Struktur einer Partei von der Basis oder der Spitze her zu entwickeln).

## 2.6 Sachanalyse und Sachdarstellung

Eine Sachanalyse umfaßt die Darstellung der Facetten einer Thematik, die damit verbundene Begriffshierarchie sowie Angaben über den Komplexitätsgrad eines Begriffes (Themas). Die Sachdarstellung meint hingegen die inhaltliche Ausführung einer solchen Facette oder der Begriffe. Hier ein beispielhafter Ausschnitt aus einer Sachanalyse zum Thema „Das Laubblatt":

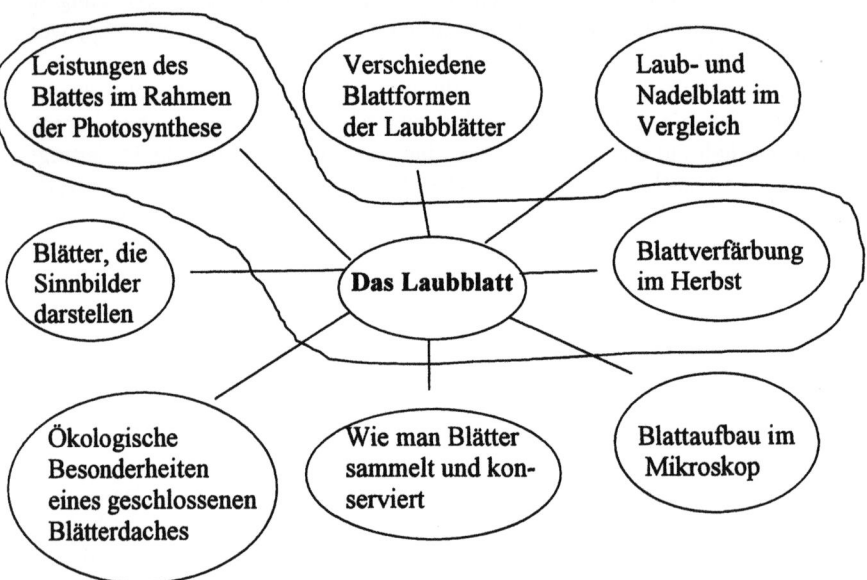

Den Unterschied zwischen Sachanalyse und Sachdarstellung kann man sich gut an einem Lehrbuch verdeutlichen: Das Kapitelverzeichnis entspricht der Sachanalyse, der ausführende Text der Sachdarstellung. Wie unschwer zu vermuten ist, umfassen die einzelnen Felder, die mit der Thematik „Laubblatt" inhaltlich verbunden sind, ihrerseits weitere (hier nicht dargestellte) Teilgebiete, z.B. Details zum Blattquerschnitt (Facette unten rechts „Blattaufbau im Mikroskop"). Aus der didaktischen Analyse und den weiteren Filterscheiben zum Aufbau von Unterricht wird bestimmt, welche Teilthemen nun tatsächlich im Unterricht behandelt werden (als Beispiel oben „Photosynthese" und „Blattfärbung", mit unregelmäßiger Linie umfahren). Damit werden gleichzeitig zwei Dinge optisch sinnfällig: a) die Themenausschnitte und -umfänge, die der Unterricht behandelt, und b) Themenbereiche, die vollends unbehandelt bleiben. Daraus ergibt sich die Notwendigkeit nach der Begründung der für den Unterricht ausgewählten Thematik noch einmal in besonderer Weise, und dies um so mehr, als viel zu wenig klargemacht wird, daß dem Planenden aufgrund seines Wissensstandes und seiner Ausbildungstradition ebenfalls nur bestimmte Facetten des Gesamtthemas überhaupt bekannt sind. Das heißt, ein Teil aller prinzipiell möglichen Teilthemen für den Unterricht liegt von vornherein gar nicht im Betrachtungsfeld. Zum Beispiel könnte man sich bei der oben genannten Thematik auch die Facetten der Heterophyllie (Formverschiedenheit von Blättern an einer Pflanze), der Blattmetamorphosen, der Areolen („Blattgerippe") oder der Anwendung von Laubblättern in der Medizin widmen.

1. Sachdarstellungen können, um die Planung auch im Umfang praktikabel zu halten, auf die zentralen Begriffsdefinitionen beschränkt bleiben.
2. Das Kopieren von Lehrbuchseiten ist eine Unsitte und wiegt den Planenden in trügerischer Sachsicherheit.
3. Oberflächliche Sachdarstellungen, die die Thematik nur allgemein umreißen, sind überflüssig. Sie sind außerdem oft ein Hinweis darauf, daß dem Unterricht eine Schwerpunktsetzung fehlen mag.

## 2.7 Überlegungen zum Grundaufbau der Stunde

Unter dem Grundaufbau einer Stunde wird hier im wesentlichen das Ergebnis der planerischen Entscheidung verstanden, das die Stunde einerseits strukturiert in der Abfolge und Gliederung (1) und andererseits die bestimmende Ausrichtung der Stunde (2) darstellt, also ihre didaktische Funktion. Das heißt, sowohl freiere Unterrichtsformen als auch eine zeitlich enge Führung im Rahmen einer Einzelstunde lassen gegliederte Abfolgen zu (1), aber es ist auch zu prüfen, ob es sich didaktisch um eine Einführungsstunde, eine Übungsstunde, eine Experimentalstunde, eine Materialerkundungsstunde o.ä. (2) handelt. An dieser frühen Stelle der Planung gehen auch viele andere Überlegungen ein, z.B. ob induktiv oder deduktiv vorgegangen wird, analytisch oder synthetisch, instruierend oder (nach)entdeckend, projektartig oder vortragend usw. Dementsprechend können die Rollen der Schüler und der Lehrkraft völlig unterschiedlich angelegt sein. In diesem Bereich sind der Phantasie des Planenden kaum Grenzen gesetzt – ein Vorteil, aber auch ein Problem für die geeignete Wahl der Stundenanlage mit Blick auf die Intentionen. Dennoch empfiehlt es sich, auch in diesem Bereich einige Dinge frühzeitig zu bedenken. Nach der Unterrichtsdurchführung ist es nämlich oft nur noch begrenzt sinnvoll, isolierte Unterrichtselemente kritisch zu beleuchten, weil eine bestimmte Alternative zur Optimierung des Unterrichts nur dann umsetzbar wäre, wenn die Unterrichtsanlage gänzlich neu geplant werden würde. Hier zeigt sich die Wichtigkeit einer gründlichen Planung von vornherein.

In diesem Zusammenhang ist zu prüfen:

1. Läßt sich dem Unterrichtsvorhaben eine klare Zuordnung und Begründung dafür entnehmen, warum die Thematik a) in der Übersicht, b) in der Übersicht mit Schwerpunktsetzung oder c) schwerpunktvertiefend angelegt wurde? Beispiele sind: a) Die Klimazonen Europas, b) Die gemäßigte Zone, c) Klimatische Unterschiede innerhalb der gemäßigten Zone. Man beachte, daß es bei Übersichtsthemen einen hohen Abstraktheitsgrad der Begrifflichkeit gibt, der sich im Unterricht äußerst hinderlich bemerkbar machen kann.
2. Im Zusammenhang mit der Frage nach dem induktiven oder deduktiven Vorgehen läßt sich keine Regel angeben, doch scheinen diejenigen Fälle die häufigeren zu sein, bei denen das induktive Vorgehen das günstigere sein dürfte. Damit läßt sich insbesondere ein guter Zugang zum Denkhorizont der Schüler erzielen.
3. Bei der Einführung einer neuen Unterrichtseinheit herrscht häufig die Idee vor, den Schülern zunächst eine lehrbuchartige Übersicht über das Gesamtthema zu liefern bzw. sie die einzelnen Facetten der Gesamtthematik erarbeiten zu lassen (Beispiele: „Das antike Griechenland", „Ökologie" (Womit beschäftigt sich die Ökologie?). Zumeist ist bei solchem Vorgehen die Motivation innerhalb kurzer Zeit erloschen, da der Unterricht dann zu einer Art Sachanalyse des Themas gerät.
4. Die Erlangung einer Übersicht über einen thematischen Ausschnitt wird nicht selten über den Weg der Gruppenarbeit versucht. In solchen Fällen besteht die Gefahr, daß auch der Themenausschnitt der Einzelgruppe so groß ist, daß nur auf einer abstrakten, theoretischen Ebene darüber gesprochen werden kann. Hier führt die Besinnung auf das exemplarische Prinzip zu einer meist besseren Handhabbarkeit des thematischen Ausschnittes.

Beispiel: Lautet das Stundenthema „Erweiterung der EU", so ist ein Stundenaufbau in Form von Gruppenarbeit zu den Teilthemen „Politische Stabilität", „Binnenmarkt", „Euro" und „Arbeitsmarkt" kaum thematisch und didaktisch beherrschbar. Hier wäre es günstiger, ein Thema exemplarisch auszuwählen und dieses dann in thematische Teilgruppen aufzugliedern (z.B. „Der Euro"; nun könnten sich die Gruppen beschäftigen mit: „Gefühlte und statistische Verteuerung", „Vorteile und Nachteile einer einheitlichen Währung", „Warum gibt es in der EU Länder ohne eingeführten Euro?", „Warum gibt es unterschiedliche Münzmotive?").

5. „Exemplarisch" zu arbeiten bedeutet nicht nur das schlichte Auswählen irgendeines Themas oder eines Beispieles unter vielen möglichen, sondern der Begriff fragt nach dem Typischen, nach dem, wodurch sich dieses Beispiel über die anderen erhebt, nach den besonderen Erkenntnissen, die sich an dem Ausgewählten besser gewinnen lassen als an anderen.
6. Nicht selten wird das Unterrichtsthema gewollt über große Umwege eingeführt, so daß erst nach fortgeschrittener Zeit das eigentliche Anliegen zur Sprache kommt. Beispiel: Ist es für die Behandlung der territorialen Entwicklung Brandenburg-Preußens tatsächlich erforderlich, zunächst einen Rückgriff auf das absolutistische Vorbild Frankreichs vorzunehmen? Dieses Vorgehen hat oft negative Konsequenzen (Zeitverzug, Verlieren des roten Fadens, Sinken der Aufmerksamkeit).
7. Knüpft die Stunde an den Denk- und Erfahrungshorizont der Schüler an?
8. Steht das Thema isoliert, ist es Selbstzweck (inkohärenter Unterricht) oder ist es Voraussetzung für folgende Stunden (kohärenter Unterricht)? Letzteres erfordert auch kohärente Unterrichtsentscheidungen in jeder Hinsicht.
9. Formulierungen in den Planungen, die darauf hinauslaufen, daß etwas „nebenbei" erwähnt werden soll, lassen eher auf Unklarheit beim Planenden schließen als auf Bereicherung des Unterrichts.

## 2.8 Die Strukturierung von Unterricht

Eine Strukturierung von Unterricht erscheint in jedem Falle sinnvoll, ganz gleich, ob es sich um eine Einzelstunde oder um zeit-, inhalts- oder organisationsübergreifende Arbeitsabschnitte handelt. Die bekannten Artikulationsschemata, die in einer Vielzahl existieren und zum Teil zu fächerspezifischen Favorisierungen geführt haben, werden insofern nicht selten problematisch gehandhabt, als sie häufig auf den eher äußeren Ablauf einer Stunde gemünzt werden, statt richtigerweise auf den fortschreitenden Lernprozeß, der seinerseits aber nicht notwendigerweise an eine Unterrichtsstunde gekoppelt sein muß. Wenn man sich klarmacht, daß Unterricht eine Veranstaltung ist, die wegen einer wie auch immer gearteten Lernprogression inszeniert wird, werden die äußerlichen Strukturierungen, wie sie sich besonders plastisch im Begriff des „Phasenwechsels" oder der „Sequenzierung" finden, zumindest fragwürdig. Phasen sind demnach eher als allgemeine Unterrichtsabschnitte zu verstehen, in denen das Lernen bzw. der Zugewinn zu einem jeweils vorläufigen Erkenntnisstand verdichtet wird. Dem entspricht die äußere Einteilung des Unterrichts nicht notwendigerweise. Demzufolge ist es durchaus sinnvoll, verschiedene Szenarien hinsichtlich des möglichen Stundenendes zu berücksichtigen, je nachdem, wie der Lernprozeß vorangeschritten ist.

Die Berechtigung der Forderung nach einem Phasenwechsel ist dann gegeben, wenn Inhalt und Methode an einer bestimmten Stelle des Unterrichts keinen Fortschritt mehr hergeben. Die Forderung nach einem Phasenwechsel ist dann unberechtigt, wenn man lediglich traditionellerweise davon ausgeht, daß z.B. eine Unterrichtsgesprächsphase einen bestimmten Zeitraum nicht überschreiten sollte, um zu einer anderen Form zu kommen. Es wäre sicher ganz unsinnig, eine interessante Diskussion abzubrechen, nur um noch anderen Phasen zu ihrem Recht zu verhelfen. Das Problem besteht also darin, daß ein innerer Prozeß letztlich in eine äußerlich strukturierte Verlaufsplanung gegossen werden muß. Dies berührt auch die Frage nach der Zeitplanung. Mit Blick auf die Hinweise zum Thema „Sinn- und Bedeutungsgebung" muß festgestellt werden, daß bereits in der Planung darauf geachtet werden muß, daß die Schüler Zeit haben müssen, sich in eine Sache hineinzudenken, ja, sich kontemplativ damit beschäftigen können sollten. Auch dies bedeutet in der Konsequenz eine Sprengung traditioneller 45-Minuten-Stunden bzw. einen anderen Inhaltsausschnitt und auch ein Überdenken des Unterrichts- oder Stundenanfangs. Man beachte, daß Unterricht mitunter wohl auch deswegen weitgehend unwirksam ist, weil es keine Gelegenheit gibt, die Thematik überhaupt in der Kürze der Zeit zu begreifen. Noch ehe begriffen worden ist, beginnt bereits die nächste Stunde mit einem anderen Fach. Schon Comenius wies auf den Unsinn hin, daß, kaum hätte man sich in eine Arbeit hineingefunden, schon wieder eine neue begonnen werden müßte. In diesem Zusammenhang können folgende Punkte Berücksichtigung finden:

1. Ist ein angemessener Phasenwechsel berücksichtigt? „Angemessen" heißt hier unter Beachtung der zur Verfügung stehenden Zeit, des Umfangs des gewählten Themenausschnittes sowie der Möglichkeit des verstehenden Durchdenkens für die Schüler.
2. Unterricht kann nur im Rahmen einer Zeitplanung strukturiert werden. Deshalb kann auf eine möglichst realistische Zeitplanung auch nicht verzichtet werden. Die in den Planungen oft auftauchenden Hinweise, daß vieles vom Umfang der verbrauchten Zeit abhängig zu machen sei, ja sogar, daß keine Zeit angegeben werden könne, weil man nicht wisse, wie lange

ein bestimmter Prozeß benötige, sind daher dem Sinn einer Planung zuwiderlaufend.
3. Wird in der Planung eine Lernprogression vorgesehen, die sich in der Strukturierung wiederfindet? Gibt es unangemessene Sprünge in der themenbezogenen Vorgehensweise? Beispiel: Projiziert man das Luftbild eines Hafens zur Initiierung eines Gespräches über die „Funktion eines Hafens" und läßt in der nächsten Phase „Einträge von Hafenanlagen in eine Karte" eines anderen Hafens vornehmen, so fehlt der Schritt, der die allgemeine Funktion eines Hafens mit der ganz spezieller Hafentypen (Öl, Container, Schüttgut usw.) verbindet. Außerdem kann der Schritt vom Luftbild zur Symbolkarte viel zu groß sein.
4. Erfordern bestimmte fach- und methodenspezifische Besonderheiten eine Ausdehnung der Phasen? Beispiele: Diskussion von Pro und Contra eines die Schüler interessierenden Themas; experimentelles Arbeiten; Arbeiten an Lernstationen; Erkundungen; Materialaufbreitung. Hier wird der jeweilige Zeitaufwand nicht selten unterschätzt.
5. Ein Phasenwechsel kann sich ausdrücken in der Veränderung des Inhaltsaspektes, dem Erreichen eines höheren Abstraktionsniveaus, der Veränderung der Arbeitsform oder der Wahl eines neuen Mediums. Zwischen den genannten Bereichen kann fast beliebig variiert werden, z.B. kann die Arbeitsform gleichbleibend an zwei verschiedenen Medien sein oder verschiedene Inhaltsaspekte können mit verschieden aufeinander folgenden Arbeitsformen mittels verschiedener Medien zu jeweils neuen Abstraktionsstufen führen. Bedenklich wird die Planung, wenn eines der genannten Felder während des gesamten Unterrichts gleich bleibt. Dies findet mitunter seinen Ausdruck in den immer gleichen Spalteneinträgen der Verlaufsplanung mit der Abkürzung „Ug" für „Unterrichtsgespräch".
6. Die Phasenwechsel sollten so angelegt sein, daß den Schülern der rote Faden erkenntlich bleibt (Was haben wir erarbeitet, wohin wollen wir, was müssen wir nun dafür tun?). Sollte man bereits in der Planungsphase erkennen, daß der Zusammenhang zwischen den Phasen umständlich konstruiert werden muß, so deutet dies auf einen Bruch in der logischen Abfolge hin.
7. Wurden die Phasen so konstruiert, daß am Ende einer jeden der Erkenntnisschritt klar zutage tritt? Macht man sich dies als Prinzip deutlich, so entsteht – ähnlich wie bei den bekannten Abstraktionsstufen von Unterricht – eine Treppe, wobei nochmals betont werden soll, daß diese gedanklichen Durchdringungsstufen nicht starre Zeitabschnitte darstellen. Damit wird auch deutlich, inwieweit die einzelnen Schritte additiv oder aufbauend sind bzw. ob ein höherwertiges Gesamtergebnis angestrebt wird als es die Teilschritte selbst ermöglichen würden. Die mit den Pfeilen bezeichneten Stellen können auch als Abschnitte der Ergebnissicherung verstanden werden.

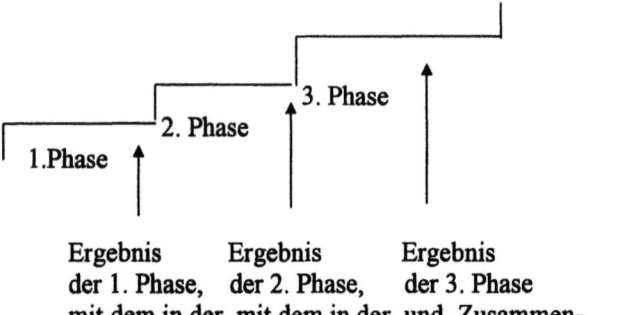

Ergebnis der 1. Phase, mit dem in der 2. weitergearbeitet wird

Ergebnis der 2. Phase, mit dem in der 3. weitergearbeitet wird

Ergebnis der 3. Phase und Zusammenschau des Unterrichtsergebnisses

8. Einzelne Arbeitsgänge innerhalb der Phasen können sehr viel Zeit in Anspruch nehmen. Um hier Verschätzungen vorzubeugen, ist es sinnvoll, sich die konkrete Situation ganz genau vorzustellen, insbesondere, wenn Schüler schriftliche Formulierungen vornehmen sollen, Experimente oder manuelle Tätigkeiten ausführen, Tafelbilder übernehmen oder neue Materialien oder Medien kennenlernen. Ist die Zeitplanung noch realistisch? Besonders problematisch ist es, wenn bei der Erstellung der Planung noch Teilphasen nachträglich eingebaut werden, und demzufolge die Zeiten für die ursprünglich geplanten Phasen linear gekürzt werden.
9. Gibt es Differenzierungen in der Zeit bzw. im Arbeitsumfang für langsame und schnelle Schüler? Es ist in der Sache wenig hilfreich, wenn ein großer Teil der Schüler die Arbeit nicht zu Ende gebracht hat und demzufolge aufgefordert wird, den Rest zu Hause zu erledigen. Dies stellte die Frage nach dem Sinn der zunächst durch alle Schüler begonnenen Arbeit neu.
10. Im Rahmen der Klarheit der Strukturierung für die Schüler (roter Faden der Inhaltserarbeitung und der Vorgehensweise) ist auch der Einsatz eines Tafelbildes zu erwägen, das als eine Art Ablaufschema erscheinen kann, und in der Durchführung aufbauend ergänzt wird. Hier ist es mitunter schon hilfreich, die Gedankenpositionen optisch zu veranschaulichen, z.B. „Was wir schon wissen: a) ..., b) ..., c) ... / Was wir herausfinden wollen: a) ..., b) ..., c) ....".
11. Eine Zersplitterung einer Stunde in eine Vielzahl von Einzelphasen ist nicht hilfreich; eine traditionelle Stunde läßt sich in der Regel in bis zu 4 Phasen geblockt darstellen.
12. Hilfreich ist die Einfügung verschiedener Möglichkeiten der Unterrichtsbeendigung (geplante Flexibilisierung), mitunter als „Ausstieg" bezeichnet.

## 2.9 Einzelne Unterrichtsphasen

Einzelnen Unterrichtsphasen wird in der Regel eine besondere Funktion zugeschrieben, was in der Sache zumeist richtig und hilfreich ist. In einigen Fällen erscheint es jedoch eher fraglich, ob die Phasen tatsächlich in der Umsetzung den ihnen zugeschriebenen Funktionen gerecht werden können, z.B. die der „Motivation" in der Einstiegsphase. Nach den Erkenntnissen der Lern- und Motivationspsychologie stellt sich hier die Frage nach der Erfüllbarkeit. Dennoch erscheint es sinnvoll, auf einige Punkte aufmerksam zu machen, deren Beachtung sich in der Praxis bewährt hat.

### 2.9.1 Der Unterrichtseinstieg

1. Welche Funktion erfüllt die Einstiegsphase? Es ist hilfreich, wenn diese mehrere Funktionen gleichzeitig erfüllen kann, z.b. das Phänomen demonstrieren und gleichzeitig auf die daraus resultierende Fragestellung verweisen. Weiterhin können solche Funktionen sein: Problemstellung demonstrieren, Lösungsmöglichkeiten anregen, Handlungen anregen, Beginn des roten Fadens der Stunde bestimmen, Schaffung einer kognitiven Dissonanz, Provokation von Widerspruch, Ich-Nähe schaffen, Mehrdeutigkeiten provozieren. Beispiel: Eine mit Wasser gefüllte Flasche, die an der Öffnung mit einem Stückchen Zeitungspapier bedeckt ist, umdrehen, ohne daß das Wasser ausläuft.
2. Andere Möglichkeiten des Einstiegs sind die Einstimmung oder der informierende Einstieg. In beiden Fällen ist darauf zu achten, daß dieser Begrifflichkeit in der Sache auch Rechnung getragen wird. Es ist noch keine Einstimmung gegeben, nur weil ein Gedicht vorgetragen wird, und es liegt noch kein informierender Einstieg vor, wenn das Stundenthema genannt wird.
3. Der der Einstiegsphase oft zugeschriebene Motivationscharakter ist natürlich nicht ausgeschlossen, doch sollte dann auf Stimmigkeit mit dem tatsächlichen Unterrichtsgeschehen geachtet werden. Beispiel: Man kann nicht „Motivation" in die Verlaufsplanung schreiben und die Stunde dann mit einer Wiederholung beginnen. Motivation stellt sich auch nicht durch das simple Zeigen eines Gegenstandes ein.
4. Wurde bei der Planung darauf geachtet, daß zwischen der Funktion und der Machart, also der Art und Weise, wie die Funktion in Aktion umgesetzt wird, zu unterscheiden ist? Beispiel: Das Vorlesen eines aktuellen Zeitungsausschnittes ist zunächst nur eine Aktion (Machart). Es ist zu prüfen,

ob dies in der Sache tatsächlich z.B. die Funktion der Problemstellung erfüllt. Es mag sein, daß das Problem in anderer Art und Weise der Präsentation viel sinnfälliger wird.

5. Den Unterricht mit Wiederholungen zu beginnen, ist zumindest von zweifelhaftem Wert. Zum einen sinkt die Aufmerksamkeit in dem Augenblick, in dem der Wiederholende benannt wurde, zum anderen bleibt die Notwendigkeit der Wiederholung oft unklar. Wird der wiederholte Inhalt zur unmittelbaren Weiterarbeit benötigt? Wenn nicht, dann ist die Wiederholung eher an derjenigen Stelle geboten, an der das Geschehen ohne Rückgriff auf das bereits Gelernte nicht mehr vonstatten gehen kann. Außerdem stellt sich auch immer die Frage, wie weit die Wiederholung zeitlich und inhaltlich zurückgreifen kann oder soll. Die hinter dem Abverlangen einer Wiederholung stehende Annahme, die Inhalte wären damit allen Schülern wieder präsent, wird oft genug durch die Art der Wiederholung und die fehlende unmittelbare Verwendung ad absurdum geführt. Besonders umstritten erscheinen Wiederholungen zum Zwecke oder in Verbindung mit einer Benotung. Eine Wiederholung, die sich in wenigen Inhalts- und Sprachfragmenten erschöpft, ist nicht leistungsstark.

6. Das beliebte „Zeigen eines Gegenstandes" („Ich habe euch etwas mitgebracht.") ist in der Regel nicht zielführend. Es macht in der Sache kaum Sinn, raten zu lassen, worum es in dieser Stunde gehen wird. Die Schüler erkennen dies als angewandten Trick, sie – zumindest vordergründig – zu motivieren.

7. Ähnlich wenig motivierend wirkt die Floskel: „Heute wollen wir mal....".

8. Zu prüfen ist der Einsatz von sog. Passepartout-Eröffnungen, worunter man zu verschiedenen Unterrichtsthemen immer wieder verwendbare Stundeneinstiege versteht, z.B. die Erzielung eines Meinungsbildes zum Stundenthema in Form eines „Thermometers" oder einer Skala von „uninteressant" bis „höchst spannend" (semantisches Differential).

9. Zu den Passepartout-Eröffnungen können auch die Assoziationsmethoden sowie die Mindmaps gezählt werden. Sie sind für sich genommen oft besonders wertvoll, werden aber durch falsche Handhabung zuweilen entwertet. Beim Sammeln von Assoziationen ist darauf zu achten, daß diese a) festgehalten werden und b) einer Auswertung zugeführt werden, z.B. indem man in positiv und negativ getönte Assoziationen sortieren läßt, indem man die Häufigkeiten auswertet und die Frage stellt, worauf ein solches Ergebnis zurückzuführen sein mag. Man kann auch das Unterrichtsergebnis zu den anfänglichen Assoziationen kontrastieren lassen bzw. mit diesen vergleichen. Es erscheint hingegen sinnlos, Mindmaps an der Tafel zu entwickeln und dann lediglich mit einem Teilaspekt weiterzuarbeiten, was auch ohne diesen Einstieg erfolgt wäre.

10. Bestimmte Unterrichtseinstiege scheinen ritual- oder personengebunden, indem es Vorlieben, z.B. für das Zeigen von Bildern als sog. stummen Impuls, gibt. Hier wären von Zeit zu Zeit Möglichkeiten der Variabilität zu prüfen.
11. Häufig läßt sich beobachten, daß der Stundeneinstieg eine für sich genommen gute Idee darstellt, die aber keine Verbindung zum weiteren Fortgang mehr hat. Wurde auf innere Konsistenz bezüglich der Folgephasen geachtet? Die Beantwortung dieser Frage ist besonders wichtig, wenn der geplante Medienaufwand besonders hoch ist.
12. Es ist hilfreich, sich noch einmal zu verdeutlichen, was die alten Hauptfragen der didaktischen Analyse von Klafki zum Thema der Zugänglichkeit und Darstellbarkeit besagen, wenngleich diese nicht auf die Einstiegsphasen von Unterricht gemünzt waren. Man frage sich: „Wie kann ich die Schüler für die Thematik aufschließen?"

## 2.9.2 Weitere Phasen

1. Als kleine Exkurse gedachte, eingeschobene Passagen des Unterrichts können sich schnell verselbständigen, z.B. der Umgang mit geographischen Karten oder das Hantieren mit Geräten. Das kann viel Zeit in Anspruch nehmen und gegebenenfalls vom Thema wegführen. Dies kann durchaus fruchtbar und ergiebig sein, verunsichert aber auch, wenn nicht schon eine gewisse Routine vorliegt. Andernfalls wäre zu überlegen, diese Exkurse an andere Stellen zu verlegen, sie als eigenständige und dann aufwendiger geplante Unterrichtsabschnitte aufzunehmen (auch als Ziel) oder sie umgekehrt ganz zu streichen.
2. Nach einer heute kaum mehr bekannten oder praktizierten Unterrichtsdramaturgie kann erwogen werden, etwa zu Beginn des dritten Drittels einer konventionellen Unterrichtsstunde einen umfassenderen Impuls zu setzen, der das Interesse neu anregt und der Sachbetrachtung eine neue Sichtweise hinzufügt, indem z.B. eine Gegenthese aufgestellt, ein kognitiver Konflikt initiiert oder ein weiterführendes Medium eingesetzt wird.

## 2.9.3 Allgemeine Hinweise zur Phasengestaltung

1. Wurde in der Planung berücksichtigt, daß die Schüler umfassende Gelegenheit zu selbständiger Themenerarbeitung erhalten haben? Dies gilt auch für die Ergebnisdarstellung, für die entsprechende Zeit eingeräumt werden

muß. Diejenigen Fälle sind nicht selten, in denen das Ergebnis aller Bemühungen nicht mehr oder nur noch in rudimentärer Form von den Schülern präsentiert werden kann.

2. Wurde den Schülern genügend Raum zur Inhaltsaneignung im Sinne eines nicht auf die Lehrperson verengten und methodisch gängelnden Unterrichts gegeben? Der Einsatz des sog. Unterrichtsgespräches, das sich in vielen Fällen lediglich als ein zwischen Schüler und Lehrer wechselnder, fragmentarischer und verbaler Pingpong-Effekt erweist, sollte von vornherein eingedämmt werden.

3. Hausaufgaben sollten präzise überlegt sein. Dies betrifft das Anforderungsniveau, den gewünschten Effekt und die vermutlich benötigte Zeit. Auch deren Klarstellungen beanspruchen Unterrichtszeit.

## 2.10 Verschiedene Elemente der Unterrichtsplanung

Werden Angaben über das Voraussetzungsspektrum des Unterrichts gemacht, so ist dies nur dann sinnvoll, wenn gezeigt werden kann, inwieweit die Entscheidungen die genannten Voraussetzungen berücksichtigen (Abstimmung auf die Voraussetzungen bzw. Erteilung von Unterricht, um die Voraussetzungen langfristig zu ändern).

### 2.10.1 Angaben über die Lerngruppe

Angaben über die Lerngruppe erschöpfen sich zumeist in wenig informativen Feststellungen. Fundiertere Ausführungen, die eventuell auch auf einer eigenen Befragung, einem Kurztest oder dergleichen basieren, sind leider die Ausnahme. Umgekehrt finden oft bestimmte, für die Planung von Unterricht höchst entscheidende Sachverhalte keine Erwähnung (Integrationsschüler, Fördermaßnahmen, besondere Elternproblematik, Fernsehverhalten, Interessenlagen, inhaltliche Vorbereitung durch die Schüler selbst).

1. Allgemeine Angaben, wie die Feststellung, daß es „schnelle" und „langsame" Schüler, „leistungsstarke" und „leistungsschwächere" Schüler und dergl. gibt, tragen nicht zur Erhellung der Sachlage bei.
2. Angaben über eine angebliche Schichtenzugehörigkeit der Schüler sind höchst fragwürdig. Oft kommen hier veraltete Modelle zum Einsatz.

3. Zirkelbegründungen sollten vermieden werden, z.B.: „Gruppenarbeit ist nicht vorgesehen, weil die Schüler noch keine Gruppenarbeit kennengelernt haben."
4. An dieser Stelle der Planung soll über Differenzierungsmaßnahmen nachgedacht werden. Sie erschöpfen sich nicht im Einsatz von zwei verschiedenen Arbeitsblättern.
5. Wurde auch in anderen Bezügen auf korrekte Argumentation geachtet? Dies gilt etwa für fachspezifische Methoden. Wenn z.B. den Schülerversuchen im naturwissenschaftlichen Unterricht ein hoher Stellenwert eingeräumt wird, erscheint die Argumentation, die Räumlichkeiten seien dafür ungeeignet oder die Schüler seien unsozial oder in der Unterrichtseinheit sei dafür keine Zeit vorhanden, gänzlich unpassend.
6. Hinweise auf besondere Gepflogenheiten sollen statt der einfachen Feststellung derselben diese eher kritisch kommentieren. „Es wurde vereinbart, daß die Schüler während des Unterrichts trinken dürfen", sollte durch die Begründung ersetzt werden, warum sie denn trinken dürfen.

## 2.10.2 Angaben über den „sachstrukturellen Entwicklungsstand"

Häufig wird ein kleines Unterkapitel zum „sachstrukturellen Entwicklungsstand" der Schüler in die Planung eingefügt. Dabei bleibt zumeist unklar, worauf der Begriff Bezug nimmt. Der dann eingesetzte Text beschäftigt sich häufig genug nicht mit dem sachstrukturellen Entwicklungsstand der Schüler, sondern lediglich mit deren Vorkenntnisstand. Dies wiederum hat mit dem Begriff „sachstrukturell" nicht unbedingt etwas zu tun. Man beachte:

1. Die Sachstruktur bezieht sich auf die Gegebenheiten des Themas, der Entwicklungsstand hingegen auf die lern- und entwicklungspsychologischen Voraussetzungslagen der Schüler, also zwei Dinge, die im wesentlichen über die Brücke des Schwierigkeitsgrades eines Themas (Komplexitäts- und Abstraktionsgrad) mit dem Vermögensstand der Schüler verbunden sind. Es geht um die Frage, ob die Schüler das Thema bzw. die damit verknüpften Begriffe erfassen können.
2. Die entscheidende Frage lautet daher, was für die Schüler in ihrer besonderen Situation schwierig am Verständnis des Themas oder des Begriffes sein dürfte, und wie man die Schwierigkeit reduzieren könnte. Das ist – anders ausgedrückt – die Frage nach der Passung von Lerner (Ist er entwicklungspsychologisch in der Lage, das Thema zu verstehen?) und Lerngegenstand (Ist er sachstrukturell zu komplex?).

3. Die reinen Vorkenntnisse der Schüler zur Thematik können als solche gesondert kenntlich gemacht werden.
4. Der Umstand, daß bestimmte Themen bereits behandelt worden sind, weil Lehrpläne, Klassenbücher oder Auskünfte von Schülern und Kollegen darauf hinweisen, rechtfertigt die Annahme nur bedingt, daß man auf entsprechende Kenntnisse der Schüler zurückgreifen kann.
5. Es ist nicht obsolet, einen Test zur näheren Bestimmung der Ausgangslage durchzuführen. Dies würde sehr viel mehr Klarheit hervorbringen als das allgemeine Einschätzen der Situation aufgrund von Annahmen.

### 2.10.3 Angaben über die Ausstattung der Schule

Angaben über die Ausstattung oder Ausstattungsmängel, z.B. einer Sammlung, sind deshalb oft hilfreich, weil sie dazu beitragen können, spätere Nachfragen über das Ausbleiben einer eventuell besseren Lösung zu ersparen. Man sollte sich allerdings umgekehrt davor hüten, den Ausstattungsstand als pauschal schlecht zu bewerten. Hier liegt die Gefahr nahe, den schulischen Bedingungen die Schuld für das Auslassen besserer Möglichkeiten des Unterrichts zuzuschieben.

### 2.10.4 Literaturangaben

Es ist auf eine einheitliche, d.h. im Rahmen der Planung vom Muster her gleichbleibende Literaturangabe zu achten. Hier bietet die entsprechende Literatur eine Vielzahl von Mustern, aus denen man auswählen kann und die zum Teil disziplinenabhängig sind.

1. Die Literaturangabe folgt einem bestimmten Muster und wechselt dieses beim Fortschreiben nicht.
2. Zitate sind im Planungstext ebenso korrekt anzugeben wie in anderen Arbeiten.
3. Für Zitate aus dem Internet gelten eigene Bestimmungen, doch sind sie insgesamt im Prinzip ähnlich zu behandeln wie die sonstige Literatur auch.
4. Zur Planung nicht verwendete Literatur wird nicht aufgeführt.
5. Die Übernahme von Literaturpassagen, von Bildern, Graphiken und Folien enthebt den Planenden nicht von der kritischen Analyse der gewählten Teile. Wenn etwas falsch ist, kann man sich schwer darauf berufen, daß man es so von einer Vorlage übernommen habe.

6. Es ist nicht verboten, Vorlagen für Unterricht aus fachdidaktischen Zeitschriften oder dem Internet zu entnehmen bzw. diese modifiziert einzusetzen, jedoch müssen die entsprechenden Hinweise erfolgen. Die Gefahr ist in diesen Fällen groß, etwas zu übernehmen, das letztlich doch nicht paßt, das man nicht vertreten kann, weil es nicht dem eigenen Denken entsprungen ist. Aber warum sollte man z.B. überarbeitete Arbeitsbogen nicht verwenden?

## 2.11 Didaktische Überlegungen

„Didaktische Vorbemerkungen", „didaktisch-methodische Vorüberlegungen" und dergl. lauten die Überschriften in den Unterrichtsplanungen, die sich auf die didaktischen Entscheidungs- und Begründungsprozesse beziehen. Daß es oft „Vor"überlegungen heißt, ist wohl mit der Arbeitsabfolge bei der Planung zu erklären. Abgesehen von der mitunter diffusen Gemengelage beim unterschiedlichen Verständnis des Didaktikbegriffs (siehe „didaktisch-methodisch"(!)), kommt es in diesem Bereich darauf an, den Ausführungen einen begründenden Charakter zu verleihen und nicht auf die Beschreibung des geplanten Unterrichts auszuweichen. Es zeigen sich bei der Anfertigung dieser Kommentare immer wieder Schwierigkeiten, weil Ziele, Inhalte und Sachstrukturen mit didaktischen Analysen, Lehrplanvorgaben, didaktischer Reduktion usw. zusammenhängen, und weil der Unterricht nur vor dem Hintergrund des entwicklungspsychologischen Standes der Schüler einerseits und deren Vorkenntnissen und tatsächlichen Fähigkeiten andererseits geplant werden kann. Infolge völlig unterschiedlicher möglicher Ziele und Inhalte ergeben sich auch gänzlich unterschiedliche Felder, die zur didaktischen Kommentierung anstehen. Diese können – je nach Sachlage – entsprechend unterschiedlich ausgewählt und gewichtet sein:

1. Was ist der erkennbare thematische Schwerpunkt?
2. Welche Stellung hat das Thema innerhalb des Lehrplans? Warum wurde die Bearbeitung der Thematik erweitert (verkürzt, abgetrennt, modifiziert, adaptiert, ausgelassen usw.)?
3. Wie wird die Themenwahl über den Lehrplan hinaus begründet? Hat das Thema eine Alltagsbedeutung? Wie läßt sich das Thema mit einem Bedeutungsgehalt für die Schüler versehen? Warum ist es wichtig, daß die Schüler dieses und genau dieses Thema bearbeiten sollen?
4. Mit welchen Mitteln soll den Schülern ein Zugang zur Thematik verschafft werden (interessieren, motivieren, problematisieren, Phänomen darstellen, kontrastieren, kognitive Dissonanz schaffen, entdecken lassen, einstimmen)?

5. An welcher Stelle wird angeknüpft, um die Ausgangslage der Schüler zu treffen? Welchen Denkhorizont, welche Vorstellungen, welches Begriffsverständnis (auch misconceptions), welche Assoziationen zur Thematik, welchen entwicklungspsychologischen Stand, welche Vorkenntnisse, welches Sprachvermögen usw. besitzen die Schüler, um das geeignete Anforderungsniveau und den thematischen Anknüpfungspunkt (Erstbegegnung) zu finden?
6. Welche Maßnahmen werden vorgesehen, um einen Verstehensprozeß in Gang zu setzen (z.B. ausgehend vom Problem, von der Alltagssprache, vom Alltagsphänomen). Können die Schüler eine fundamentale Erfahrung machen? Wird ihnen ein Ach-so-Erlebnis ermöglicht („Jetzt verstehe ich erst, warum...")? Gibt es ein Aha-Erlebnis?
7. Welche methodische Wahl wird getroffen, um die Schüler die zu befördernde Erkenntnis selbst gewinnen zu lassen?
8. Welche sachstrukturelle Problemlage verbirgt sich in der Thematik und wie kann diese beherrscht werden?
9. Welche Konsequenzen ergeben sich aus der speziellen Inhaltsstruktur für die Medien- und Methodenwahl?
10. Welche Unterrichtsartikulation wurde verfolgt, um eine Lernprogression zu erreichen. Ist sie kompatibel zur Sachstrukturproblematik, zur Methodik und zu den Zielen?

Darüber hinaus ist es selbstverständlich sinnvoll,

- sich die Fragen der klassischen didaktischen Analyse zu beantworten,
- fachspezifische Problemlagen zu kommentieren, z.B. das Einbringen der Zeitdimension (Zeitdauer des Ablaufes von Prozessen, „Evolution"), die Berücksichtigung von Größenvorstellungen (Wie groß ist eine Zelle, kann man sie „sehen"?), der Versuch, historische Dimensionen zu erfassen (es führt zu keinem sinnvollen Ergebnis, den Schülern zu sagen, „wir versetzen uns nun einmal in die Steinzeit") oder den Rückgriff auf echte Forschungsergebnisse (Problem des Einbringens nicht-didaktisierter Texte (Originaltexte) und deren Schwierigkeitsgrad),
- schwerpunktartig berücksichtigte Prinzipien, wie Schülerbeteiligung, Handlungsorientierung, Produkt- und Produktionsorientierung, Aktualität, originale Begegnung, spezifische Aktions- und Sozialformen, freiere Formen des Unterrichts, Kindgemäßheit und lernpsychologische Erkenntnisumsetzung in Beziehung zu den anderen unterrichtlichen Entscheidungsprozessen zu setzen,
- die Methoden- und Medienentscheidung genauer zu beleuchten oder
- die Stundenstruktur und die Abstraktionsstufen zu kommentieren.

Die Referendare sollten ein eigenes Muster zur inhaltlichen (und zuletzt dann auch zum äußeren, formalen) Aufbau der Planung entwickeln. Dazu gehört auch die Entscheidung, didaktische Kommentierungen, die ganz speziell auf einzelne Phasen der Unterrichtsarbeit gemünzt sind, entweder als Prosatext der Verlaufsplanung voranzustellen, oder sie in der Verlaufsplanung selbst anzusiedeln. Letzteres würde allerdings bedeuten, daß dies nicht in einer kleinen Spalte der Verlaufsplanung unterzubringen wäre. Beispiel: Nicht selten findet man unter der Rubrik „Kommentar" in der Verlaufsplanung das Stichwort „Wiederholung". Dies ist völlig unangebracht, weil es vielmehr darauf ankäme zu kommentieren, warum an einer bestimmten Stelle eine Wiederholung vorgesehen ist.

## 2.12 Methodeneinsatz und Sozialformen

Der Begriff der „Methode" ist unscharf. Prüft man innerhalb der Fächer die Fachdidaktiken auf die Verwendung eines bestimmten, auf die Methodenfrage allgemein ausgerichteten Vokabulars, so zeigt sich eine große Uneinheitlichkeit. Daneben gibt es Grundmethoden im Sinne von Lehrformen, wie z.B. die fragend-entwickelnde Lehrform oder die Ausrichtung des Methodenbegriffs auf bestimmte Autorenschulen hin. So gibt es auch die Möglichkeit, die Methoden durch die Beziehung der Beteiligten untereinander und zum Lerngegenstand hin zu definieren. In der Sache ist eine Abtrennung zur Sozialform hin (womit auch eine Sozialformierung im Sinne einer Sitzanordnung gemeint ist) oft nur schwer oder gar nicht vorzunehmen (z.B. Gruppenarbeit). So gilt der Frontalunterricht oft ebenso als „Sozialform" wie die Teamarbeit. Zudem erschwert die zum Teil kaum zu treffende Unterscheidung in Kleinformen (z.B. Gespräch, Spiel, Vortrag, Demonstration) und Großformen (z.B. Projekt, Zukunftswerkstatt), die ihrerseits eine Reihe von Methoden i.e.S. einschließen, die Klarheit. Hier wäre auch der Begriff der Arbeitstechnik zu nennen. Zum Teil bezieht sich die Begrifflichkeit zudem stärker auf die Rolle der Lehrkraft (z.B. vortragend, vorzeigend, fragend, dialogisch), zum Teil stärker auf die Behandlung des Gegenstandes (z.B. ganzheitlich-analytisch, elementenhaft-synthetisch, direkt, indirekt, induktiv, deduktiv). Es ist in jedem Falle hilfreich, sich eine eigene Übersicht über prinzipielle Ausrichtungen der Methodenfrage zu verschaffen. Hier kommt es durchaus auf Genauigkeit an. Es ist eben nicht egal, ob „Frontalunterricht" mit dem „direkten Unterricht" verwechselt wird. (Die Unschärfe des Methodenbegriffes ist auch die Ursache für die Kürze dieses Abschnittes. Eine Reihe von Fragen, die mit den Methoden zusammenhängen, steht im Kontext anderer Kapitel.)

Insgesamt kommt es bei der Einplanung der gewählten Methoden weniger auf die Bezeichnung der Methode (oft als kurzes Schlagwort angegeben) an, als vielmehr auf die Bewußtmachung dessen, was die gewählte Form mit Blick auf die Lernziele einerseits und die Aneignung der Inhalte andererseits tatsächlich leisten kann. Wichtig ist die Bestimmung des Kontextes, in dem diese Methode oder Arbeitsform zu sehen ist bzw. wie sie zu anderen steht. Beachtet werden sollte:

1. Beim Einsatz der Gruppenarbeit zeigen sich regelmäßig Probleme in der Erarbeitungsphase hinsichtlich der Beteiligung aller Gruppenmitglieder bzw. deren Rollen sowie in der Auswertungsphase hinsichtlich der Beachtung der Ergebnisse durch die zuhörenden Schüler. Welche Maßnahmen wurden ergriffen, um alle Gruppenmitglieder mehr oder weniger gleichgewichtig (von der Arbeitsintensität, dem Umfang, dem Schwierigkeitsgrad usw.) einzusetzen, und in welchem Maße trägt jede Gruppe zum Gesamtergebnis bei? Sind die Beiträge nur additiv, dann ist die Wahrscheinlichkeit groß, daß bei der Präsentation vom Auditorium wenig aufgenommen wird.
2. Der Gruppenarbeit werden allerlei Funktionen angedichtet, die ihren Niederschlag in Formulierungen finden. Da heißt es: „Die Schüler helfen sich gegenseitig." Oder: „Sie üben sich in sozialen Verhaltensweisen." Ohne entsprechende Anleitung findet in der Regel nichts dergleichen statt.
3. Lernstationen oder Lernbuffets sollen sicherstellen, daß verschiedene Zugangsweisen zur Thematik gewählt werden können. Dem entspricht eine Ansammlung von Arbeitsblättern nicht.
4. Es herrscht eine gewisse Diskrepanz zwischen der Vielfalt der Möglichkeiten methodischen Vorgehens (und damit auch der Vielfalt an begrifflichen Bezeichnungen für exakte, definierte Kleinformen) und der tatsächlichen Wahl im Rahmen der Unterrichtsplanungen. Dies wird am Begriff des „Unterrichtsgespräches" besonders deutlich. Damit werden Phasen gekennzeichnet, in denen die Schüler nur Fragen beantworten sollen, in denen aber auch kurze Lehrervorträge enthalten sind, in denen Schüler etwas an der Tafel zeigen und kommentieren oder verschiedene Meinungen äußern sollen usw. Damit beraubt man sich einerseits der Bewußtmachung der Vielzahl von Möglichkeiten, andererseits arbeitet man mit falschen Begriffen. Es ist möglich, diesem Problem von Beginn an dadurch zu begegnen, daß man sich einen tabellarischen Fundus an Begriffen und damit Handlungsmöglichkeiten aufbaut, wann immer sich entsprechende Literaturhinweise finden.
5. Wurde geprüft, in welchem Umfang die Schüler bestimmte Methoden beherrschen? Die Methodenarbeit kann nicht einfach als Stichwort vorgesehen werden, sondern muß entwickelt werden.
6. Es ist zu prüfen, ob auch räumliche Umstrukturierungen vorzunehmen wären, die dem gewünschten Methodeneinsatz entgegenkommen. Gruppenunterricht in einer Bankreihe funktioniert nicht.

7. Nicht selten werden kleine Tricks erfunden, um bestimmte Arbeitsformen, wie z.B. die Partnerarbeit, zu fördern. Dies wird schnell manipulativ und zum Teil wirklichkeitsfremd. Zum Beispiel ist die Ausgabe nur eines Arbeitsblattes, damit die Schüler gezwungen sind, gemeinsam auf ein Blatt zu schauen, wenig hilfreich.
8. Sogenanntes entdeckendes (oder nach-entdeckendes) Lernen kann lern- und methodentheoretisch verstanden werden. In beiden Fällen muß es auch etwas zu „entdecken" geben.
9. Rollen- und Planspiele sind gängige Methodenvarianten. Hier stellt sich aber die Frage nach der Rollenzuteilung und damit letztlich auch nach dem Sinn. Ein Beispiel: Warum sollte sich ein Schüler etwa in die Rolle des Anwaltes eines Interessenvertreters begeben, dessen Interesse er innerlich ablehnt?
10. Eine zwischenzeitlich gängige Methode ist es, die Schüler durch Lernmaterial in die Lage zu versetzen, anderen Schülern etwas berichten zu können („Experte"). Hier ist die Funktion genau zu untersuchen: Erstens kann sie darin bestehen, die Vortragenden selbst in der Sache sicher zu machen (Übungscharakter), zweitens kann sie darin bestehen, die übrigen mit der Sache (den Inhalten) des Experten vertraut zu machen. Letzteres erweist sich nun als überaus fragwürdig, da die Inhalte in der Regel an den Zuhörern vorbeigehen und das vorgebrachte Wissen in der Regel mehr als dürftig ist. Tatsächlich stellt sich die Frage, warum der Experte eben mit dieser Methode etwas für sich sichern kann, die übrigen dies dann aber in der üblichen Rezipientenrolle aufnehmen sollen.
11. Der Einsatz von Schülerreferaten ist eine zweischneidige Angelegenheit. Einerseits kann dadurch eine Bereicherung des Unterrichts erlangt werden, andererseits gibt es gerade hier viele Fragwürdigkeiten (Wer wird ausgewählt (wer nicht), warum dieses bestimmte Thema, gibt es einen Übungscharakter, wie wird es bewertet, welche Rolle nehmen die Zuhörer ein, welchem Sinn soll das Ganze dienen?). Was wird dadurch geschult? Ist das zukunftsrelevant? Hier ist auf genaue Begründungen zu achten, da die Referatform schnell Beliebigkeitscharakter annimmt. Ein großes Problem ist zudem die Bewertung.
12. Relativ häufig werden von den Schülern Zeichnungen gefordert, z.B. sollen Tiere, die auf vorgelegtem Material abgedruckt sind, auf einen Tiersteckbrief gezeichnet werden. Oder auf einem Arbeitsbogen, der den schlechten Zustand der Wohnungen im alten Rom beschreibt, steht die Aufgabe: „Fertige eine Zeichnung der Wohnungen der Römer an". Die Ergebnisse fallen oft hinter den bereits erreichten Stand zurück, weil die Zeichenaufgabe eine Überforderung darstellt, vor allem aber keinerlei neuen Erkenntnisgewinn bringt.

13. Am Beispiel eines Planspieles macht sich die Problematik der Paßgenauigkeit des Methodeneinsatzes deutlich. Wenn es etwa darum geht, daß im Rahmen eines Planspieles Schüler in die Rolle von Entscheidungsträgern im Kreise fiktiver Gremien (etwa ein Gemeinderat, der über ein Bauvorhaben entscheiden soll) schlüpfen sollen, so ist zu beachten:

- daß die Auswahl der handelnden Personen (spielseitig) nicht zu plump ist (z.B. ein „Umweltschützer", der generell gegen Bauvorhaben ist),
- daß hinreichend klar sein muß, warum jemand als Advocatus Diaboli fungieren muß,
- daß die Sachstruktur außerordentlich kompliziert ist (es kann in Wirklichkeit nicht einfach entschieden werden zu bauen; es ist zumeist gar nicht klar, wie die rechtliche Lage überhaupt ist),
- daß zwischen Wirklichkeit und Unterrichtsziel Brüche bestehen (z.B. kann es ein Ziel sein, die Schüler kompromißeinsichtig zu stimmen, in der Wirklichkeit kann aber das brachiale oder subtile Durchsetzen von Meinungen eine viel größere Rolle spielen, was die Frage nach der Funktion des Spiels neu aufwirft (Wirklichkeit nachzuspielen hieße dann nämlich, nicht gewünschte Verhaltensweisen zu fördern)),
- daß die didaktische Reduktion in Form der Vorstanzung von Meinungen und Argumenten im Unterricht oft dazu führt, daß sich die Schüler diese lediglich gegenseitig aufsagen.

Je anspruchsvoller die Methode, desto mehr muß auf die Harmonisierung von differenzierter Sachdarstellung, didaktischer Reduktion und Zielsetzung geachtet werden.

## 2.13 Der Medieneinsatz

Über den hohen Wert des sinnvollen und zielgerichteten Medieneinsatzes besteht Einigkeit. Im Unterricht ist ein Medienspektakel ebenso unangebracht wie der Verzicht auf jeglichen Aufwand. Hier sei darauf verwiesen, daß der Medieneinsatz dem Prinzip der Veranschaulichung in besonderem Maße Rechnung trägt. Damit soll nicht einem möglichen Mißverständnis Vorschub geleistet werden, das darauf hinauslaufen könnte, Medien dienten zunächst der Bebilderung. Sie können auch der Bebilderung dienen, was mitunter in einigen Fächern (z.B. Erdkunde- und Geschichtsunterricht) vermißt wird. Zumeist dienen sie jedoch der sinnfällig gemachten Erarbeitung der Thematik. Unter diesem Gesichtspunkt kann selbstverständlich auch an „Bildern" gearbeitet werden. Auswahl und Einsatz der Medien sollten prinzipiell der Zielbestimmung nachgeordnet werden.

Oft wird die sog. originale Begegnung für besonders wünschenswert gehalten. Dies bedarf einer Überlegung, weil sich damit eben nicht einfach ein Originalgegenstand verbindet. Vielmehr ist eine Originalsituation gemeint, in der etwas tatsächlich in der Wirklichkeit auftritt. Bei der unterrichtlichen Behandlung eines Hundes denselben auch konkret präsent zu haben, erscheint eben nicht oder nur unter bestimmten Ziel- und Inhaltsperspektiven zwingend. Auch ein mitgebrachter Regenwurm erlaubt keine originale Begegnung. Die Originalität besteht in der nicht verfremdeten Situation, in der der zu klärende Sachverhalt auftritt. Nur daran kann gemessen werden, ob es sinnvoll ist, bestimmte Orte des Auftretens der zu klärenden Sachverhalte aufzusuchen oder Dinge mitzubringen. Dies wiederum ist unlösbar mit der Zielfrage verbunden. Ein Beispiel: Bei der Behandlung der Müllproblematik lassen sich oft manipulierte Situationen beobachten. Da werden zum Beispiel ausgewaschene Joghurtbecher mit in den Unterricht gebracht. Es stellt sich die Frage, als was sie fungieren. Sind es Original-Müll-Gegenstände, Stellvertreter für Müll, also dessen Medien oder gar nur Sprechanlässe über die Herstellung von Plastik(müll)? Eine originale Begegnung wäre es, draußen eine echte Mülltonne auszukippen und daran mittels einer auf die Ziele ausgerichteten Fragestellung zu agieren (sortieren, wiegen, Anteile notieren, schlußfolgern, bewerten). Das Themenfeld Medieneinsatz ist eng mit der Frage nach den Methoden und den zu beachtenden Prinzipien verbunden.

Mitunter ist die Verführung groß, ein beeindruckendes Medium in den Mittelpunkt des Unterrichts zu stellen. Fast ebenso häufig stellt sich dann aber auch die Frage nach dem Sinn dieses Unterrichts, weil er um das Medium herum konstruiert wurde.

Es gibt aber auch eine Reihe von Fällen, in denen Referendare äußern, sie hätten zu einem bestimmten Thema „nichts gefunden". Ein Blick in die Kataloge der Bildstellen, ins Internet oder in die Zeitung führt solche Hinweise oft ad absurdum. Zu erwägen wäre in solchen Fällen außerdem, bestimmte Dinge selbst herzustellen. Überaus informativ ist es, sich in den Katalogen der Lehrmittelfirmen darüber sachkundig zu machen, welche Möglichkeiten für das eigene Fach schon realisiert sind. Oft findet man hier auch für komplizierte Sachverhalte schon bestimmte Problemlösungen (z.B. bestimmte Meßgeräte). Dies gilt auch für Kataloge aus dem Bereich Büromaterial/Computerzubehör (z.B. Folienmarker oder Schriftscanner).

Für den Medieneinsatz allgemein gilt häufig, doch keineswegs generell: Erst das Medium, dann die Schüler, dann der Lehrer. Damit ist gemeint, daß das Medium zunächst von sich aus „sprechen" soll (es soll deutlich zum Ausdruck bringen, worum es geht), und es soll nicht sofort zerredet werden. Dann erläutern die Schüler ihr Verständnis, ihre Sichtweise, den von ihnen vermuteten Gehalt usw. Erst dann kann der Lehrer kanalisieren, nachfragen, präzisieren oder kommentieren.

Die Klärung der folgenden Aspekte kann eine Hilfe für den Einsatz eines Mediums sein.

### 2.13.1 Medien allgemein

Als allgemeiner Hintergrund des Medieneinsatzes ist zunächst die Zielfrage zu beantworten. Was soll im Unterricht erreicht werden? Hier muß Deckungsgleichheit erzielt werden. Sodann sind die Funktionen des Medieneinsatzes zu prüfen und festzulegen: Wird es als Einstiegsmedium (Impulsgeber), Erarbeitungsmedium (Kontextmodell des Medieneinsatzes), Kontrollmedium (Bestätigung) usw. genutzt? Ganz gleich, in welcher Funktion es zuletzt tatsächlich eingesetzt wird, stellt sich des weiteren die Frage nach der Altersangemessenheit des Einsatzes (Überforderung oder Unterforderung der Schüler). Bekanntlich lassen sich alle Medien nach ihrem Übereinstimmungsgrad mit oder ihrem Entfremdungsgrad von der Wirklichkeit klassifizieren. Eine Unterrichtsanlage, die vom Grundaufbau her auch im medialen Bereich von der Wirklichkeit ausgeht und über die medialen Abstraktionsstufen schließlich beim Text oder bei der Formel endet, ist sicher in einer Vielzahl von Fällen möglich, eventuell sogar wünschenswert, aber nicht unter allen Umständen zwingend. Zu beachten sind verschiedene Fragen an das Medium.

### 2.13.2 Inhaltliche Fragen an das Medium

1. Wird der Gegenstand in seiner Sachstruktur (noch) richtig repräsentiert? Beispiel: Darf das Einspielen von Musik der Indianer als allgemeine Einstimmung zur Beschäftigung mit der Thematik „Indianer" dienen oder muß beachtet werden, daß das ausgewählte Stück eventuell nur für ganz bestimmte Zwecke in der Wirklichkeit Verwendung fand. Ist ein Vulkan-Modell noch geeignet, bei dem das „Magma" aufgrund eines chemischen Prozesses erzeugt wird?
2. Ist die didaktische Reduktion so weit fortgeschritten, daß sich der Inhalt des Mediums von der Wirklichkeit so weit entfernt hat, daß der Zielbegriff nicht mehr getroffen wird? Beispiel: Eine Holzgliederpuppe im Sportunterricht ist zur Verdeutlichung der Körperhaltung bei einer Sprungübung der Wirklichkeit sicher näher als ein Tennisball, der als Wasserstoffatom dienen soll.

3. Wird ein vertretbarer Abstraktionsgrad (nicht) überschritten (Über- bzw. Unterforderung)? Beispiel: Eine Graphik, die nicht entwickelt wird, kann die Schüler aufgrund ihrer Komplexität überfordern.
4. Ist die Darstellung sachlich-fachlich richtig? Oft wird hier den Vorlagen der Verlage getraut. Die Zahl der Falschdarstellungen ist nahezu unübersehbar. Wurde z.B. auf die richtige Symbolverwendung geachtet (Pfeildarstellungen)? Gerade bei Pfeilen geht die Bedeutung innerhalb einer Darstellung oft durcheinander. Sie sind dann zu verstehen als „wirkt auf", „von hier nach dort", „steigt auf", „verwandelt sich in" oder „darauf folgt".
5. Liegt der Anschauung eine Modellvorstellung zugrunde, die einer gesonderten Erklärung bedarf? Beispiel: Der optischen Kenntlichmachung von Geländeerhebungen (steil, flach) durch Höhenlinien liegt eine bestimmte Sichtweise und deren Umsetzung in die Technik der Darstellung zugrunde. Hier müßten zuvor Begriffe geklärt werden, wie Äquidistanz, Überschwemmungsmodell, Scharung von Höhenlinien, Schummerung.
6. Können beim Einsatz von Modellen (z.B. Blütenmodell, Torso, Metallgitterbau, Sandkastenaufbauten, Funktionsmodelle) die allgemeinen Modellkennzeichen (Entfremdung, Farbänderungen, Pointierungen, Verkürzungen, Größenverhältnisse, Maßstab, räumliche Gegebenheiten usw.) ohne Probleme erläutert und klargemacht werden? Für den Filmeinsatz gilt Ähnliches (Zeitraffer, Zeitlupe, Trickaufnahmen usw.).
7. Welche spezifischen Besonderheiten weist dieses und nur dieses Medium auf, worin ist es also einmalig?
8. Umfaßt das Medium weitere, für die Erfassung der Sachstruktur nicht unmittelbar notwendige Details als Beiwerk bzw. ist dies vertretbar oder gar erwünscht (Lebenszusammenhang)? Bei der Wahrnehmung von Filmen z.B. sind oft viele andere Eindrücke (entkoppelt vom „eigentlichen" Inhalt) vorhanden. Sie produzieren weitere Fragen. Wurden sie antizipiert?
9. Muß im Zusammenhang mit der Medienpräsentation der Einsatz bestimmter Termini geklärt werden? Welche sind dies? Was bedeuten sie?
10. Erfordert der Einsatz zusätzliche (zeitaufwendige) Erläuterungen? Dies kann dann der Fall sein, wenn ganz besondere, den Schülern bisher unbekannte Medien verwendet werden (z.B. ein aufwendiger Experimentaufbau, ein besonders interessantes Gerät).
11. Erfordert der Einsatz eine gewisse Übung in der Auswertung? Gerade beim Filmeinsatz kann es hier Probleme geben.
12. Wie korrespondiert das Medium mit anderen in der Stunde verwendeten Medien bzw. lassen sich diese sinnvoll verbinden? Zum Beispiel kann ein Gegenstand vom Original über das Modell, das Bild bis zur Symbolebene repräsentiert sein, oder Projektionen (Dia, Folie, Beamer) lassen sich auf und als Tafelzeichnungen abbilden.

13. Ist das Medium noch zeitgemäß bzw. läßt sich aus einer Unzeitgemäßheit sogar Gewinn schlagen? Insbesondere mit alten Physikgeräten, biologischen Flüssigkeitspräparaten, historischen Fotographien usw. lassen sich motivierende Effekte erzielen. Veraltete Karten hingegen, die nicht wegen der entsprechenden Historie, sondern mangels moderner Karten eingesetzt werden, sind eher bedenklich.
14. Welcher Nutzen läßt sich aus modernen Medien ziehen? Die Beamer-Präsentation eines Inhaltes (Computerprogramm, Internet) kann hervorragende Erfolge erzielen, eine Power-Point-Präsentation kann aber auch durch die Effekte vom eigentlichen Sinn ablenken. Hier muß man auf Fragen der Schüler eingestellt sein („Wie erzielt man die Effekte?").
15. Provoziert das Medium unerwünschte Reaktionen? Bestimmte Darstellungen erregen z.B. Ekel, oder einige Medien verführen durch ihre Attraktivität zu anderen als den gewünschten Verhaltensweisen, z.B. Reisekataloge oder Internetrecherchen.
16. Ist das Medium moralisch-ethisch vertretbar? Bestimmte Filmausschnitte oder Abbildungen mögen schockierend wirken (Altersangemessenheit). Welche neuen psychologischen Erkenntnisse sprechen für oder gegen einen Einsatz? So ist die Abschreckungsmethode heute obsolet (Zeigen von Bildern von Geschlechtskrankheiten, Absägen von Raucherbeinen, Katastrophenbilder). Schüler waren in besonderer Weise befremdet von einem alten Flüssigkeitspräparat, das einen menschlichen Embryo darstellte.
17. Wie beliebt ist das Medium bei den Schülern; gibt es eventuell einen assoziativen Widerstand? Ablehnende Effekte können sich mitunter schon durch die Wahl eines bestimmten Schrifttyps oder das Layout eines Textes ergeben.

### 2.13.3 Fragen zur Darbietungsform und zur Wirksamkeit

1. Ist das Medium optisch groß und deutlich oder akustisch einwandfrei zu präsentieren? Immer wieder wird der Versuch unternommen, auf hell sonnenbestrahlte Wände einen blassen Folientext zu projizieren. Es ist hilfreich, die Medien einmal vom anderen Ende des Raumes her zu betrachten. Sind sie gut erkennbar?
2. Mitgebrachte Gegenstände sind oft nur einmal vorhanden und mitunter sehr klein. Hier sind Möglichkeiten zu überlegen, wie sie allen Schülern einwandfrei und ausführlich sichtbar gemacht werden können. Die wohl denkbar ungünstigste Lösung ist das „Herumgeben" von Buchbildern oder Gegenständen (entstehende Unruhe, Ablenkung, Stocken des Vermittlungsprozesses).

3. Bestimmte Medien wirken in ungewohnter Umgebung ganz neu. Zum Beispiel erzielt eine Wandkarte zu biologischen Objekten im Wald an einem Baum aufgehängt eine ganz andere Aufmerksamkeit als in der Klasse.
4. Ist das Medium ästhetisch ansprechend präsentiert? Zum Beispiel lassen sich Plastiken und dergl. im Unterricht der Bildenden Kunst auf Sockeln, Säulen usw. hervorragend präsentieren. Die Effekte der Präsentation können gesteigert werden, wenn z.b. ein schwarzes Tuch die Unterlage verhüllt oder das Objekt mittels einer geeigneten Beleuchtung aus dem Umfeld herausgehoben wird (Punktleuchten, Strahler, Diaprojektor, zumindest Deckenlicht über dem Tisch). Ähnliches gilt für die Durchführung von Versuchen.
5. Hat das Medium Mängel durch den Gebrauch erlitten? Wirkt sich dies auf die Arbeit mit ihm aus (Attraktivität)?
6. Erfordert der Einsatz eine veränderte Sozialformierung? Die Änderung der Sitzanordnung hat Folgen für die Zeitplanung.
7. Ist eine angemessene Bearbeitungsform durch die Schüler möglich (z.B. nur wenig verfügbare Objekte bei gleichzeitiger Forderung nach Gruppen- oder Partnerarbeit)?
8. Kann den Schülern erschöpfend Auskunft über das Medium gegeben werden? Oft interessieren sich Schüler dafür, woher manche Dinge kommen, aus welchem Material sie gefertigt sind, wieviel sie kosten, ob man sie essen kann usw.
9. Kann der Lehrer selbst mit dem Medium umgehen und es sachgerecht handhaben? Die Störungen können erheblich werden, wenn beim Film der Ton versagt, beim Diagerät die Vorlaufautomatik eingeschaltet ist oder beim Computereinsatz die benötigten Pfade nicht gefunden werden.
10. Ergeben sich durch den Einsatz schwer zu beseitigende Rückstände? Insbesondere im naturwissenschaftlichen Unterricht tritt der Fall auf, daß auf fachgerechte Entsorgung zu achten ist.
11. Erfordert der Einsatz einen (noch) gerechtfertigten Zeitaufwand, wenn das Medium selbst hergestellt wird oder aufwendig beschafft werden muß? Bei hoher Erstinvestition ist zu bedenken, daß die oft gegebene Wiederverwendbarkeit für Entschädigung sorgen kann. Außerdem sei darauf verwiesen, daß es insgesamt günstig ist, einen eigenen Fundus an Medien anzulegen. Es will scheinen, daß zunehmend weniger Aufwand für die Anfertigung oder Bereitstellung geeigneter Medien getrieben wird.
12. Erfordert der Einsatz einen (noch) vertretbaren finanziellen Aufwand? Gerade Referendare mit begrenzten finanziellen Mitteln sollten sich hier nicht übernehmen, sondern nach einer weniger kostspieligen Alternative Ausschau halten (Elternspende, Ausleihe, Unkostenbeitrag durch die Schüler).

## 2.14 Einzelne Medien

Einige Medien nehmen eine zentrale Stellung im Unterricht ein. Sie werden häufig und vielfältig eingesetzt (z.B. die Tafel, der Arbeitsbogen). Andere hingegen sind speziellen Situationen vorbehalten (z.B. bestimmte Modelle). Einige der häufigen werden nachfolgend angesprochen.

### 2.14.1 Textmedien

Textmedien sind naturgemäß weit verbreitet, und wann immer ein Text eingesetzt wird, wird in den Planungen der Hinweis auf die Notwendigkeit des „sinnentnehmenden Lesens" angebracht. Da dies offenbar per se als positiv wahrgenommen wird, wird auf die nähere Befragung der damit verbundenen Praxis leider oft verzichtet. Beim freien Lesen generiert jeder Leser einen personenspezifischen Sinn. Bei den Schulangeboten ist der mögliche Sinn bereits insofern vorsortiert, als die jeweiligen Textsorten verschiedene Sinngebungsrichtungen vorgeben, ja in der Regel nur aus einem ganz bestimmten Grund heraus geschrieben wurden. Beim Lesen einer Gebrauchsanweisung ist dem Zweck Rechnung getragen, wenn das Gerät bedient werden kann. Sinnentnehmendes Lesen eines Gedichtes ist gegeben, wenn über die Aussagekraft der Situation diskutiert werden kann. Bei Sachtexten ist es oft die Forderung nach der Inhaltswiedergabe. Bei komplexen Formen (Roman) läßt sich die Frage, was sich daran sinnentnehmend lesen läßt, kaum mehr beantworten. Es muß klar sein, daß zwischen dem Sinn, weshalb ein Text geschrieben wurde, und dem Sinn, den der Leser für sich konstruiert, unterschieden werden muß. Das, was man die Textbasis nennt, also die Informationen eines Textes, die häufig genug nur reproduziert werden sollen, sind demnach vom sog. Situationsmodell zu trennen. Dieses meint die Konstruktion eines Sinns aufgrund von Verstehen. Schon diese simple Unterscheidung findet in den Planungen oft genug keine Berücksichtigung. Wenn ein Leser in einem Text dasjenige findet, nach dem er gesucht hat, so ist dies hinreichendes sinnentnehmendes Lesen. In einem Gedicht kann man nach bestimmten Begriffen suchen, eine Stimmung nachempfinden, Versmaße vergegenwärtigen, Zeitströmungen erkunden oder dem Verfasserstil nachspüren. Alles wäre sinnentnehmend, aber alles wäre anders sinnentnehmend. In der Planung muß zunächst Klarheit darüber bestehen, welchen Suchraster man anlegen möchte, was nichts anderes heißt, als Leitfragen zu stellen. Eine ganz einfache Frage wäre: „Was ist dem Leser von der Information her neu, was ist schon bekannt?" Dies gilt im übertragenen Sinne dann auch für das Herausfiltern des Wesentlichen. Wesentlich ist für den Leser das, wonach er sucht und weswegen er überhaupt etwas liest. (Dies zeigt die Künstlichkeit der Situation in der Schule.) Nimmt man ein Buch zur Hand, das man vor vielen Jahren gelesen hat, so kann die Situation eintreten, daß man nun aktuell überhaupt nicht mehr nachvollziehen kann, weshalb man früher bestimmte Passagen markiert hatte. Man hatte nach anderen Gesichtspunkten gelesen als im Augenblick. Damals war etwas anderes wesentlich.

Sinnentnehmendes Lesen vollzieht sich aber auch vor dem Hintergrund des Schwierigkeitsgrades eines Textes. Auch hier erscheint die Planungssituation nicht immer klar. Für das Verstehen von Texten kann prinzipiell gefragt werden, ob ein Text eventuell zu schwer ist oder ob der Leser (noch) unfähig ist, ihn zu verstehen. Entsprechend kann zwischen Textverständlichkeit und Textverstehen unterschieden werden.

Vor dem Hintergrund dieser Darlegung erscheint die häufig zu findende Forderung „das Wichtigste zu unterstreichen" kaum mehr haltbar, sondern es handelt sich um das Wichtigste zur Beantwortung einer bestimmten Fragestellung. Man beachte:

1. Aufgabenstellungen im Zusammenhang mit Textmedien sollen präzise und nicht nur auf das einfache „Lesen" ausgerichtet sein, es sei denn, der Effekt des Lesens bestünde nun gerade darin, die (unterschiedliche) Wirkweise des Textes auf den Leser zu testen.
2. „Das Wichtigste zu unterstreichen" bedeutet, daß die Texte tatsächlich Wichtiges und weniger Wichtiges (nur mit Blick auf die Fragestellung natürlich) enthalten. Hier zeigt sich, daß bereits in der Planung oft Texte eingesetzt werden, die bereits in einer Weise komprimiert sind, daß das Wichtigste gar nicht mehr ausgegliedert werden kann. Dieser Effekt behindert das gewünschte Arbeitsergebnis in erheblichem Maße. Mitunter wird die Lösung des Problems – nun ganz unsinnigerweise – darin gesehen, die Texte um unwichtige Teile anzureichern. Hier stellt sich die Frage, warum man den Kern des Gemeinten erst künstlich verschleiern will, um ihn dann wieder hervorholen zu lassen. Dies ist ein Problem aller didaktisierten Texte. Das heißt, das oftmals gewünschte sinnentnehmende Lesen wird am falschen Objekt exemplifiziert. Das Problem entfällt, wenn Originaltexte oder nicht ursprünglich für den Schuleinsatz vorgesehene Texte herangezogen werden. Dies erfordert dann die wahre Informationsentnahme durch die Schüler.
3. Sachtexte sind dann besonders schwer zu verstehen, wenn sie kohärent im Inhaltsaufbau sind, viele Termini enthalten, keine expliziten Definitionen aufweisen und keine Beispiele nennen. Mit solchen Texten gerät das gewünschte Unterrichtsergebnis in Gefahr.
4. Beim Einsatz von Sachtexten wird oft von der Annahme ausgegangen, die Begrifflichkeiten – mit Ausnahme derer, die der Text gerade zum Ge-

genstand hat – seien den Schüler klar. Eine Nachprüfung hält dem oft nicht stand, weswegen hier Zeit zur Klärung eingeplant werden sollte.
5. Einen Sonderfall stellt der Einsatz von Comics dar. Hier muß die Frage nach der Seriosität beantwortet werden. Die Gefahren liegen z.B. in der Verkürzung, Simplifizierung und mangelnden Differenzierung, der Effekthascherei, dem rudimentären Sprachgebrauch (wo die Schule doch gerade hier Abhilfe schaffen müßte), der Unwissenschaftlichkeit, dem Verlaufen von Informationsebene und vordergründigem Spaß, der Veralberung von Inhalten, der Bedienung von Klischeevorstellungen, der Vernachlässigung von Größenverhältnissen oder auch in der Signalwirkung des generellen Einsatzes. Ein Freizeitmedium hielt Einzug in die Schule – und zwar weniger als eigenständiger Untersuchungsgegenstand, sondern als Ersatz für gediegene Information.
6. Textmedien – soweit sie nicht als Originalbücher oder -quellen vorliegen – bedürfen der Quellenangabe, eventuell der Bearbeitungshinweise (z.B. Text zusammengestellt nach Müller 2005, S. 25) und der optisch und ästhetisch einwandfreien Montierung auf dem Arbeitsblatt.

**2.14.2 Der Arbeitsbogen**

Der Arbeitsbogen scheint zwischenzeitlich ein gänzlich unverzichtbares Instrumentarium zur Durchführung des Unterrichts zu sein. Zum Teil ist der Einsatz sogar grotesk ausufernd. Die sicher auch dahinter stehende Annahme, das Arbeitsergebnis sei dann hinreichend dokumentiert, reproduzierbar und stelle eine Form der Lernhilfe dar, wird durch die Wirklichkeit nicht unbedingt bestätigt. Zur Entwicklung eines Arbeitsbogens ist vor allem die Frage nach seiner Funktion zu stellen; dem steht die formale Anlage gegenüber. Nicht zuletzt muß er allgemeinen Prinzipien gehorchen, also z.B. eine eindeutige Aufgabenstellung enthalten oder fachlich richtig oder in der Sprache von Klarheit sein. Als ein zwar sehr allgemeiner, aber in der Auswirkung wichtiger Ratschlag mag der Hinweis gelten, die Arbeitsbogen so zu verfassen, daß sie jederzeit kontextunabhängig verstanden werden können. Dies kann durch einen vorgeschalteten advancedorganizer erfolgen.

1. Beim Einsatz von Arbeitsbogen ist darauf zu achten, daß es auch tatsächlich etwas zu „arbeiten" gibt. Arbeitsbogen werden offenbar gern und häufig eingesetzt; wurde eine Alternative überlegt?
2. Wurde die Funktion eindeutig bestimmt? Welche Kombinationen der Funktionen wurden bewußt eingesetzt, z.B. Versuchsanleitung, Textinformation (als Buchersatz), Arbeitsaufträge i.e.S., Beobachtungsanleitung, Test, Ver-

haltensanleitung, formale Strukturierungshilfe, schematisierte Inhaltsdarstellung (Graphiken, Kreislaufbilder, Relationsdarstellungen, Diagramme, Tabellen), Lückentexte, Notenblätter, Musterabgabe für Übertragungsaufgaben, Spiele und -anleitungen, Bastel- und Ausschneidebogen, Begriffszuordnungen (Beschriftungen von Zeichnungen), Bebilderung? Viele weitere Funktionen sind denkbar, z.b. Textinformation mit entsprechenden Rückfragen bzw. abgeleiteten weiteren Aufgaben im Sinne eines programmartigen Selbststudiums.

3. Bei der Anfertigung kann im Detail über die Funktion hinaus auf die Form, in der die Funktion erfüllt wird (z.b. verschiedene Arten von Diagrammen) geachtet werden; sodann auf die verwendeten Elemente (z.b. Punkte, Linien, Symbole und dergl.) sowie auf die Gestaltung (z.b. die Farbgebung, die Anordnung usw.). Der Versuch, sich Klarheit über ein Medium mit Hilfe der Begriffe Funktion, Form, Elemente und Gestaltung zu verschaffen, kann prinzipiell für alle Medien gelten.

4. Gerade im naturwissenschaftlichen Unterricht ist die Entwicklung von Normbogen, z.B. als Versuchsprotokollbogen, zu beobachten. Es wäre zu prüfen, ob der Entwicklungsaufwand dem Ertrag angemessen ist, und ob es genügend absehbare Fälle für den Einsatz gibt.

5. Bei der formalen Gestaltung ist auf Sauberkeit der Zeichnung, Zuordnungseindeutigkeit (Bild-Text), Kontextdarstellung, Überschriften und Gliederung, gefälliges Layout, Ästhetik der Schrift, Rechtschreibung, Farbigkeit und dergl. zu achten.

6. Bei fehlgeschlagener Suche nach bestimmten Abbildungen ist es eine nicht hinnehmbare und unredliche Verfahrensweise, wenn wissentlich falsche Abbildungen eingesetzt werden, z.B. wenn eine bestimmte Tierart durch eine andere, ähnlich aussehende ersetzt wird und der Ersatz als das Original deklariert wird.

7. Vorsicht ist bei übertriebener Pädagogisierung der Darstellungen geboten, die die Vorstellungen über die Richtigkeit des Gemeinten beeinflussen, z.B. die bildliche Darstellung von Funktionsvorgängen mit Hilfe von kleinen Männchen. Da gibt es Bakterien als Figuren mit Schwertern, Räder und Hebelwerke zur Verdeutlichung physiologischer Gegebenheiten, Atome mit Ärmchen und dergl. mehr.

8. Lückentexte sind von besonderer Problematik, weil ihr Kontext meist höchst stundenspezifisch ist. Ist der Lernertrag hier hoch genug? Oft sind die Füllwörter bereits auf dem Bogen angegeben. Hier ist die Angemessenheit zu überdenken. Allgemein scheint dieses Verfahren darauf hinauszulaufen, daß eine gewünschte Denktätigkeit in starre Begriffsportionen gegossen wird. Ob der Lerneffekt höher ist als beim Lösen eines Kreuzworträtsels, darf bezweifelt werden. Ein Ausweg kann darin bestehen, aus meh-

reren sehr ähnlichen Begriffen den treffendsten heraussuchen zu lassen, den Inhalt durch kurze Multiple-choice-Aufgaben abzufragen und dergl. mehr.

## 2.14.3 Die Tafel

Der Tafeleinsatz ist sicher unverzichtbar. Die prinzipiellen Möglichkeiten gehen über das Anschreiben von Merksätzen u. ä. deutlich hinaus, weshalb die Planung des Tafelbildes einen Beitrag zum Unterrichtserfolg leisten kann. Zunächst seien die Funktionen erwogen, die aufgrund der technischen Machart der Tafel (Klapptafel, Schiebetafel, Magnettafel, Linierung) unterschiedlich sein können. Als Träger für das eigentliche Medium, nämlich desjenigen, das an die Tafel gebracht wird, kann sie ebenfalls verschiedene Funktionen erfüllen: Bildfläche, Pinwand (Plakatwand), Notizzettel, Strukturierungshilfe, Merkblattfunktion, Zeichenfläche, Projektionsfläche usw. In diesem Zusammenhang seien folgende Hinweise vermerkt:

1. Wurde das Tafelbild gründlich in der Planung entwickelt? Wurden die technischen Möglichkeiten der Tafelarbeit ausgeschöpft? Wurde die Aufteilung der Tafeleinträge mit Blick auf die konkrete Tafeltechnik im Klassenraum beachtet? Mitunter verschwinden benötigte Schriftteile hinter Tafelteilen, die wegen des weiteren Fortgangs umgeklappt werden müssen.
2. Sind die Tafelzeichnungen aus Sicht der Schüler seitenidentisch mit anderen Unterrichtsarrangements? Beispiel: Die Tafeldarstellung eines aufwendigeren Versuchs, der auf dem Demonstrationstisch vor der Tafel aufgebaut ist, sollte nicht dessen rechtes Ende aus Sicht der Schüler am linken Tafelrand abbilden.
3. Es kann sehr förderlich sein, bestimmte Phasenergebnisse chronologisch in Form eines kurzen Denkprotokolls darzustellen, um den Schülern auch optisch immer wieder den gegenwärtigen Diskussionsstand verdeutlichen zu können, z.B. „Was wissen wir schon?", „Was wollen wir wissen?", „Was müssen wir dazu tun?", „Was stellen wir fest?"
4. Wurde bei tabellarischen Aufstellungen darauf geachtet, daß die Einträge in den Spalten alle aus einer Kategorie stammen? Beispiel: Von den Entdeckern nach Europa verbrachte Lebens- und Genußmittel: Ingwer, Pfeffer, Chili, Vanille, Muskat, Schokolode. Die Schokolade paßt nicht; hier hätte Kakao stehen müssen.
5. Es ist keine seltene Erscheinung, daß die Einträge nicht zur Überschrift passen. Beispiel: Die Überschrift lautet „Vorzüge der EU-Mitgliedschaft (Schwerpunkt Finanzhilfe)". Als Eintrag finden sich u.a. die Begriffe Wirtschaftskraft und Sicherheit des Rechts. Diese beiden Stichworte passen we-

der von der Formulierung noch von der Zusammensetzung her zur Überschrift.
6. Detaillierte, mit Sorgfalt angefertigte und aufwendige Tafelbilder müssen nicht der Vergangenheit angehören. Zum Beispiel kann eine gute Tafelzeichnung von hoher Motivationskraft sein, etwa Blockbilder, Querschittzeichnungen, Tierbilder.
7. Um auch schwierigere Motive an die Tafel bringen zu können, können diese von Vorlagen (OH-Folie, Dia, Beamer) direkt auf die Tafel projiziert werden (z.b. Ausschnitte von Stadtplänen), was insbesondere dann Sinn macht, wenn aus verschiedenen Vorlagen Dinge zu einem Bild vereinheitlicht werden sollen. Für einige Fächer stehen zum Teil hervorragende Zeichenvorlagen zur Verfügung. In projizierte Bilder kann auf der Tafel dann gut eingezeichnet werden, z.b. lassen sich bei Diaprojektionen auf die Tafel bestimmte Elemente herausheben, markieren, mit Pfeilen versehen usw. Bei weißen Tafeln (white board) geht dies natürlich besonders gut.
8. Wurde die Verwendung der farbigen Kreide erprobt? Sehr aufschlußreich sind Schriftproben mit allen zur Verfügung stehenden Farben und deren Begutachtung vom anderen Raumende her. Dann wird klar, warum dunkle Grün-, Blau-, Braun- und Rottöne ungeeignet sind.
9. Die Begutachtung des Tafelbildes von der gegenüberliegenden Wandseite ist auch unter dem Gesichtspunkt der Fehlervermeidung (Rechtschreibung) hilfreich, weil man Fehler und Unsauberkeiten aus der Distanz besser erkennt bzw. ihre negative Wirkung deutlicher wahrnimmt.
10. Zumindest für den Grundschulbereich ist die Schulausgangsschrift zu beachten.
11. Bei der Benutzung weißer Tafeln ist unbedingt auf die zugehörigen Filzstifte zu achten, sonst läßt sich die Schrift oft nicht wieder entfernen. Bestimmte Kreidetypen nehmen auf bestimmten Tafelbeschichtungen hingegen nicht an.

## 2.14.4 Der Overhead- und der Dia-Projektor

Für den Overhead-Projektor gilt prinzipiell vieles von dem, was auch für den Tafeleinsatz gilt. Insbesondere sollte aber beachtet werden:

1. Der Overhead-Projektor bietet weitere Möglichkeiten als das Auflegen einer Folie, z.B. Projektion von naturwissenschaftlichen Versuchen (Farbumschläge in Petrischalen), Umrißprojektionen von Gießharzpräparaten, Projektion von Tierbewegungen (auch Fischbecken), Projektion von Acrylglas-Modellen, angefertigten Overlay-Folien, Nutzung von Funktionsfolien,

Luftkissentisch, Projektion von Pflanzenumrissen (z.B. sehr hilfreich bei Gräsern), modellartige Imitation von Wachstumsvorgängen oder Silhouetten des Pflanzensproßaufbaues, Fingerlabyrinth, Projektionsvorlage für die Tafelzeichnung. Alle erhabenen Auflagen, also solche mit vertikaler Ausdehnung, setzten eine Erprobung der Bildschärfe voraus, z.b. der Einsatz von Acrylglas-Pyramiden.
2. Erfahrungsgemäß werden Overhead-Projektoren schlecht gewartet. Es ist eine deutlich höhere Lichtausbeute zu erwarten, wenn alle Glasflächen vom Kreidestaub gereinigt werden (aufklappen, zwischen den Glasscheiben reinigen, Kopf innen entstauben). Randunscharfe Bilder sind meist auf unsachgemäßes Tragen (Anheben an der Säule zur Höhenverstellung des Projektionskopfes) zurückzuführen, wodurch die optische Achse beeinträchtigt wird.
3. Der Dia-Projektor kann ebenfalls zu weiteren Verwendungen herangezogen werden. Skizzen können auf Glasrahmendias selbst aufgezeichnet werden (dann eventuell Projektion auf die Tafel zum Abzeichnen), Küvetten lassen sich als Versuchskammer einsetzen oder der Apparat selbst kann als Beleuchtung von Modellen oder Versuchen (etwa auch zur Erzeugung der Rotfluoreszenz von Chlorophyllösungen) eingesetzt werden. Eingespannte Farbfolien lassen weitere Effekte zu.
4. Automatik-Einstellungen von Diaprojektoren, die nicht ausgestellt werden, können zu unliebsamen Überraschungen führen (automatischer Bildtransport nach einer Zeiteinheit).
5. Einige Apparate neigen bei zunehmender Gebrauchsdauer wegen der Hitzentwicklung zum plötzlichen (und in der Durchführung ärgerlichen) Abschalten, weshalb sie vorher erprobt werden sollten.

### 2.14.5 Der Filmeinsatz

Der Filmeinsatz geschieht heute in der Regel in Form von Video- oder DVD-Aufzeichnungen. Damit entfallen Transportwege von schweren Filmapparaten. Insgesamt hat der Filmeinsatz im Referendariat wohl nicht unbedingt eine Favoritenstellung. Unter der Hinsicht, daß den Schülern heute viele Dinge psychologisch recht fern zu liegen scheinen, die Vorstellungskraft nicht sonderlich ausgeprägt ist und viele Themen unanschaulich sind, ist aber immer wieder an einen sinnvollen Filmeinsatz zu denken. Es handelt sich dabei nicht um eine Art „Kino", sondern um ein zum Zwecke der inhaltlichen Auseinandersetzung eingebrachtes Medium. In erster Linie ist zu beachten, daß der Film zum Ziel und Inhalt der Stunde weitgehend paßgenau ist. Nicht die Stunde ist um den Film herum zu konzipieren, sondern der Film ist Transportmittel einer ganz bestimmten Absicht. Zu bedenken wäre:

1. Der Film ist einer eingehenden Analyse zu unterziehen:
    - Zeigt der Film genau das Gemeinte?
    - Welche Übereinstimmungen oder Brüche gibt es zwischen Bild und Sprache?
    - Welche Begriffe werden verwendet?
    - Welche Passagen sind kritisch (zu kurze Bildsequenzen, komplexer Inhalt ohne Kommentar, Aufkommen von Emotionen, Trickaufnahmen, Zeitraffer usw.)?
    - Welche Wirkung hat die Musik?
    - Ist der Inhalt noch aktuell?
    - Wie kann eine Sequenzierung vorgenommen werden?
2. Wurde sondiert, welche Wiederholungsmöglichkeiten einzelner Abschnitte es gibt? Single-concept-Streifen gibt es auch als Video für einzelne Themen. Diese Kurzformen können beliebig oft wiederholt werden, weil sie nur 2- oder 3-Minuten-Ausschnitte zeigen.
3. Naturgemäß nicht lösbar ist der Widerspruch zwischen Filmbeobachtung und (notwendigen?) Aufzeichnungen zum Film (sehen oder schreiben?). Prinzipiell lassen sich verschiedene Variationen von Beobachtung und Arbeiten zum Erfassen einsetzen: Kommentarvariationen, z.B. Original, stumm, durch Lehrer vorgenommen; Arbeitsweisen, z.B. Notizen anfertigen lassen, Szenenprotokoll führen lassen, Sequenzenbetitelung vornehmen lassen.
4. Eine Sequenzierung oder gar nur ein bestimmter Ausschnitt mögen didaktisch sinnvoll erscheinen, psychologisch mag eine solche Vorgehensweise hingegen unbefriedigend zu sein. Dies kann bei der Durchführung zu Unruhe führen.
5. Es ist unumgänglich, die Filme rechtzeitig zu bestellen oder selbst abzuholen, um Sicherheit für den Einsatz zu erlangen.

## 2.14.6 Computer und Internet

1. Beim Einsatz eines Beamers ist darauf zu achten, daß die Schüler nicht mit einer Vielzahl von „Fehl-Klicken" behelligt werden, ehe die „richtige" Oberfläche gefunden wurde. Es ist hilfreich, vorher zu üben.

2. Für Computer- und Interneteinsatz gelten oft besondere Bedingungen. Hier liegen zu klärende Fragen im Datenschutz, in der Urheberrechtsfrage, im Kinderschutz, im Software-Schutz, im Virenschutz oder auch in Netzwerkfragen.
3. Besonders unersprießlich ist die gleichzeitige Nutzung verschiedener Programmversionen. Hier ist auf die schnelle Herstellung einer gemeinsamen Ausgangslage zu achten.
4. Da die Schulen oft nicht mit Flatrate-Verträgen arbeiten, dauert die Erzeugung der Bilder und Seiten oft sehr lange. Dies ist bei der Zeitplanung zu berücksichtigen.

### 2.14.7 Spiele

1. Wenn Spiele im Unterricht eingesetzt werden, so stellt sich die Frage nach a) dem Aufwand der eventuellen Herstellung, b) dem Zeitverbrauch in der Durchführung, c) dem didaktischen Ertrag des Einsatzes, d) dem didaktischen Ort des Einsatzes, e) der Klarheit der Regeln und d) der Kontrolle der Schüler. Oft handelt es sich um eher unattraktive Spiele. Allerdings sind auch die einfachsten Spiele nur so gut zu spielen, wie die Spielregeln Extremfälle ausschließen.
2. Spiele im Unterricht sind keine „echten Spiele". Viele Beobachtungen deuten darauf hin, daß auf eine formalisierte Art gespielt wird. Welcher Ertrag läßt sich damit erzielen? Lohnt sich der Einsatz?
3. Wenn das Spiel zu einer besonderen Erkenntnis führen soll, so muß zumindest bedacht werden, daß es auch Schüler geben wird, die allein um des Gewinnens wegen spielen, denen also der inhaltliche Lerneffekt nicht unbedingt aufscheint. Gibt es Möglichkeiten, dem zu begegnen?

### 2.15 Berücksichtigung allgemeiner Prinzipien bei der Unterrichtsplanung

Oft hat sich Unterricht speziell der Erfüllung allgemein für wichtig erachteter Prinzipien verschrieben (z.B. Handlungsorientierung, entdeckendes Lernen, selbstbestimmtes Lernen, verbundener Sprachunterricht, Öffnung von Unterricht und dergl.). In diesen Fällen ist darauf zu achten, daß die gesamte Vorgehensweise dem auch adäquat ist. Wenn Schüler z.B. selbst etwas herausfinden sollen, so ist es nicht hilfreich, den Schwerpunkt des Unterrichts auf eine ganz spezielle Methode, Aufgabe, Untersuchung oder auf ein bestimmtes Medium abzustellen. Auch für diese allgemeinen Prinzipien gilt, daß in der Praxis oft ein Wirrwarr von Ansätzen unbemerkt Einzug in den Unterricht hält. Die Inhalte sind hier – wie bei der zuvor skizzierten Lernzielproblematik – eben nicht von den Methoden und Anleitungen ohne weiteres zu trennen, also dem, was man Instruktionsdesign nennt. Geht es um verbale Information, wird eine einfache Anleitung eher im Vordergrund stehen, als wenn es um Problemlösestrategien geht, die ein Entdeckenlassen eher erforderlich machen. Andererseits ist es nicht untersagt, auch relativ simple Wissensinhalte mit offenen Lernformen anzugehen. Mit der Grundanlage der Stunden thematisch eng verbunden ist auch die Frage nach gängigen Ansätzen, z.b. ob man ganzheitlich oder elementenhaft vorgeht, formale Bildung oder reines Wissen anstrebt, integrierten oder fachlich orientierten Unterricht bevorzugt, ob man erleben lassen oder analytisch zergliedern will.

Auch bei den Prinzipien gilt, daß sie nicht als Regel aufgestellt werden können. Eine Regel, die z.b. lautet, „je komplexer der Inhalt, desto offener die Methode", wird in vielen Fällen ihre Berechtigung haben, aber eben nicht in allen. Eine andere lautet: „Vom Nahen zum Fernen." Dahinter steht die Annahme, das Nahe könne leichter erfaßt werden, weil es dem Denkhorizont näher läge. Viel wichtiger wäre sicher die Untersuchung der psychologischen Nähe. Ein Beispiel: Es mag sein, daß vielen die USA psychologisch näher standen, als es die benachbarte DDR tat. „Vom Einfachen zum Komplexen" gehört ebenfalls in diese Kategorie.

Abgesehen davon, daß die Bezeichnungen dieser Prinzipien bei genauer Betrachtung mitunter sehr fragwürdig erscheinen (Was ist „Schülerselbsttätigkeit"?), enthalten sie doch zumeist eine sinnvolle Stoßrichtung zur Aufwertung von Unterricht im Sinne einer Befreiung aus gängelnden Methoden. Dies wiederum macht nur Sinn, wenn das Prinzip dem nächsthöherrangigen verpflichtet ist, nämlich dem Lernen. Auch die bereits als Prinzip aufzufassenden Methodenlehren existieren letztlich nur, um das Lernen selbst besser befördern zu können. Das Lernen bzw. der damit verbundene Lernbegriff kann hier aus nachvollziehbaren Gründen nicht umfassend dargelegt werden – dies ist gar nicht die Absicht dieser Aufstellung –, aber er muß an denjenigen Stellen schärfer ins Auge gefaßt werden, an denen ganz unmittelbar eine Verknüpfung besteht, z.B. beim „Verstehen lehren" und bei der „Motivation".

1. Haben die Schüler mehrere Möglichkeiten erhalten, im Sinne der Prinzipienverwirklichung an der Thematik selbständig zu arbeiten? Werden sie durch die Vorgaben letztlich sofort wieder auf die Realisierung nur einer Möglichkeit kanalisiert? Beispiel: In der Regel wird dem freien Nachgehen von Möglichkeiten in den Planungen gar kein Raum gegeben, weil alles auf das vorgestanzte Schema des Planenden hinausläuft. Wenn Schüler später in der Durchführung Möglichkeiten der Problembehandlung nennen, kann

man mit schöner Regelmäßigkeit beobachten, daß ohnehin nur eine davon, nämlich die Lehrervariante, in Betracht kommt.
2. Handlungs- und Produkt(ions)orientierung dürfen nicht als Etiketten für relativ bescheidene und letztlich sehr konventionelle Verfahrensweisen verwendet werden. Wenn Schüler etwas ausschneiden oder basteln, ist das nicht notwendigerweise mit Handlungsorientierung gleichzusetzen.
3. Als Unterrichtsprodukt wird häufig ein Plakat vorgesehen. Hier gibt es sehr viel mehr Möglichkeiten!
4. Im Rahmen der Verdeutlichung naturwissenschaftlicher Denk- und Verfahrensweisen wird oft der Begriff „Hypothesenbildung" verwendet. Hier ist darauf zu achten, was eine Hypothese überhaupt ist oder wie sie entsteht. Sie entsteht jedenfalls nicht so, wie es im Unterricht fast generell dargestellt wird. Der Gebrauch des Hypothesenbegriffes ist oft nur eine Art unbewußter verbaler Hochstapelei.
5. Werden statt der Generierung von „Hypothesen" schlichter „Vermutungen" angestellt, so muß Zeit eingeplant werden, diesen auch in Ruhe nachgehen zu können. Eine oft an dieser Stelle zum Einsatz kommende Tafelnotiz ist zu wenig (Notierung von wenigen Stichworten als Vermutungen). Sie läßt diese Phase zum reinen Formalismus verkommen. Beispiel: Es reicht nicht, drei Möglichkeiten einschl. der ganz abwegigen zu notieren, aber keine davon zu durchdenken, sondern sogleich auf den experimentellen Fortgang des Unterrichts abzustellen. Dies ist das Gegenteil naturwissenschaftlichen Denkens. Beispiel: Ein Schüler sagt: „Man bräuchte ein einen Kilometer langes Becken.... und müßte das über Jahre hinweg beobachten..." Der Lehrer antwortet: „Und, haben wir das? Nein. Und darum habe ich ein Becherglas mitgebracht..." Viele sog. Problemstellungen sind bereits so simpel, daß sich die daraus resultierenden Vermutungen bereits durch Nachdenken in richtige und falsche sortieren lassen.
6. Wenn Schüler in Entscheidungen einbezogen werden sollen, darf dies nicht den Charakter eines kurzen Abstimmungsganges erhalten. Die Anbahnung von Mitbestimmung und innerer Beteiligung der Schüler ist ein langer permanenter Prozeß, bei dem den Schülern Möglichkeiten und Unmöglichkeiten einsichtig gemacht werden müssen. Planungen sind mit den Schülern zu besprechen.
7. Die Vordergründigkeit scheinbarer Interessenberücksichtigung ist oft greifbar nah. Beispiel: Die Schüler können entscheiden, ob im Unterricht über das Pferd oder den Hund gesprochen werden soll. Begründet wird dies mit der Berücksichtigung der Interessenlage der Schüler. Der weitere Fortgang läßt dann nicht mehr erkennen, warum das eine oder das andere Tier den Vorzug erhielt, weil die Schüler längst erkannt haben, daß es letztlich nicht um ihr Interesse, sondern um die Durchführung des Unterrichts als solchen geht.

## 2.15.1 Unterricht vom Phänomen aus und problemorientierter Unterricht

Unterricht vom Phänomen aus anzulegen, ist eine alte Forderung, die vielfach breite Zustimmung, aber in der Realität kaum eine Entsprechung findet. Die Gründe dafür sind sicher vielfältig (lernzielorientierter Unterricht, scheinbar nicht immer gegebene Sinnfälligkeit von Phänomenen, Zeitnöte, Verschätzung der entwicklungspsychologischen Voraussetzungen, fehlende lerntheoretische Begründung und dergl. mehr), aber nicht immer überzeugend. Ähnliches gilt für den problemorientierten Unterricht. Für beide Ansätze gilt, daß sie ein außergewöhnliches Zugangspotential zur Thematik bei den Schülern freilegen können, das über einen informierenden Einstieg wohl hinausgehen dürfte. Oft wird der Unterricht vom Phänomen aus mit den naturwissenschaftlichen Fächern in Zusammenhang gebracht. Es lassen sich jedoch auch für die anderen Fächerfelder genügend Phänomene und Problemstellungen finden, die hinreichend Potential für den entsprechenden Ansatz bieten. Dabei kommt es in erster Linie darauf an, den Schülern bewußt zu machen, daß bestimmte Dinge – auch ganz alltägliche – bei gründlicher Betrachtung überaus erstaunlich sind. Das Entscheidende beim Unterricht vom Phänomen aus ist es, das Phänomen leben und wirken zu lassen, es in der Schülersprache zu belassen und den Bruch zur Formel, zur Gesetzmäßigkeit oder zur Wissenschaftsprache zu vermeiden (genetisches Lernen). Die Annahme, die Dinge seien z.B. mit der Einführung der chemischen Formel richtiggestellt und gesichert, ist irrig. Es sei auch nicht verschwiegen, daß der Unterricht vom Phänomen aus durchaus herbe Kritik erfahren hat. So gibt es keinen nachvollziehbaren Weg, wie das Phänomen – bei dem es ja nicht bleiben kann – und seine Aufklärung tatsächlich in kognitive Strukturen eingebaut werden können. Es beim Staunen zu belassen, hat mit dem Verstehen nichts zu tun. Der Ansatz kann aber helfen, vom Schüler aus zu denken.

Ganz ähnlich benötigt der problemorientierte Unterricht ein behutsames Leben-Lassen, Erfassen, Verstehen des Problems selbst. Dabei ist zu beachten, daß es in der Regel nicht die Probleme der Schüler sind, um die es geht. Glücklich sind die Umstände, in denen die Schüler selbst tatsächlich mit ihrem Problem in den Unterricht kommen. Solange das Problem in seiner Tagweite gar nicht aufscheinen will, ist es auch verfrüht, Vermutungen zur Problemlösung zu fordern. Der problemorientierte Unterricht ist von der Sache her mit dem sog. entdeckenden Lernen (oder auch forschend-entdeckendes Lernen) verbunden. Auch hier mögen es wenige Glücksfälle sein, in denen das damit verbundene Verfahren in Gänze zum Tragen kommt (Jugend forscht). Ansonsten gibt es in der Schule im Sinne eines Neuen fast nichts zu entdecken. Das wissen auch die Schüler, und deshalb ist es sinnvoller, nicht so zu tun als ob, sondern ihnen die Konstruktion zu verdeutlichen, ihnen zu zeigen, vor welchem Problem man stand, als man eine Sache lösen wollte oder an historischen Belegen weiterzuarbeiten. Ebenso könnte es hilfreich sein zu verdeutlichen, daß es darauf ankäme, daß der Lerner etwas „für sich entdeckt" hat, etwas, das ihm nun ganz klar ist, was er schon immer wissen wollte, einen Gewinn, den er daraus gezogen hat (und der vielleicht gar nicht Ziel der Unternehmung war).

Beide Prinzipien werden hier für überaus sinnvoll im Unterrichtseinsatz gehalten, weil sie einen Denkweg anlegen, weil sie es ermöglichen, aus dem Schülerhorizont auf das Thema zuzugehen, weil sie oft sehr praxisnahen Unterricht erlauben und weil klar ist, um welches Ziel es geht. Jedenfalls geht es nicht mehr um additiven, aspektierenden oder beschreibenden Unterricht.

1. Wurde ein Phänomen gewählt, das erst durch Manipulation entsteht, z.B. wenn man Flüssigkeiten experimentell färbt oder entfärbt? Dann ist zu beachten, daß dies eine andere Kategorie von Phänomenen ist als das nicht manipulierte Phänomen, wie z.B. der „Sonnenuntergang" oder das „Himmelblau".
2. Phänomene sind nicht auf die naturwissenschaftlichen Fächer begrenzt. Vielfach hilft zum Auffinden die Frage: „Wie kommt es eigentlich, daß...?" Beispiel: Wie kommt es eigentlich, daß die Menschen über einen Witz lachen müssen? Wie kommt es eigentlich, daß viele Menschen den gleichen Namen haben? Wie kommt es eigentlich, daß die Verwechslung von „das" und „daß" einer der häufigsten Fehler in Zeitungstexten ist?
3. Für die Ausschöpfung der in den Phänomenen liegenden Potentiale ist reichlich Zeit einzuplanen (Staunen, Wundern, Verbalisieren, Nachfragen, Widersprüche entdecken, Umfang und Bedeutung des Phänomens Kontur gewinnen lassen, Lösungsrichtungen andeuten).
4. Beim Unterricht, der ein sog. Problem an den Anfang stellt, ist auf die sinnvolle „Verpackung" desselben zu achten. Hier hilft der Fachbezug bzw. das, was man die Fachrelevanz genannt hat. Es muß deutlich werden, daß es für die Bezugswissenschaft ein Problem gewesen ist. Und es war ein Problem, weil.... Und es wurde gelöst, indem man.... Dieser Problemlage soll im Unterricht nachgespürt werden. Günstig ist es, wenn das Problem in den Denkhorizont der Schüler gestellt werden kann bzw. es mit einer Sinn- und Bedeutungsgebung und einem Alltagsbezug für die Schüler versehen werden kann.
5. Kann Material für verschiedene Lösungswege bereitgestellt werden?

## 2.15.2 Verstehen lehren

Unterricht vollzieht sich häufig genug als ein Durcheilen von Lernschritten – jedoch ohne Kontrolle, ob gelernt wurde. Das Phasenmodell oder die Sequenzierung und der Begriff des „Phasenwechsels" können auch als Hinweise auf eine bestimmte Symptomlage interpretiert werden, nämlich dafür, daß der Unterricht vorwiegend „gemacht" wird. Er hat Prozeßcharakter. Lernzielorientierung und Ablaufschema verstellen allzuoft den Blick auf komplizierte Sachstrukturen und auf die Sinnfrage. Aus den spärlichen Schüleräußerungen am Ende einer Stunde wird auf das Gelingen geschlossen, wenn es überhaupt Gelegenheit zu entsprechenden Äußerungen gab. Es bleibt hingegen weitgehend unklar, was die Schüler tatsächlich verstanden haben. Nach dem alten lernzielorientierten Modell des Unterrichts wurde zumindest häufig noch die Lernzielkontrolle – zum Teil recht aufwendig – durchgeführt, ein Umstand der heute praktisch ohne jede Bedeutung zu sein scheint. Als Lernzielkontrolle werden Einzelbeobachtungen, Teile der Ergebnisdarstellung oder Überfliegen von Arbeitsblättern angeführt. Der Stand des Verstehensgrades wird hingegen nicht zum Gegenstand der Kontrolle gemacht. Unterricht, der auf Verstehen (statt auf Wiedergabe) setzt, sieht sich in der Schwierigkeit, angeben zu müssen, was unter „Verstehen" zu verstehen ist. Es ist hier schon von der Absicht her gar nicht der Ort, über das Verstehen in seinen Facetten zu räsonieren. Es mag als Hinweis ausreichen, auf das explizite und implizites Verstehen zu verweisen, an Verstehen als „inneres Sehen" zu erinnern usw. (weitere Angaben siehe unten). Doch selbst wenn der Begriff oft nur vorwissenschaftlich verwendet wird, wird doch klar, daß damit eine tiefergehende Auseinandersetzung mit der Sache gemeint ist, ein Durchdringen der Problemlage, das Darlegen des Kontextes als Einsicht in die Sachzusammenhänge (Aufbau kognitiver Netze), eine Angabe zu Sinn und Bedeutung des Themas, eine angemessene sprachliche Verarbeitung, ein Wiedererkennen ähnlicher Fälle, ein vielschichtiges Umgehen mit den Inhalten, ein Auskunft-geben-Können (anderen erklären) und dergl. mehr.

Wenn das Ziel lautet, der Schüler solle etwas „verstehen", so bedeutet dies, den Gegenstand zu be-greifen in seiner Struktur, Problematik, Widersprüchlichkeit, Eigenart (Einmaligkeit), Historizität, seiner Bedeutung für x, y, z, in seinem Prinzip (Exemplarität, Mustercharakter). Auch dies dient in letzter Konsequenz allerdings dem Aufbau von Haltungen, Überzeugungen, geistigen Handlungen, Fertigkeiten, Handlungsbereitschaft, Wissensgier usw.
Solche Art von Verstehen kann dann mehr als „Wissen" sein. Bei Ratesendungen im Fernsehen z.B. wird „Verstehen" nicht verlangt. Auch der Begriff „abfragen" zielt auf einfaches assoziatives Wiedergeben. Für den Extremfall, daß nur noch einzelne Wörter erinnert werden müssen, wurde der anschauliche Begriff des „Salonschwachsinns" erfunden.
Das Verstehen ist unmittelbar mit der Zielsetzung verbunden. Beim Ziel der Einübung (Automatisieren) geht es um etwas anderes als beim Problemlösen. Deshalb vergegenwärtige man sich, welche ganz unterschiedlichen Qualitäten von Verstehen gemeint sein können. Hier einige Beispiele:

- Verstehen als kognitive Konstruktion (Sinngebung und Bedeutungsentwicklung)
- Verstehen als Assimilation (Einordnung von Wissen in Bestehendes)
- Verstehen als Interaktion (Hin- und Herschalten bei prozeßhafter Aneignung von Dingen, z.B. beim Lesen)
- Verstehen als Metakognitionsprozeß (Prüfung auf Richtigkeit einer Sache)
- Verstehen als Deuten (Öffnung des Denkens)
- Verstehen als Problemlösen (Überlegen, Nachdenken)
- Verstehen als inneres Sehen (fundamentale Erfahrungen machen; innerer Erleuchtungsprozeß)
- Verstehen zum angemessenen Verhalten in einer Situation (Kontext erfassen)

Verstehen kann im Unterricht nicht gelingen, wenn Zeitdruck, vorgefertigte Antworten, Ausschließen von Fehlversuchen oder das Fehlen selbständiger Erarbeitungsmöglichkeiten Raum gegriffen haben. Etwas zu verstehen berührt im Kern auch die zuvor angesprochene Sachstruktur einer Thematik sowie die Sinn- und Bedeutungsgebung. Es ist evident, daß Unterricht, der auf das Verstehen abzielt, die konventionellen Lernwege verläßt (ohne durch Flachheiten ersetzt zu werden), die Lehrerrolle und vor allem die Schülertätigkeit und die Art und Weise der Überprüfung des Erreichten verändert. Verstehen lehren meint nun, daß der Lehrer nicht nur die Möglichkeiten zum Verstehen einräumen muß, sondern diesen Prozeß auch durch geeignetes Material und veränderte Frage- und Aufgabenstellungen fördern muß. Die Schüler sollen selbst etwas herausfinden.

1. Wurde ausgelotet, welchen Stellenwert die Thematik im Denken der Schüler einnimmt? Ist ihnen diese psychologisch nah oder fern?
2. Kann der Auseinandersetzung mit der Thematik eine Zielsetzung, auch für die Schüler (nicht nur für Lehrer und Lehrplan), nachvollziehbar zugeordnet werden?
3. Wird die Thematik in ihren Facetten entfaltet und in ihrem Alltagskontext vorsichtig und differenziert verdeutlicht? Wird die Thematik langsam entwickelt (im Sinne des Wortes ent-wickeln)? Wird den Schülern das Problem, das Phänomen dargelegt? Wenn der Lehrer beispielsweise sagt: „Es ist Herbst, und wir wollen heute mal schauen, wie sich die Blätter verfärben.", so verstellt er möglicherweise schon ganz zu Beginn den Zugang zum Reichtum des Phänomens, weil der Vorgang der Blattfärbung als solcher mit dieser Ansage schon nicht mehr gedanklich durchdrungen werden muß. Vielmehr ist durch die Aussage die Thematik kanalisiert auf ein Ex-

periment oder auf einen vom Lehrer für wichtig erachteten Aspekt des Phänomens Blattfärbung. Die Frage nach dem Warum taucht nicht auf.
4. Kann den Schülern verdeutlicht werden, welchen Gewinn sie aus der Behandlung dieser Thematik ziehen? Gibt es eine Anwendungsorientierung?
5. Gibt es Zeit zu einer kontemplativen Vertiefung in die Sache?
6. Können Beschreibungen in Aufgabenstellungen umgewandelt werden, die ein „Herausfinden" ermöglichen? Anstatt zu sagen: „Die ägyptischen Pyramiden sind unvorstellbar groß", wäre es sinnvoller vorzuschlagen, „Geht hinaus, meßt und zeigt uns die Länge einer Pyramidengrundseite."
7. Wird vorgesehen, daß die Schüler selbst langsam Vorstellungen entwickeln können von Verhältnissen, Größen oder Strukturen? Was will es z.B. heißen, wenn davon die Rede ist, ein Heuschreckenschwarm könne 300 Mio. Tiere umfassen?
8. Wurde geprüft, mit welchen Medien das Gemeinte sinnfällig gemacht werden kann?
9. Wird die Thematik von verschiedenen Seiten angegangen? Oft erbringt erst die Gesamtsicht eine Verankerung. Beispielsweise kann ein physikalisches Gesetz als Formel, als Beschreibung einer Geräteanleitung, als Zeitungsartikel, als Expertenbefragung (gemeint sind „richtige" Experten, also z.B. Institutsmitarbeiter), als Experiment, als Technik-Museumsbesuch usw. aufgearbeitet werden.
10. Wurde daran gedacht, auch das explizite Nicht-Verstehen als Beitrag zum Verstehen einzubeziehen? Beispiel: An welchen Stellen wurde ein Text nicht verstanden? Warum nicht? Schüler sollen dann dezidert Auskunft darüber geben, wo und warum eine Störung im Aneignungsprozeß vorliegt.
11. Bei der Erfassung von Inhalten geht es auch um die Erschließung verschiedener Verstehensebenen. Von einem vorgelegten Text kann zuerst erfaßt werden, welchem Themenbereich er zuzuordnen ist, dann kann eine Orientierung über das Thema selbst erfolgen, sodann vielleicht eine Art Inhaltsangabe, gefolgt von einer analytischen Betrachtung bis hin zum Verstehen von Hintergründen, Metaphern, historischen Bezügen usw. In der Praxis erweist sich allzu häufig, daß man die tieferen Verstehensebenen nicht unbedingt mit einem breiten Methodenrepertoire erreicht, sondern mit der diskursiven Auseinandersetzung. Wenn z.B. ein Gedicht verstanden werden soll, reicht es nicht, zerschnittene Einzelelemente ordnen zu lassen, sondern jeder muß sein gegenwärtiges Verständnis vortragen und es in der Diskussion mit den anderen herauspräparieren. Andernfalls besteht die Gefahr, daß die Schüler lediglich eine mehr oder weniger formale Abfolge sortieren können, aber an den Kern des Gemeinten nicht herankommen. Schichten des Verstehens lassen sich bei allen Unterrichtsinhalten freilegen. Sie haben selbstverständlich etwas mit der Sachstruktur zu tun. Die Verstehensschichten freizulegen, könnte etwa der folgende Weg dienen, der in der Sache

nichts anderes als ein etwas verändertes herkömmliches Artikulationsschema darstellt:

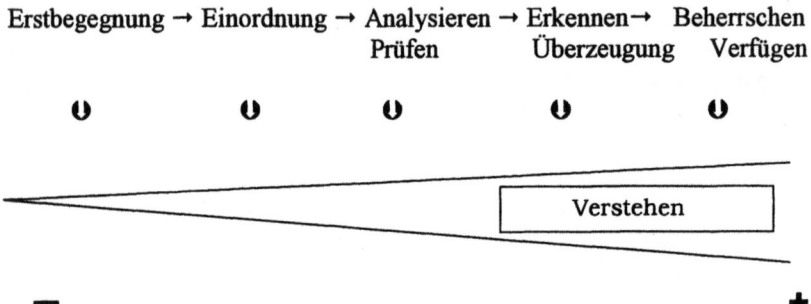

Für jede Stelle kann nun geprüft werden, wie dies am besten anzustellen sei. Für jede Stelle können dann auch Vorschläge dafür gemacht werden, wie der Verständnisgrad gemessen werden könnte.

12. Welches grundsätzliche Denken ist wünschenswert bzw. soll zugelassen und gefördert werden? Ist es ein exklusives, lineares, kausales, analytisch-synthetisches, typologisches, axiomatisches Denken, das auf ein Entweder-Oder hinausläuft, oder ein inklusives Sowohl-als-auch-Denken, ein Denken, das differenziert viele Fälle berücksichtigt. Ein Kausalitätsdenken kann einerseits zur Schärfung des Denkens und damit zum anschließenden Verstehen beitragen, andererseits aber auch andere Zugänge und viele Denkweisen der Schüler verschütten bzw. auch in der Sache zur Verstellung einer denkbaren Lösung führen. Hier wäre dann vielmehr das intuitive, das holistische oder das Situationsdenken gefragt, das auch einmal Grenzen bewußt unscharf läßt. Das Ergebnis eines solchen Denkens führt eher zu dem Ergebnis: Es kommt darauf an, ob, wie, wann, warum... Der konventionelle Unterricht setzt offenbar vorwiegend auf das exklusive Denken.

13. Für spätere Abschnitte des Unterrichts ergeben sich bei stärkerer Berücksichtigung des Verstehensprozesses veränderte Überprüfungsmöglichkeiten. Beispiel: Wenn es Ziel war, daß die Schüler die Bedeutung des Thing für die Germanen verstanden haben, so wird es nicht reichen, wenn ein Schüler sagt: „Das Thing war sehr wichtig; sie haben dort auch Gericht gehalten." Vielmehr müßten hier Bezüge hergestellt werden, der Begriff müßte aufwendiger erläutert werden, die Sprachbezüge wären herzustellen (Thing, Ding), die Reichweite in die Gegenwart wäre zu belegen, die Verwendbarkeit des Begriffes in neuen Situationen müßte dargelegt werden,

aus diversen Abbildungen könnten Zuordnungen vorgenommen werden, Einschränkungen würden formuliert werden (Durften dort alle sprechen?) usw.

Verstehen lehren hat auch etwas mit der Schaffung vielfältiger Aneignungsmöglichkeiten zu tun. Dies bedeutet, vielfältige Aufgabenstellungen einzusetzen. Beides zusammen schafft die Möglichkeit einer tieferen Auslotung. Ein Beispiel: Wenn es bei der Textarbeit darum geht, die unterschiedlichen Absichten von Texten zu verdeutlichen, lassen sich sehr unterschiedliche Frage- und Aufgabenstellungen zum Einsatz bringen. Erst die Bearbeitung einer gewissen Fülle von Möglichkeiten wird dazu führen, die Dinge im Kopf auch verfügbar zu machen. Man denke sich im Erdkundeunterricht etwa Texte zum Thema „Der Harz als Mittelgebirge", wobei zu beachten ist, daß es sich hier nur um Beispiele für Textarbeit, nicht um generelle Zugänge und Unterrichtsideen zur Behandlung des Harzes handelt. Diese Texte könnten sein: ein Reisekatalog, ein Zeitungsartikel, ein Vortragstext, eine Internetseite einer Harzgemeinde, ein Lehrbuchausschnitt zur Geologie, ein Harz-Gedicht, die Schilderung einer Harzreise usw. Daran lassen sich dann die unterschiedlichen Absichten der Texte durch unterschiedliche Frage- und Aufgabenstellungen herauskristallisieren, z.B.:
- Welche gleichen Informationen gewinnt man aus verschiedenen Texten?
- In welcher Abteilung einer Bibliothek findet man die entsprechenden Bücher?
- Könnten die Texte x, y, z in einem Lexikon stehen?
- Beschreibe, z.B. die Stationen einer Fahrt, die wechselnden Landschaften, die wechselnden Stimmungen.
- Finde Sinnabschnitte und formuliere Überschriften.
- Löse mit Hilfe des Textes eine Aufgabe zu ....
- Finde eine Entsprechung zu einer bestimmten Passage im Atlas.
- Welchen Text hast du lieber gelesen, begründe.
- Unterstreiche rot Passagen, die Informationen liefern zu... Unterstreiche rot die Passagen, deren Inhalt dir absolut neu ist (oder längst bekannt ist) – vergleiche mit dem Rest.
- Formuliere, für wen die Texte geschrieben wurden.
- Lassen sich zwei unterschiedliche Texte miteinander verbinden. Versuche, ein Beispiel auszuführen. Versuche, Text 1 unter Einbau von Teilen des Textes 2 neu zu schreiben.
- Welche Veränderungen lassen sich an einem Text vornehmen, ohne daß er seinen Charakter verliert?

- Suche Texte, die im Kontrast zu den vorliegenden stehen (widersprüchliche Aussagen machen). Wie kommt es zu solch unterschiedlichen Sichtweisen über ein und denselben Sachverhalt?
- Welche Bilder passen am besten zu dem Gemeinten? Wähle aus.
- Lassen sich die Texte in ihrer Entstehung zeitlich einordnen?

Prinzipiell kann die Berücksichtigung allgemeiner Gesichtspunkte das Verstehen fördern:

- genau sein (genaues Beobachten);
- präzise sprechen;
- Begriffe sauber festlegen;
- zwischen den Begriffsebenen hin- und herschalten;
- Selbstverständliches nicht als selbstverständlich nehmen und hinterfragen;
- warum und wozu fragen; Fragen nach Absichten und Ursachen fördern („Wie kommt das?");
- Widerspruch herausfordern, Kritik bestärken;
- Gegenpositionen verdeutlichen;
- Neugier wecken;
- kognitive Dissonanz erzeugen;
- Mut machen; es gibt keine dummen Fragen (gerade die sog. dummen Fragen zeigen den Denkhorizont, an den anzuknüpfen wäre);
- einen Gedankengang konsequent in die Tiefe denken lassen, nicht springen;
- Scharfsinn fördern (wenn, dann; entweder oder; je mehr, desto...) (dieses Beispiel gilt auch für die gegenteiligen Ergründungen sowohl als auch, bis zu einem gewissen Grade, unter bestimmten Bedingungen); insgesamt heißt dies „Differenzierung";
- Plattformen im Gespräch finden; das bisher Festgestellte sichern und als Basis für Kommendes herausstellen;
- verdeutlichen, was man davon hat, etwas zu wissen, zu beherrschen usw. (Sinngebung, Nutzanwendung, Belohnung, Honorierung unterschiedlicher Art).

Korrekterweise muß an dieser Stelle darauf verwiesen werden, daß neuere Ergebnisse der Hirnforschung die Frage aufwerfen, ob es ein „Verstehen" tatsächlich geben kann bzw. ob es nicht biologische Festlegungen gibt, die nur bestimmtes Verstehen ermöglichen. Auf der anderen Seite muß klar gemacht werden, daß Verstehen ein kognitiver Prozeß ist, der durch die Berücksichtigung gängiger didaktischer Ansichten nicht unbedingt erhellt wird. So ist „Handlungsorientierung" oft nur ein Schlagwort, das zumeist auf ganz diffusen Vorstellungen darüber basiert, wie denn das zu Erlernende tatsächlich kognitiv verankert wird. Ähnliches gilt für das bekannte Arbeiten mit Kopf, Herz und Hand.

### 2.15.3 Berücksichtigung lernbiologischer Gesichtspunkte

Es werden hier keine grundsätzlichen lernbiologischen Betrachtungen angestellt. Wenn die Thematik dennoch gestreift wird, so nur vor dem Hintergrund dessen, was bei den Unterrichtsbeobachtungen generell auffällt. Es liegt auf der Hand, daß die Lernbiologie mit dem „Verstehen lehren" unmittelbar verbunden ist.

Jedes Lernarrangement ist gut gemeint und erfüllt seine Funktion, allerdings nur bis zu einem gewissen Maße. Eine Grenze wird durch die biologische Beschaffenheit des Menschen gesetzt. Die Neurobiologie kann hier vielerlei erläutern. Die Enttäuschung über manche Lernergebnisse ist immer wieder groß – ganz zu Unrecht, wenn man bedenkt, was biologisch noch möglich ist und was nicht. Es ist sicher abwegig zu glauben, die Schüler könnten sich an einem Tag für jede der Thematiken, die die Lehrkräfte mit in den Unterricht bringen, begeistern und sich sechs oder acht Stunden in einem Höchstmaß konzentrieren. Das tut auch kein Erwachsener. Selbst wenn sich der Unterricht in anderen Zeitrhythmen als im Stundentakt vollzieht, bleibt diese Grundproblematik erhalten. Die plakative Verwendung von Stichwörtern der Entwicklungspsychologie oder der Lern- und Motivationspsychologie verbessert den Unterricht zunächst noch nicht. Man denke an den zum Teil lächerlichen Kult im Rahmen der „Motivierung" zu Stundenbeginn! Davon ganz unberührt kann man sich selbstverständlich wünschen, daß die Schüler motiviert wären. Ähnliches gilt vom Behalten bzw. vom Vergessen, dem mitunter mit der völlig aussichtslosen Wiederholung begegnet werden soll. Die Lehrkräfte vergessen allzu oft, daß sie selbst entweder ebenfalls zu vielen Themen nichts mehr wissen oder das, was sie behalten haben, im wesentlichen durch Übungseffekte erreicht haben. Das Klagen über das schlechte Abschneiden der Schüler bei Testergebnissen ist zum Teil unverständlich, weil diese in der Erwachsenenwelt nicht viel anders ausfallen, wofür es hinreichend Belege gibt. Deshalb muß im Unterricht eine Beschränkung auf das Machbare stattfinden und nicht die Unerreichbarkeit des Unmöglichen beklagt werden. Was ist die Kehrseite der Medaille?

Wenn bekannt ist, daß man zum Auswendiglernen zwischen 18 und 28 Male eine Sache ohne Einhilfe aufsagen können muß, so wird einerseits klar, warum z.B. das Vokallernen unbeliebt ist (Wer möchte das pauken?), aber auch, warum nur noch wenige Schüler ein fundiertes und breites Wissen haben. Es ist nicht möglich, strikte Übungen als Lernform nicht mehr abzufordern, sich dann jedoch zu wundern, warum die Schule recht effektlos erscheint. Das bedeutet im Falle des Vokabellernens selbstverständlich nicht, Wörter ohne Bezug lernen zu sollen. Gerade eine kontextuelle Verankerung schafft ja die Sprachmuster erst. Dies entspricht weitgehend der Auffassung vom Lernen durch Gewöhnung, also Wiederholung. Eben dieser Aspekt wird oft vernachlässigt, weil man es den Schülern zum Teil gar nicht mehr zuzumuten wagt. Dem Übungsbegriff haftet etwas Starres, Anstrengendes, Langweiliges an, doch muß dies in den möglichen Übungsformen durchaus keine Entsprechung finden. Es gibt eine Reihe variabler und durchaus freudvoll durchzuführender Übungsformen.

Aufgrund der Funktion des menschlichen Gedächtnisses ist es gar nicht möglich, all das in das Wissen einzugliedern, was vom Lernangebot seitens der Schule vorgesehen ist. Auch deshalb ist die Enttäuschung über das Erreichte oft nicht gerechtfertigt. Die Nichtbeachtung der neuronalen Zeittaktung könnte ebenfalls eine Ursache dafür sein, warum Schüler auf der Mikroebene der Unterrichtssteuerung „nicht mitkommen". Gedankengänge zu formulieren erfordert oft mehr als 3 Sekunden Dauer bis zum Eintritt der Handlung. Hinter all dem steht die Idee, daß Lernen nicht direkt das fertige Lernprodukt erzeugt, sondern die Voraussetzungen dazu befördert, daß ein Schüler zu seinem Lernergebnis kommen kann. Lehren kann das Lernen des einzelnen nur ermöglichen und tut dies durch die Schaffung von Lernarrangements. Aus all dem resultieren die Forderungen:

- Anschaulichkeit im Arbeiten (auch die Anschaulichkeit dient letztlich dem Ziel, abstrakte Gegebenheiten zu begreifen)
- Zeiten, Abstände, Geschwindigkeiten, Mengen, Größen durch persönliches Messen erfahrbar machen
- Probleme in Teilprobleme zerlegen und umgekehrt zusammensetzen (jederzeit hin- und herschalten können)
- Begriffe in Begriffssysteme einordnen können (Teil-Ganzes-Relationen (z.B. Ufer – See) und Oberbegriff-Unterbegriff-Relationen (z.B. System – Ökosystem))
- Induktiv vorgehen (ist häufig (nicht immer) das Mittel der Wahl)
- Assoziatives Arbeiten ermöglichen mit Anknüpfung an das Schülerdenken
- Zeiteinplanung zur Ermöglichung der geistigen Erfassung des Gegenstandes oder Teilthemas
- Anforderungsniveau bzw. den Schwierigkeitsgrad von Aufgaben so abstimmen, daß nach der erforderlichen Anstrengung auch ein Erfolgserlebnis eintritt
- Teilerfolge bereits nach kurzer Zeit eintreten lassen (ca. 5 Minuten)
- Aufgaben mit steigendem Schwierigkeitsgrad einsetzen

- Zickzacklernen; Lernen mit anderen Sinneseindrücken verknüpfen (Stimmungen, bestimmte Situationen); scheinbar unsystematisches Lernen kann fruchtbar sein
- Übungen mehr Raum geben (das Ergebnis der Übung kann den Schülern viel Freude bereiten (Funktionslust)); Lernen hat auch etwas damit zu tun, eine Sache beim nächsten Mal schneller, sicherer und besser machen zu können (Übung); Repetitio est mater studiorum

## 2.16 Die Verlaufsplanung

Die Verlaufsplanung stellt nach allen anderen Überlegungen schließlich die Übersicht über den Unterrichtsprozeß dar, was oft in tabellenähnlicher Form geschieht (siehe weiter unten). Je nach Ausführlichkeit der Darlegungen einzelner Elemente in den didaktischen Teilen der Planung vorab, kann sie mehr oder weniger knapp das Geschehen schlagwortartig zusammenfassen. Es existieren viele individuelle Muster, die zumeist auch gangbare Formen der Darstellung repräsentieren. Dennoch finden sich auch hier sehr häufig bestimmte Gewohnheiten, die kritisch befragt werden können:

1. Unabhängig davon, ob die Muster tabellenartig oder mit immer den gleichen Rubriken in Form von Textabsätzen angelegt sind, ist darauf zu achten, daß die Einträge qualitativ den Kategorien entsprechen. Unter „Aktionsformen" dürften keine Stichworte zur Lernzielzuordnung auftauchen oder unter „Prozeßsteuerung" der Hinweis „Schüler in Partnerarbeit". Auch werden oft Fachinhalte, z.B. als Auszug oder Quintessenz eines Lehrervortrags, in eine (beliebige) Spalte gesetzt. Oder: Unter „Sozialform" steht „Lehrerdemonstration" (hier zeigt sich nochmals das generelle Problem der Festlegung korrekter Bezeichnungen). Auch finden sich oft Einträge doppelt, z.B. „Lehrer-Schüler-Gespräch" sowohl bei „Unterrichtsverlauf" als auch bei „Didaktische Funktion".
2. Die Sinnhaftigkeit der Einträge ist jedenfalls zu prüfen. Einerseits erscheint es z.B. überflüssig, bei Einsatz eines Lehrervortrages zu vermerken, daß die Tätigkeit der Schüler im Zuhören zu sehen ist, andererseits kann es gerade auf bestimmte Techniken beim Hören ankommen, weshalb es Sinn machen würde, auf diese Besonderheit zu verweisen.
3. Die jeweiligen Leerstellen (Spalten, Zeilen, Zellen) einer Verlaufsplanung sind lückenlos auszufüllen; oft sind breite Spalten gänzlich leer.
4. Von besonderer Brisanz sind in der Sache widersprüchliche Einträge. Beispiel: Unter „Unterrichtsgeschehen" steht: „Aufgabe: Schneide die vier Wortgruppen aus und bilde zwei Sätze." In der Spalte daneben („Didakti-

scher Kommentar") steht in gleicher Höhe: „Eigentätigkeit und Eigenverantwortung wird gefördert." Dieses Originalbeispiel ist sogar in dreifacher Hinsicht fragwürdig: 1. Es beinhaltet das gleiche Problem wie unter Punkt 1 dargestellt. 2. Es ist in der Sache insofern völlig absurd, als dem simplen Ausschneiden eine überdimensionierte Funktion zugeschrieben wird. 3. Der Kommentar ist grammatikalisch falsch. Ein ähnlicher Fall von Fehleinschätzung liegt vor, wenn die „Reaktivierung des Wissens" als „Motivation" fungieren soll, oder wenn die ominöse Motivation durch eine Wiederholung erwartet wird oder durch das alleinige Zeigen eines Gegenstandes.

5. Auf die Rolle der Wiederholung in der Einstiegsphase wurde schon eingegangen. Aus den Verlaufsplanungen wird oft ersichtlich, daß es eigentlich zwei Unterrichtseinstiege gibt, den „richtigen" und den als „Wiederholung" angelegten. Das macht – zumindest von der Begriffsetikettierung („Einstieg") in der Verlaufsplanung her – keinen Sinn, von der Funktion her gesehen meist ebenfalls nicht.

6. An der Häufigkeit des Auftretens bestimmter Stichworte in der Verlaufsplanung läßt sich gut ablesen, welche Wechsel und Wechselkombinationen hinsichtlich der Entscheidungsfelder der Unterrichtsplanung vorgenommen wurden. Wenn sich dann unter der Rubrik „Aktionsformen" oder „methodisches Vorgehen" der Eintrag „Unterrichtsgespräch" häuft, ist in jedem Falle noch einmal nach der Angemessenheit zu fragen.

7. Die Häufigkeit des Einsatzes der „Gespräche" wird zusätzlich oft dadurch noch problematischer, daß auch hier die wörtliche Rede als Eintrag in die Verlaufsplanung genutzt wird (Lehrer fragt: „....", Schüler antworten: „....."). Dies leistet dem mäeutischen Verfahren Vorschub und erlaubt dem Unterrichtsverlauf kaum, aus dem lehrerzentrierten Frontalunterricht auszubrechen, da jede Antwort die nächste Frage fast naturgemäß nach sich zieht.

8. Sofern die Verlaufsplanung tabellarisch angelegt wird und sich auf eine traditionelle 45-Minuten-Stunde bezieht, stellt sich im besonderen die Frage nach den Einträgen in die Spalte 1, die zumeist die Phasenbezeichnung, die Zeit und die Reihenfolge der Phasen als Information enthält. Hier sind die Einträge von der Sache her redundant oder inhaltlich fragwürdig. Daß es sich um die Phase 1, 2 oder 3 handelt, geht meist schon aus der optischen Aufbereitung der Seite hervor. Daß die erste Phase dann „Hinführung", „Einstieg" oder „Einleitung" genannt wird, ist nicht sehr informativ, mit Blick auf die dann oft folgenden Bezeichnungen der Folgephasen mit „Erarbeitung" sogar sachlich fast schon falsch, denn auch in der Einstiegsphase wird etwas „erarbeitet" (sofern man gewillt ist, diesen pompösen Ausdruck überhaupt zu verwenden). Sodann: Was sollte in den anderen Phasen außer einer Erarbeitung sonst erfolgen? Ähnlich unstimmig sind die Begriffe „Vertiefung", „Sicherung" oder „Festigung".

## VERLAUFSPLANUNG*

| ZEIT | INHALT UND FUNKTION | UNTERRICHTS-GESCHEHEN | AKTIONS- UND SOZIALFORMEN | MEDIEN |
|---|---|---|---|---|
| 8.00-8.10 | Problemveranschaulichung der Druckverhältnisse im Wasser | Demonstration von Schwimmen, Sinken und Steigen von Gegenständen sowie von Fischen durch den Lehrer; Fische werden veranlaßt, verschiedene Tiefenzonen aufzusuchen | Schülerbeobachtung im Halbkreis vor Versuchsaufbau, Lehrervortrag | Versuchsaufbau zur Wassersäule |

### KOMMENTAR

Die Apparatur (Wassersäule) wird zur besseren optischen Wirkung angestrahlt. Der Versuch beginnt erst, wenn alle Schüler ihren Platz eingenommen haben. Zur Vermeidung von biologischen Schäden bei den Fischen wird deren Sink- und Steigverhalten nur vorsichtig beeinflußt. Zur Verdeutlichung der physiologischen Leistung werden Tiefenmarken am Gefäß angebracht (siehe Anlage Zeichnung des Aufbaues).

*Dieses Muster einer ersten Phase von Biologieunterricht zum Thema „Schwimmblase beim Fisch" ist als ein prinzipielles, aber nicht allein mögliches Beispiel gedacht. Die theoretische Problematik, daß bei „Unterrichtsgeschehen" und „Aktions- und Sozialformen" Dopplungen vorkommen, kann nicht prinzipiell ausgeräumt werden, doch mag man erkennen, daß sie sich ergänzen können (Details in der Spalte „Unterrichtsgeschehen" und zusammenfassende Kennzeichnung in der Spalte „Aktions- und Sozialformen"). Der Klammerausdruck „siehe Anlage Zeichnung des Aufbaues" ist hier rein fiktiv und deutet die Möglichkeit an, durch Verweise auf Begleitmaterialien Übersichtlichkeit in der Verlaufsplanung zu schaffen. Ganz wichtig ist es, darauf hinzuweisen, daß die Spaltentbeschriften durch eine Vielzahl von möglichen Begriffen ausgetauscht werden können. Zudem wäre auch eine andere optische Aufbereitung der Spalten bzw. ein Layout ohne Spalten denkbar.

Eine „Vertiefung" muß dann tatsächlich etwas erkennbar Vorhandenes „vertiefen". Solcherlei Bezeichnungen geben so etwas wie die Grobstruktur des Unterrichtsverlaufes hinsichtlich des Bearbeitungsstandes am Thema an. Sie können aber keinen Aufschluß über die Funktion der Phase i.e.S. geben. Es wird deshalb vorgeschlagen, diese zweite Spalte (nach der Zeitangabe) für die Benennung des reinen Sachaspektes zu verwenden (Was ist der fachliche Inhalt dieser Phase?), z.B.: „Ein Fisch steigt und sinkt in einer künstlichen Wassersäule." Ein anderes Beispiel ist: „Die Topographie des Gebietes X". Dies läßt sich auch für das Erlernen von Methoden durchführen, z.B.: „Sprechproben für Schülervorträge."

9. Eine weitere Möglichkeit ist es, die Kennzeichen der Phasen in einer mehrere Informationen sammelnden Überschrift zusammenzufassen. Darin lassen sich dann angeben: Inhalt, Methode, Medium und Funktion. Für das Verlaufsplan-Muster oben könnte dies bedeuten: Lehrermoderierte Demonstration des beim Auf- und Abtauchen von Fischen entstehenden Problems der Bewältigung der Druckveränderung in einem Spezialbecken vor einem Schülerhalbkreis. Dabei bedeuten: Auf- und Abtauchen von Fischen (= Inhalt), Demonstration des Problems (=Funktion), Fische im Spezialbecken (= Medien), Lehrermoderation vor Schülerhalbkreis (= Methode, Sozialform). Diese Art der Zusammenfassung läßt ganze Unterrichtsabschnitte schon in der Planung relativ plastisch erscheinen und erlaubt die Übersicht über die Bearbeitung des gesamten Themas. Es ist dann leichter erkennbar, welche Arbeitsschritte eventuell noch fehlen, welche überflüssig sind oder welche fortsetzend eingebracht werden können.

10. Als nicht sonderlich hilfreich kann die in der Verlaufsplanung oft eingebrachte Zuordnung von Teilzielen bezeichnet werden. Sie erhöht den Grad an Starrheit, drängt zur Formalisierung und dürfte nur schwer mit lerntheoretischen Ansätzen in Einklang zu bringen sein.

11. Wenn ein Tabellenschema zur Verlaufsplanung gewählt wird, stellt sich die Frage nach dem Einbringen eines Phasenkommentars im Sinne eines „didaktischen Kommentars" neu. Allein der Begriff „Kommentar" verbietet es eigentlich, hier Stichworte in eine Spalte einzusetzen. Demnach wäre zu erwägen, eine entsprechende Zuordnung durch eine andere Blattaufteilung (siehe Muster oben; Kommentar unter der Phasenbeschreibung) oder durch die Vorschaltung des Kommentares vor die Verlaufsplanung zu bewerkstelligen. In jedem Falle ist auf die Richtigkeit bzw. den Sinn der Eintragung zu achten. Beispiel: Unter dem didaktischen Kommentar findet sich nicht selten der Eintrag „Wiederholung", offenbar um darauf hinzuweisen, daß an der nämlichen Stelle eine Wiederholung eingesetzt werden soll. Hier stellte sich für den Kommentar eher die Frage, warum die Wiederholung notwendig erscheint.

12. Das Einbringen von allerlei – zum Teil sehr persönlich erdachten – Abkürzungen zur Kennzeichnung von Agierenden, Aktionsformen und dergl. ist eine Unsitte.
13. Überflüssiges kann entfernt werden („Die Schüler kommen in die Klasse und nehmen ihre Plätze ein."). Ebenso unangemessen ist es, die Verlaufsplanung mit den fachlichen Inhalten von Arbeitsblättern, Schülervorträgen usw. zu befrachten.
14. Auch in der Verlaufsplanung ist auf Rechtschreibung zu achten.
15. Verschiedene Layout-Muster können geprüft werden. Das schließlich gefundene praktikable Muster kann zur persönlichen Note werden.

## 2.17 Abschluß der Planung

Wenn eine Planung abgeschlossen und gründlich und nach bestem Wissen durchdacht wurde, blickt man mit Zuversicht auf die Durchführung und legt alle erforderlichen Materialien bereit. Tauchten bei der Planung hingegen Unstimmigkeiten und „Klippen" auf, wurden diese wegdiskutiert oder ignoriert oder hatte man gar die Hoffnung, eine schwierige Frage tauche in der Durchführung vielleicht nicht auf, so ist Vorsicht geboten. Gab es eine Stelle in der Planung, mit der der Planende nicht zufrieden war? Oft fehlt zur Behebung dann nur eine veränderte Fragestellung, ein Bild, die Umstellung eines Abfolgeschrittes o.ä. Mit Abstand gelesen, sollten abschließend folgende Dinge kontrolliert werden:

1. Hat sich das leidige Unterrichtsgespräch doch wieder durchgesetzt?
2. Welches Ergebnis könnte sich einstellen, wenn die Stunde mit ihrem geplanten Ende begänne?
3. Mit Abstand kann noch einmal der Ertrag des Unterrichts geprüft werden. Mitunter besteht er nur in der Erarbeitung eines fragwürdigen kurzen Textinhaltes eines sog. Arbeitsblattes.
4. Kann man – bei allen Abstrichen, die die Realität verlangt – sagen, daß die Gesamtheit der Klasse mit Inhalt, Medien, Arrangement usw. positiv anzusprechen sein wird? Besitzt der geplante Unterricht eine gewisse Attraktivität (z.B. thematisch, in Hinsicht auf ein bestimmtes Medium, eine bestimmte Variante der Erarbeitung usw.)? Strebt er tatsächlich einer wichtigen Erkenntnis zu oder ist er doch eher formal und hölzern?
5. Der Sinnengenuß ist im Unterricht offenbar kaum mehr vorstellbar. Das Hören eines Musikstückes ohne die Absicht, es anschließend interpretieren zu lassen, das Betrachten eines Bildes, nur um es „schön finden" zu lassen, das Erleben eines Textes, nur um sich an der Komposition zu berauschen, kommen im Unterricht praktisch nicht vor. Alles wird einem Lernziel un-

tergeordnet. Läge nicht hier z.B. eine Möglichkeit, Schüler an die Dinge heranzuführen, sie Ästhetik erleben zu lassen?
6. Es ist nicht verboten, Personen des Vertrauens nach ihrer Einschätzung zur vorgelegten Planung zu fragen.
7. Die Planungen sind auf korrekte Einhaltung der Formalien zu prüfen.

# Kapitel 3 Die Durchführung von Unterricht

Wie man am Umfang der vorliegenden Kapitel unschwer sehen kann, kommt der Durchführung von Unterricht ein weitaus geringerer Anteil zu als der Planung von Unterricht. Die Gründe dafür liegen auf der Hand: Die Planung kann vorwegnehmend fast alles Notwendige regeln. Sie ist es, die den Unterricht auf das richtige Gleis setzt, in ihr sind Gelingen oder Mißlingen weitgehend angelegt, sie regiert in die Durchführung hinein. Zudem müssen die jeweils einleitenden kurzen Problemskizzen hier nicht wiederholt werden. Eine Reihe von Hinweisen (z.B. zum Medieneinsatz) bezog sich außerdem bereits verstärkt auch auf Durchführungsaspekte.

Zwar gibt es eine Vielzahl von Fällen, in denen der Unterricht weniger erfolgreich war, weil in der Durchführung eine ganze Zahl von Fehlentscheidungen, Fehlern, Unachtsamkeiten oder dergl. vorlagen, doch spricht dies nicht gegen eine gediegene Planung, denn in diesen Fällen wäre das Ergebnis ohne ordentliche Planung womöglich gänzlich inakzeptabel gewesen.

Die Durchführung zu kommentieren bzw. auf kritische Stellen aufmerksam zu machen, ist zudem ungleich schwieriger als dies bei der Planung zu tun, da naturgemäß die Durchführung situationsabhängiger, prinzipiell unwägbarer, also von größerer Variablenvielfalt ist als das Grundmodell einer Planung. Daher differieren die Hinweise auch stark in ihrer Stoßrichtung und ihrer Thematik, wenngleich eine gewisse Bündelung durch Zwischenüberschriften versucht wurde, die aber keine gleichberechtigten Kategorien zum Ausdruck bringen sollen. So finden sich natürlich mündliche Unterrichtsabschnitte auch in der Einstiegsphase, sind hier aber erst später kommentiert.

## 3.1 Die Einstiegsphase

1. Am Anfang der Stunde besteht eine bestimmte Erwartungshaltung der Schüler. Sie sollte nicht durch allerlei Präliminarien verschüttet werden. Das bedeutet, ein längerer verbaler Vorspann, vermischt mit Teilen einer Wiederholung oder mit Ansagen verschiedenen Inhaltes, verschenkt Möglichkeiten zur Sammlung der Aufmerksamkeit. Ein echter „Auftakt" verfehlt zumeist seine Wirkung nicht.
2. Um einen Auftakt auch setzen zu können, muß gewährleistet sein, daß alle Schüler zuhören (Ruhe herstellen), der Gegenstand, die Thematik, das Problem gewissermaßen brennpunktartig erscheinen. Das Thema sollte nicht schon vor Unterrichtsbeginn (etwa in der Pause) als Modell, als Tafelbild oder als Originalgegenstand den Schülern sichtbar sein. Wird Unterricht

hingegen zusammen mit den Schülern geplant oder ist aufgrund einer bestimmten Methodik offensichtlich, welchen Beginn der Unterricht zu nehmen hat, liegt die Sammlung der Aufmerksamkeit eher in den verbalen Hinweisen, die eine spannende Aussicht auf das Kommende zum Ausdruck bringen können.
3. Wenn der Unterricht vom Phänomen aus oder problemorientiert angelegt ist, ist auf jede Kurzatmigkeit in der Bearbeitung zu verzichten. Hier wäre im Sinne der Ansätze zu verfahren.

### 3.2 Mündliche Unterrichtsabschnitte und Impulsgebung

1. Das Unterrichtsgespräch soll seinen Namen zu Recht tragen. Es ist daher fraglich, ob alle mündlichen Handlungen darunter zu verstehen sind, wie es die Planungen oft zum Ausdruck bringen. Ein Gespräch ist ein Gemisch von Meinungen, Erkenntnissen, Aussagen, Widersprechen und dergl. Dazu sollten die Schüler wissen, warum nun das Gespräch geführt wird und worum es dabei inhaltlich geht. Dann können sie auch besser aufeinander Bezug nehmen. Ein Gespräch ergibt sich nicht von allein. Es muß methodisch aufgebaut, angeleitet und geübt werden. Daher überlege man genau, um welche Art von Gespräch es sich handeln soll (z.B. Sachklärung, Meinungsbildung, Interpretation) und in welcher Form es durchgeführt werden soll (z.B. Kleingruppengespräch, Lehrgespräch, Schülergespräch).
2. Schüleräußerungen im Unterrichtsgespräch sind manchmal nur ein Kristallisationspunkt für die weitere Arbeit an der Sache. Daher ist es oft hilfreich, die Schüleräußerungen stärker auszuloten, indem man z.B. fragt, woher der Betreffende das Geäußerte weiß, indem man nach Präzisierungen verlangt, indem auf Widersprüche aufmerksam gemacht wird oder indem Gesagtes in Beziehung zu Vorangegangenem und Folgendem gesetzt wird. Sehr ergiebig ist es, nach Beispielen zu fragen.
3. Unterrichtsgespräche dienen in der Regel der Erörterung einer Sache. Wenn es darum geht, z.B. Meinungen zu sammeln, läuft das Gespräch oft mehr oder weniger folgenlos ab. Viele Schüler sagen etwas, aber wozu kann man das nun gebrauchen? Deshalb ist zu prüfen, ob und wenn ja, in welcher Form, es angebracht ist, Äußerungen so zu sammeln, daß sie später auch optisch präsent sind und mit ihnen auch weitergearbeitet werden kann. Beispiel: Fertigt man eine Stichwortsammlung an der Tafel an, so ist diese dann weiter zu bearbeiten, da sie für sich genommen ebenfalls noch nicht unbedingt eine Erkenntnis befördert.
4. Beträge, Aspekte, Assoziationen, Positionen usw. können an der Tafel, auf einer Folie, als Stichwortkarten oder dergl. festgehalten werden, um sie der

weiteren Verarbeitung zuzuführen. Es ist z.B. völlig sinnlos, zu einer Thematik Assoziationen zu sammeln und dieses Material ungenutzt zu lassen. Hier sollten Sortierungen, Klassifizierungen, Zuordnungen usw. vorgenommen werden, um dann danach fragen zu können, wie man sich das entstandene Muster oder die Regelhaftigkeit oder die Regellosigkeit erklären könnte. Beispiel: Für viele Assoziationen ist eine Assoziationskonstanz auffällig und erstaunlich, wenn nämlich viele Schüler dasselbe assoziieren.
5. Gelingt es mit zunehmender Unterrichtszeit, immer mehr Schüler in das verbale Geschehen einzubeziehen? Dies kann sich „von allein" ergeben, weil die Sache immer spannender wird, es kann aber auch mit entsprechenden Hinweisen, Einhilfen, Aufmunterungen an zurückhaltende Schüler versucht werden.
6. In mündlichen Phasen kann der Lehrer auch moderieren, worunter hier verstanden wird, einen roten Faden des Denkens zu verdeutlichen, den Bearbeitungsfortschritt am gewählten Gegenstand zu zeigen oder eine Arbeitsabfolge zu erklären. Dazu kann gefragt werden: „Was wollten wir; wie lautete unsere Ausgangsfrage?" Dies kann durch die Anfertigung eines entsprechenden Tafelbildes unterstützt werden. Im Idealfall kann dies als Ablaufschema der gedanklichen Durchdringung dargestellt werden.
7. Die Moderation durch den Lehrer sollte demzufolge auch versuchen, zwischen den Phasen gedanklich hin- und herzuschalten; dies allerdings nur in einer einfachen und übersichtlichen Form. Gemeint ist kein gedankliches Springen, sondern die Möglichkeit, zu jedem Zeitpunkt gedanklich zu vorherigen Phasen zurückkehren zu können.
8. Die Verwendung der Schülerumgangssprache durch den Lehrer ist zu vermeiden. Sind die eigenen Formulierungen gut überlegt?
9. Schwer auszusprechende Begriffe werden oft wegen einer aus eben diesem Umstand geschlossenen (vermeintlichen) Unwichtigkeit übergangen. Dies geschieht insbesondere dann, wenn Schüler damit Schwierigkeiten haben. Das Übergehen von schwierigen Stellen ist in der Regel keine Lösung. Oft (nicht immer) ist es günstiger, das Problem aufzugreifen, hier z.B. die Wortbedeutung zu erläutern, das Wort an die Tafel zu schreiben, verwandte Wörter (respektive Begriffe) suchen zu lassen. Das ist insbesondere im Fachunterricht unerläßlich.
10. Mitunter wird eine Häufung von sog. W-Fragen (Wie, Wo, Was...?) bemängelt. Dies läßt sich ganz einfach dadurch abstellen, daß entsprechende Fragen in Aufgabenstellungen umgewandelt werden. Beispiel: „Wo liegt die Stadt?" Hier ist es möglich zu sagen: „Zeige auf der Wandkarte die Lage der Stadt."
11. Das sog. Lehrer-Echo – ebenfalls viel beklagt – gehört fast naturgegeben zu den gängigen Erscheinungen. Es ist möglicherweise wegen einer vermuteten Effektlosigkeit verpönt, doch scheint eher die damit einhergehende ge-

wisse Monotonie zu einer Verflachung der Aufmerksamkeit zu führen. In Extremfällen kann dies auch zu unliebsamen Nachahmungseffekten bei den Schülern führen. Entsteht das Echo hingegen wegen zu leiser Schüleraussprache, so ist der Mangel an dieser Stelle zu beheben.

12. Die Schüler werden oft veranlaßt, in ganzen Sätzen zu sprechen. Ist der Lehrer hier ein Vorbild?
13. Es fällt nicht leicht, die verbalen Anteile seitens der Lehrer insgesamt etwas einzudämmen. Es ist aber wichtig, daß die Schüler nicht durch diese Anteile in einer Weise eingeengt werden, daß ihnen kein Raum für eigene Formulierungen bleibt. Es ist ergiebiger, mit den Schülerformulierungen zu arbeiten. Es kann sehr aufschlußreich sein, die eigenen Redezeiten einmal zu messen. Zur Selbstkontrolle kann man einen Recorder im Unterricht mitlaufen lassen.
14. Werden die Aufgabenstellungen eindeutig formuliert? Ungünstig sind Formulierungen wie: „Ihr könnt ja mal...", „Wer will, kann...", „Sucht einige...". Eindeutiger wäre: „Es sind für jede der von uns genannten Möglichkeiten 5 Begriffe zu finden, die nicht mit den bereits an der Tafel stehenden identisch sein dürfen."
15. Arbeitsanweisungen in die Unruhe hinein sind selten wirksam. Dies gilt auch für Anweisungen während einer Materialausgabe oder vergessene Anweisungen bei angelaufener Schülerarbeit.
16. Ein sog. stummer Impuls verlangt nach Ruhe und einer gewissen Zeit der Überlegung. Daher ist es nicht sinnvoll, diese Zeit nicht zu gewähren oder zu kurz zu halten sowie eine Fülle weiterer Impulse anzuhäufen.
17. Die fehlende Vorstellungskraft der Schüler einerseits und der Wunsch nach schneller Lernzielerreichung andererseits lassen wichtige Frage nach Größen- oder Mengenverhältnissen, nach Lagebeziehungen von Orten, nach Zeiträumen und dergl. schnell in Vergessenheit geraten. Sie werden oft übergangen, als wäre allen klar, worum es sich handelt. Eben dies ist nicht der Fall. Beispiele: Wie groß ist ein Hektar, wie lang ist die Seitenlänge einer Pyramide, was heißt „vor 300 Mio. Jahren", was meint die Formulierung „in der Eiszeit", wo liegt der Kilimandscharo, was bedeuten 10.000 Tonnen eines Stoffes? Gerade mit der Berücksichtigung und Klärung solcher Fragen aber kann der thematische Zugang erleichtert werden. Dies ist auch um so wichtiger, je mehr wir heute jeden Bezug zu Geldmengen verloren haben. Außerdem werden im Bereich von Zahlenangaben viele Fehler gemacht. Es ist ein erheblicher Unterschied, ob 10000 t oder 100000 t eines Gutes erzeugt werden.
18. Die Schüler sollen bestätigt werden. Sie können belobigt werden. Dies bedeutet nicht notwendigerweise, daß auch die plattesten und simpelsten Äußerungen beklatscht werden müssen. Diejenigen Fälle werden offenbar

zahlreicher, in denen die Lehrer jedwede Äußerung der Schüler „super", „toll" und „hervorragend" finden.

### 3.3 Die Arbeit an den Medien

1. Die Tafel ist ein universelles Medium. Wird darauf geachtet, daß sie stets frisch gewischt ist? Sie sollte als Klapptafel am Beginn der Stunde geschlossen sein, wenn sich dahinter vorbereitete Teile zur neuen inhaltlichen Arbeit befinden. Sie kann selbstverständlich offen sein, wenn Stimmungen erzeugt werden sollen (z.b. Weihnachtsbilder). Mitschriften aus vorherigen Stunden sind ein Ablenkungspotential.
2. Neue Begriffe, Termini und dergl. können gut an der Tafel erscheinen. Dies beugt dem „Erwähnen" von Begriffen vor.
3. Am Ende der Stunde ist auf die saubere Wiederherstellung der Tafel zu achten. Abgesehen davon, daß es für den Nachfolger unersprießlich ist, eine vollgeschriebene Tafel vorzufinden, könnte sich im eigenen Tafelbild auch ein Fehler eingeschlichen haben, und es gibt Fälle von „kollegialer Mißgunst"...
4. Korrekturen am Tafelbild sollten mittels eines feuchten Schwammes vorgenommen werden. Das Wischen mit der Faust oder dem (fettigen) Finger trägt nicht zur optischen Aufwertung bei.
5. Wenn Schüler ein Tafelbild übernehmen sollen, so ist es oft nur eine relativ leere Handlung, sie dieses ohne weitere geistige Leistung nur abschreiben zu lassen. Das Löschen von Teilen, das Entfernen von Begriffszuordnungen o.ä. zwingt zum neuerlichen Nachdenken.
6. Lassen sich bei optisch zu kleinen Objekten die Schüler im Schülerhalbkreis versammeln? Ausgesprochen unsinnig ist das Herumgehen, um irgendwelche Objekte zu „zeigen". Sie können dann weder angefaßt noch sonstwie begutachtet werden, erzeugen also auch keine Fragehaltung; sie sind tot. Manchmal hilft hier der Overheadprojektor, manchmal eine gute Beleuchtung.
7. Wurde die vorgesehene Overheadfolie auf dem Projektor erprobt (Scharfstellung vor der Stunde, Größe des Bildes)? „Schiefe" Projektionen sind unansehnlich und technisch mangelhaft. Gibt es eine ordentliche Projektionsfläche (die Projektion z.B. auf ein Leitungsrohr trägt nicht zur Verbesserung des Sehgenusses bei)?
8. Die Scharfstellung der Overheadbilder bedarf der ständigen Kontrolle. Oft laufen die Projektionsköpfe am Stativ „von allein" nach unten. Kreidestaub soll zuvor aus allen Teilen des Gerätes entfernt werden.

9. Bei Filmpräsentationen mit dem Monitor ist auf spiegelfreie Stellung des Gerätes im Raum zu achten.
10. Immer wieder wird der Versuch unternommen, zu lichtschwache Medien einzusetzen (Folien auf weiße sonnenbeschienene Flächen). In der Regel führt dies nicht zum Erfolg.
11. Präsentierte Medien sollen wirken und sollen verstanden werden. Selbstverständlich können sie auch mißverstanden werden. Zu all dem ist es aber notwendig, Gelegenheit zu haben, sich mit ihnen auseinanderzusetzen. Wird dafür Zeit eingeräumt? Ein Beispiel: Nach der Präsentation eines Filmausschnittes paßt es oft nicht zur Situation, den Schülern sofort und gezielt eine Frage zum Inhalt zu stellen. Hier wäre es sicher angebracht, das Ende als stummen Impuls aufzufassen. Auch hier ginge es um das Verstehen verschiedener Schichten, so daß der didaktische Ort der gezielten Frage zeitlich später angesiedelt wäre.
12. Ein Medium kann gut so lange präsent gehalten werden, wie das Geschehen um seine Inhalte kreist. Auf der Negativseite steht dem die schnelle Projektion übervoller Folien gegenüber, die bereits dann wieder abgenommen werden, wenn nicht einmal das „Einsehen" abgeschlossen ist. Ein Verständnis läßt sich damit nicht anbahnen. Sicher noch ungeeigneter ist die Steigerungsform, das schnelle Auflegen immer neuer Folien.
13. Medien und Materialien befördern oft allerlei Schülerfragen. Ist das Trinken von Kalkwasser gefährlich? Was kostet das „Gerippe"? Aus welchem Material ist das? Wo stammt das her?
14. Werden die Beleuchtungsmöglichkeiten genutzt (Lampe über der Tafel)?
15. Liegen alle Kleinmaterialien bereit? Es ist ärgerlich, wenn man Streichhölzer aus dem Nebenraum holen muß oder ein Schlauchteil fehlt.
16. Werden Arbeitsergebnisse auf Plakate, Wandzeitungen usw. geschrieben, so ist auf fachliche Richtigkeit, aber auch auf Rechtschreibung zu achten. Dies gilt insbesondere für diejenigen Fälle, in denen sie auch noch (schulintern) veröffentlicht werden, indem sie in den Fluren präsentiert werden. Hier sind der Verarmung zwischenzeitlich offenbar keine Grenzen mehr gesetzt.

## 3.4 Der Umgang mit Methoden und Sozialformen

1. Wird bei Gruppenarbeit oder diese fortsetzenden Formen, zum Teil aber auch schon bei der Partnerarbeit, auf Klarheit der Rollenanforderungen geachtet? Welche Schüler sind mit welcher Aufgabe betraut?

2. Bei Formen der Selbstkontrolle der Schüler reicht es nicht, diese als letztinstanzliche Kontrolle zu verstehen. Die Kontrolle als solche obliegt der Lehrkraft.
3. Ist sichergestellt, daß alle Schüler richtig auf dem Stuhl sitzen, richtig sehen, hören und verstehen können? Es ist nicht hinzunehmen, wenn Schüler auf falschem Normmobiliar beschult werden. Schüler, die beim Schreiben mit dem Kopf auf dem Tisch liegen, haben die falsche Arbeitshaltung.
4. Bei Schülerhalbkreisen mit kleineren Schülern vor der Tafel sieht man häufig, daß diese auf dem schmutzigen Fußboden sitzen. Ein Erwachsener würde sich dort nicht hinsetzen. Teppichfliesen können Abhilfe schaffen.

## 3.5 Lesen

1. Prinzipiell gibt es zwei Funktionen des Lesens, das sinnerfassende, verstehende und das deklamierende. Einen Sonderfall stellt das Lesen um des Lesenlernens willen dar. Referendare bevorzugen offenbar das laute Vorlesen, weitgehend unabhängig davon, ob es sich um Sachtexte, Gedichte oder Arbeitsaufträge handelt. Fast regelmäßig kann dann beobachtet werden, wie Schüler die Texte und ihren Sinn aufgrund mangelnder Lesefähigkeit demontieren. Gute Leser werden in solchen Fällen bevorzugt, schlechte damit nicht gefördert. Deshalb soll genau geprüft werden, welche Funktion das Lesen eines bestimmten Textes an einer bestimmten Stelle des Unterrichts hat.
2. In welchem Verhältnis steht lautes Vorlesen zur Lernersituation? Hilfreich zur Entscheidung kann hier die Beantwortung der Frage sein: Was wird durch lautes Vorlesen gebessert? Es darf als sinnvolles Prinzip des Deutschunterrichts gelten, unbekannte Texte zunächst nicht laut vorlesen zu lassen.
3. Eine reine Leseübung ist hingegen relativ selten zu sehen. Warum?

## 3.6 Flexibilität

1. Flexibilität heißt, ein Gespür für die aus der Situation selbst erwachsenden Notwendigkeiten zu entwickeln und daraus Handlungskonsequenzen in Form von Planabweichungen zu ziehen. Demzufolge macht es keinen Sinn, an der Planung „zu kleben", wenn die Situation etwas anderes verlangt. Wenn z.B. etwas von der Mehrzahl der Schüler offenbar noch nicht ver-

standen worden ist, dann ist es unangebracht, trotzdem zu versuchen, die nächste Phase wie geplant anzustreben.
2. Ein Wechsel von Phasen ist sach-, aber nicht zeitbedingt. Daher können Phasen verkürzt oder ausgeweitet werden, ganz wie es die Sachlage verlangt. Beispiel: Es macht wenig Sinn, eine entstandene spannende Diskussion zu einem Thema abzubrechen, weil laut Planung nun ein Arbeitsblatt zu bearbeiten wäre.
3. Die Zeitkontrolle ist unerläßlich. Auswertungsphasen leiden oft darunter, daß keine Zeit mehr zur Verfügung steht. An welchen Stellen gibt es „Ausstiege" aus dem geplanten Verfahren? Fälle, in denen die Referendare nicht wissen, wann genau eine Unterrichtsstunde endet, sind nicht selten. Sie „dachten" dann, sie ginge noch länger oder sie sei schon zu Ende.

### 3.7 Die Beobachtung der Schüler

Eine Unterrichtsklasse, die eine hohe Schülerzahl umfaßt, macht die Beobachtung der Einzelschüler schwierig. Hier darf darauf vertraut werden, daß sich mit zunehmender Zeit eine Art Routine der Schülerbeobachtung einstellt. Diese Beobachtung kann verschiedene Dinge zutage fördern: Lernschwierigkeiten, Verständnisschwierigkeiten, mentale Abwesenheit, Konzentrationsschwächen, Über- und Unterforderung, Auseinandersetzungen untereinander, Beschäftigung mit unterrichtsfernen Dingen und Inhalten, soziogrammähnliche Erkenntnisse usw.

1. Kontrolliert der Lehrer das Verhalten der Schüler im weitesten Sinn? Werden bestimmte Verhaltensweisen bewußt „übersehen"? Womit beschäftigen sich Einzelschüler zum gegenwärtigen Zeitpunkt?
2. Was tut ein Einzelschüler während der Gruppenarbeit (Stationenarbeit, Projektarbeit) tatsächlich?
3. Bei der Gruppenarbeit sieht man oft Schüler, die „nichts" tun. Inwiefern kann hier Abhilfe geschaffen werden (detailliertere Planung, Zuweisungen und Aufgabenstellungen an die Schüler, Hinweise, Einhilfen und Kriterien festlegen, auf bestimmte Notwendigkeiten bei der späteren Auswertung verweisen)?
4. Essen und trinken die Schüler? Kauen sie Kaugummi? Laufen sie vermehrt zum Papierkorb? Gehen viele Schüler (Welche?) gehäuft im Unterrichtsverlauf zur Toilette? Fertigen sie Hausaufgaben für andere Stunden und Fächer an? Lesen sie Bücher, Zeitschriften, Comic-Hefte? Spielen sie mit Taschencomputern? Unterhalten sie sich? Kommen sie den Arbeitsaufforderungen nach? Stören sie die Mitschüler oder drangsalieren sie sie sogar?

Wie gehen sie mit dem ausgegebenen Material um? Wurden für solche Fälle Regularien bedacht. Soll das Trinken z.B. gestattet werden oder nicht?
5. Das Tragen von Baseball-Caps und Anoraks wird von Referendaren nicht unbedingt moniert. Hier sind die Auffassungen besonders kontrovers. Richtig ist aber auch, daß dieses Schülerverhalten – auch wenn es häufig zu sehen ist – noch lange nicht normgerecht ist. Es wird hier die Auffassung vertreten, daß Dinge mit Signalcharakter in Richtung „Freizeit" dem Unterricht nicht zuträglich sind.
6. Wurden Maßnahmen für die Fälle fehlender Hausarbeit vorgesehen?
7. Welche Schüler fallen durch ausufernde oder eingeschränkte Mitarbeit auf? Gerade für den letzten Fall ist eine Motivforschung hilfreich.
8. Welche Schüler fallen durch andere Besonderheiten auf (z.B. Verwahrlosung, mangelnde Hygiene)? Hier muß – zumindest mittelfristig – auf Abhilfe gedrungen werden; ein Übergehen ist keine Lösung.
9. Einer der wichtigsten Gründe, die Schüler und den eigenen Unterricht gut zu beobachten, ist das Aufspüren von Ursachen einsetzender Unruhe. Dies kann didaktische Gründe haben, aber auch auf Eigenarten von Einzelschülern zurückzuführen sein. Der Behebung der Störung kann wohl in den meisten Fällen der Vorrang eingeräumt werden.
10. Ist ein allgemeines „Untergrundgemurmel" entstanden, wirkt dies zwar wie Rauschen, doch ist es auch ein Zeichen, das allgemein für geringe oder keine Aufmerksamkeit steht. Auch hier hat die Regelung den Vorrang.
11. Bevorzugt der Lehrer eine bestimmte Schülergruppe beim Aufruf? Kommuniziert er vorwiegend mit Teilen der ganzen Klasse? Schüler, die sich viel melden, aber „nie" aufgerufen werden, resignieren erfahrungsgemäß. Dies ist dann unnötig, wenn die Ursache dafür ein systematischer Wahrnehmungsfehler ist.
12. Verschlossene Schüler werden oft nicht angesprochen (eben weil sie verschlossen sind). Dann ist eine Änderung der Situation auch nicht zu erwarten.

## 3.8 Auswertungssituationen

1. In Auswertungsphasen sollen die Früchte der Arbeit geerntet werden. In der Praxis kann daraus leicht das Gegenteil werden, wenn die Schüler z.B. nur lapidar danach gefragt werden, wie es ihnen gefallen hat oder welche der Stationen sie besonders schwer oder leicht fanden.
2. Zusammenfassungen repräsentieren weitgehend den Erkenntnisstand. Deshalb sollten sie die Schüler (nicht der Lehrer) vornehmen.

3. Es ist ein häufiges Phänomen, daß Auswertungen generell zu kurz, zu undifferenziert und zu unkritisch vorgenommen werden. Zumeist ist kaum noch Zeit vorhanden. Hier müssen die Zeitkontrolle und das flexible Vorgehen im Unterricht stärker berücksichtigt werden.
4. Es kann für den Lehrer höchst aufschlußreich sein, die Schüler zu fragen, was sie denn heute gelernt hätten.

### 3.9 Das Lehrerverhalten

1. Welche Position nimmt der Lehrer im Raum ein? Ein „zementierter" Aufenthaltsort, z.B. hinter dem Lehrertisch oder nur in einer der vorderen Ekken, läßt auch nur bestimmte Wahrnehmungsweisen zu. Eine erhöhte Beweglichkeit im Raum vermindert auch optisch den Eindruck von starker Lehrerdominanz und erlaubt neue Einblicke in die Sichtweise der hinten sitzenden Schüler sowie in die Wirksamkeit des Tafelbildes.
2. Ein Stundenrhythmus von 45 Minuten ist nicht unüblich, wenngleich er heute zunehmend außer Kraft gesetzt wird. Davon allerdings noch Zeit abzuziehen, die mangelnder Vorbereitung oder nachlässiger Pünktlichkeit zuzuschreiben ist, ist nicht hinnehmbar.
3. Für die Schüler ist es ganz wichtig, gerecht behandelt zu werden. Es tritt keine Beruhigung ein, wenn sich ein Schüler ungerecht behandelt fühlt, z.B. wenn er behauptet, ein anderer hätte im etwas weggenommen und der Lehrer erklärt nur lapidar, daß man das „später" klären werde.
4. Für Referendare ist es mit Sicherheit sehr schwer, sich etwas humorvoll zu präsentieren. Versuchen kann man es trotzdem.
5. Beleidigendes Verhalten der Schüler dem Lehrer gegenüber sollte unbedingt zu einer Reaktion führen.

### 3.10 Verschiedene Aspekte der Unterrichtsdurchführung

1. Welche Möglichkeiten können genutzt werden, Dinge von Schülern erledigen zu lassen, anstatt vom Lehrer?
2. Schadenfrohes Gelächter über eine Schülerleistung oder ein Mißgeschick ist ebenso energisch zu unterbinden wie eine verbale Entgleisung.
3. Das Hineinarbeiten in die Pausen ist oft sichtbar effektlos.
4. Das Signal zum Abräumen von Arbeitsmaterial gegen Ende des Unterrichts ist oft ein mißverstandenes Zeichen für das Ende des Unterrichts überhaupt,

so daß dann wieder besondere Regelungen zur Aufrechterhaltung der Aufmerksamkeit notwendig sind. Daher ist die Entscheidung gut zu überlegen.
5. Sind im Rahmen der technischen Ausstattung die Orte der Aufbewahrung und Ausgabe von Ersatzteilen oder der Standort eines Ersatzgerätes (z.B. OH-Projektor) bekannt? Hilfreich kann auch die Kenntnis der Lage des Sicherungskastens im Schulhaus sein.

# Kapitel 4 Anmerkungen zu einzelnen Unterrichtsfächern

Neben den allgemeinen Hinweisen für den Unterricht gibt es auch viele Fälle, die sich auf fächerspezifische Problemkreise beziehen. Hier hat sich herauskristallisiert, daß immer wieder die gleichen Themen oder ähnliche Situationen Schwierigkeiten bereiten. Auch hier gilt, daß es sich im folgenden nicht um eine vollständige Anleitung zur Planung und Durchführung von Unterricht handelt, sondern nur um ein Aufmerksammachen auf diejenigen Dinge, die relativ häufig zum Mißlingen von Unterricht bei Referendaren beitragen. Wenn einzelne Fächer fehlen oder nur wenige Punkte aufweisen, so liegt dies auch daran, daß hier der Erfahrungsraum eingeschränkt ist.

## 4.1 Deutsch

Eines der Hauptprobleme des Deutschunterrichtes scheint die Behandlung von Lyrik zu sein. Fast regelmäßig entstehen Probleme entweder durch die strikte Trennung oder durch die beliebige Vermischung von Form und Inhalt lyrischer Unterrichtsinhalte. Ein anderes Problem zeigt sich häufig im Grammatikunterricht.

1. Da eine der Absichten des Unterrichts die Heranführung der Schüler an Lyrik ist, erscheint es wenig erklärbar, warum Gedichte nur sehr selten mehrfach im Unterricht vorgetragen oder gelesen werden, warum sie so wenig wiederholt, ausdrucksstark, verinnerlicht und die Sprache genießend eingesetzt werden. Statt dessen werden sie in der Annahme in Streifen (Gedicht als Puzzle) zerschnitten, daß unter konstruktivistischen Gesichtspunkten jeder den Sinn selbst findet. Daß dies sachlich keine Entsprechung findet, macht die Überlegung deutlich, daß der „Dichter" sehr wohl eine Botschaft gehabt haben dürfte, ja, daß es vielfach bekannt ist, daß nur ganz bestimmte Wörter und Wendungen für die Verfasser in Frage kamen, damit das Gemeinte sehr zielgerichtet angesprochen werden kann.
2. Der Hinweis, die Schüler hätten keinen Zugang zur Sprache der Lyrik mehr, ist sicher von Wert, allerdings müßte man dann auch die Möglichkeit zum Zugang eröffnen und dürfte nicht auf andere Felder ausweichen.
3. Übungsbeispiele für Grammatikunterricht erscheinen oft besonders alltagsfern: „Petra strahlt über das ganze Gesicht, als ihre Mutter ihr eine neue Zahnbürste schenkt." Dies sollte ein Beispiel für einen Haupt- und Gliedsatz darstellen. (Es ist dem gegenüber eine ganz andere Frage, ob es nicht tatsächlich wünschenswert ist, daß jemand sich darüber freute.) Hier kön-

nen moderne Medien helfen (Zeitschriften, Kataloge, Internettexte), geeignete Beispiele zu finden.

Andere Bezüge:

1. Das Diktat hat (noch) einen Platz im Deutschunterricht. Dies ist natürlich auch durch die Lehrpläne bedingt, wenngleich es hier Auflösungserscheinungen zu geben scheint, die die Abschaffung der Diktatform begünstigen. Mit Blick auf die Sachstruktur einerseits und die Wirklichkeit bzw. die Alltagsbezüge andererseits entstehen einige prinzipielle Fragen. Das Diktat als Übung hat zum Ziel, daß der Schüler die Rechtschreibung beherrsche bzw. dies belege. Tatsächlich verlangt das Diktat dem Schüler aber viel mehr ab, nämlich noch das kurzfristige Behalten sowie die Beherrschung der künstlichen Situation des Diktiert-Bekommens. Im wirklichen Leben tritt ein Diktat bestenfalls noch in der Sekretariatsarbeit auf, sonst wohl kaum noch. Nun halten es die Lehrer oft für eine angemessene Form, die Diktate in der Art von sog. Dosen- oder Laufdiktaten anfertigen zu lassen. Dies verlangt über das Rechtschreibverständnis, das ja eigentlich angestrebt wird, in besonderem Maße weitere andere Qualitäten. Zwar kann hier angstfreier geübt werden, aber letztlich wieder nur für die künstliche spätere Diktatanfertigung. Das heißt, ein Diktat verlangt vom Lerner ein Bündel von aufeinander bezogenen Leistungen. Geprüft wird zuletzt jedoch nur die Rechtschreibung selbst. Dieser Sachverhalt kann im Anforderungsniveau im Rahmen der Planung Berücksichtigung finden. Demnach sind prinzipiell auch andere Formen der Rechtschreibfestigung und Überprüfung denkbar.
2. Methoden der Textdiskussion, der Textanalyse, der Erschließung literarischer oder lyrischer Texte werden in Vielzahl vorgeschlagen. In der Praxis ist festzustellen, daß vielfach die Analyse dadurch als vollzogen angenommen wird, daß die Schüler produktiv mit den Texten umgegangen sind. Hier muß geprüft werden, inwieweit die gewählte Methode dem tatsächlich Rechnung trägt bzw. inwieweit das vorliegende Schülerergebnis lediglich den jeweiligen gegenwärtigen Verständnisstand des Schülers widerspiegelt. Es käme in solchen Fällen darauf an, die verschiedenen Schülerzugänge und -ergebnisse für die eigentliche, sich dann erst anschließende Analysearbeit zu nutzen. Beispiel: Wenn die Ballade „Der Handschuh" erschlossen werden soll und zu diesem Zwecke die Schüler die Situation aus Sicht der Handelnden in Form eines Briefes oder Erlebnisberichtes oder Tagebucheintrages darstellen sollen, so erhält man zwar interessante Ergebnisse, sie stellen aber keine Analyse, sondern nur die jeweilige Sichtweise, das gegenwärtige Verständnis oder die Vorlieben der Schüler dar. Die Analysearbeit begänne nun, indem die in den Schülerarbeiten aufgetretenen Positionen der Schüler verglichen, begründet und befragt werden. Sie stellen dann

das eigentliche Potential für die Analyse dar. Dann nämlich erst kann sinnvoll nach den Begründungen gefragt werden – eine Frage, die unmittelbar wieder auf die Textauskunft und damit die enge Arbeit am Text verweist.
3. In diesem Sinne ist auch die Frage nach dem Einbringen von Quellentexten zu sehen. Was spricht dafür, was spricht dagegen? Nicht selten ist zu beobachten, daß die Berücksichtigung der Originaltextquellen mehr leisten würde als ein interessantes, aber nicht unbedingt sachdienliches Verfahren zur Erarbeitung eines Inhalts, z.B. die Anfertigung von Bildern oder Skizzen zu bestimmten Textteilen.

**4.2 Fremdsprachen**

1. Die Praxisbezüge der ausgewählten Beispiele oder Beispielsituationen sind der Beobachtung nach relativ häufig nicht sonderlich realistisch: In einem (fiktiven!) Brief eines Schülers an einen (vermeintlichen!) Freund in Moskau wird dieser gebeten, ihm mitzuteilen, ob er „Tonmöbel" (!) in seinem Wohnzimmer (!) habe. Hier kann mehr Gebrauch von den Möglichkeiten des Internets gemacht werden; es existieren Austauschplattformen.
2. Die Sprechanlässe und die Zeit der tatsächlich auf das Sprechen verwendeten Bemühungen erscheinen insgesamt eher gering.
3. Das Prinzip der Einsprachigkeit wird mitunter ohne erkennbar dringenden Anlaß aufgegeben. Hingegen ist nicht einzusehen, warum schwierige Vokabeln nicht übersetzt werden sollten.

**4.3 Mathematik**

Der Mathematikunterricht gehört insgesamt zu den sog. harten Fächern, die oft auch besonders gefürchtet sind. Der Grund ist u.a. in der Abstraktheit, der Notwendigkeit exakter Begriffsverwendung und der fehlenden Einsicht in die Anwendungsbezüge zu sehen. In diesem Fach hilft ein bloßes Auswendiglernen nicht, sondern auf lange Sicht nur ein verstehender Aufbau, da das Fach viel kohärenter als manche andere von den Inhalten her angelegt ist.

1. Die Suche nach Anwendungsbezügen sollte nicht aufgegeben werden. Damit ist nicht gemeint, Aufgaben zu stellen, die von den Schülern verlangen, sich vorzustellen, jemand kaufe irgend etwas im Laden und müsse nun entscheiden, welches Angebot das preisgünstigste sei, sondern es können Möglichkeiten sondiert werden, an konkreten Dingen zu arbeiten

(Schuletat, Bücherbestellung, reale Rechnungen, Katalogrecherche, Preisvergleichsanbieter im Internet).
2. Moderne Arbeitsformen, wie das freie Erproben von Lösungswegen, etwa zur Bestimmung von Abhängigkeiten, Größen, Rechenwegen und dergl. in Kleingruppen, machen nur dann Sinn, wenn alle vorgelegten Möglichkeiten anschließend untersucht und dargestellt werden. Wenn von vornherein klar ist, daß nur eine Möglichkeit Bestand hat, müßte zumindest erklärt werden, warum dann die anderen erprobt werden sollten.

### 4.4 Naturwissenschaftliche Fächer

Die naturwissenschaftlichen Fächer, insbesondere die Chemie, die Physik und die Biologie, aber auch die Geographie, leben vielfach vom Experimenteinsatz. Eine Hauptquelle für das Mißlingen von Experimenten ist die zu geringe Aufmerksamkeit, die den Randbedingungen zukommt, deren Einhaltung aber erst ein erfolgreiches Experimentieren ermöglicht. Ein Beispiel: Die simpelste Beobachtung von Fischen in einem Becken wird scheitern, wenn die Becken verschiedenen Bedingungen ausgesetzt sind. Da gibt es unterschiedliche Beleuchtungsverhältnisse, Schüler, die an die Becken stoßen, Schüler, die mit den Händen in das Wasser fassen usw. Folgende Punkte sind zu überdenken:

- Haben bei Gruppenexperimenten alle Experimente die gleiche Ausgangslage? Unterliegt bei wiederholenden Messungen das Experiment immer den gleichen Bedingungen?
- Sind die Anleitungen absolut eindeutig?
- Wird auf unbedingt zu beachtende Verhaltensweisen hingewiesen, z.B. immer in einer bestimmten Höhe die Meßeinrichtung ablesen, nicht den Tisch berühren usw.?
- Es ist darauf zu achten, daß das Ergebnis nicht bereits in Form einer bestimmten Fragestellung vorweggenommen wird.
- Basieren die Annahmen und Vermutungen ihrerseits bereits auf bestimmten Voraussetzungen? Beispiel: Der Versuch, eine Kerze in ausgeatmeter Luft frühzeitiger erlöschen zu lassen als im gleichen Luftvolumen von Frischluft zeigt keineswegs, daß Sauerstoffmangel vorliegt, sondern nur, daß das Milieu anders geartet sein muß. Üblicherweise wird aber sofort davon geredet, daß das schnelle Erlöschen der Flamme am fehlenden Sauerstoff liege.
- Ist allen Beteiligten klar, was ein Experiment leisten soll (Bestätigung, Problemstellung, Wiederholung, Forschung, Darstellung einer Arbeitsweise)?

- Ist sich der Planende des vermehrten Zeitbedarfs beim Experimentalunterricht bewußt?
- Werden die Sicherheitsbestimmungen eingehalten und den Schülern verdeutlicht?

Der Experimenteinsatz wird auch insofern für wichtig erachtet, als man die damit verbundene manuelle Tätigkeit für lernförderlich hält. Es ist hilfreich, sich zu verdeutlichen, daß dies keine hinreichende Bedingung für das Behalten von Inhalten darstellt. Drastisch ausgedrückt heißt dies, die Schüler experimentieren zwar und dies sicher auch gern, wissen aber oft nicht was, warum, wozu. Hier ist eine Klarstellung im Sinne einer Zielorientierung, einer Vernetzung mit anderen Inhalten oder dergl. notwendig.

Die Gefahr fachlicher Fehler erscheint in den naturwissenschaftlichen Fächern besonders groß zu sein. Da speist sich der Vulkanismus aus dem Erdinneren, besitzt der Krokus eine Zwiebel und ist das Kaninchen ein Nagetier. Der Experimenteinsatz ist kein Selbstläufer; er bedarf ebenso der sachstrukturellen Durchdringung.

Die oft als Hypothesenbildung bezeichnete Gedankenübung, die mit der Einbringung naturwissenschaftlicher Arbeitsweisen in Verbindung gebracht wird, belegt oft nur das Gegenteil. Man mache sich sachkundig, wie ein Verfahren zur Hypothesenbildung tatsächlich vonstatten geht (und entsprechend welche Konsequenzen nun im Unterricht notwendig sind).

### 4.4.1 Biologie

1. Das Mikroskopieren ist eine Arbeit, die für besonders wichtig erachtet wird. In diesem Zusammenhang wird regelmäßig etwas von naturwissenschaftlichen Verfahren, von Entdecken, praktischer Arbeit u. ä. in die Planungen geschrieben. In der Praxis kommt man hingegen den damit verbundenen Ansprüchen kaum nahe. Das Entdecken beschränkt sich auf das „Durchgucken", das naturwissenschaftliche Verfahren wird durch die Handhabung der Begleitarbeiten eher ad absurdum geführt. Eine besondere Problematik liegt in der Frage nach dem Anfertigen von Skizzen (Zeichnungen werden schon gar nicht mehr verlangt). In der Summe erweist sich allzuoft, daß die Schüler am Ende weder „richtig" mikroskopiert haben, noch eine brauchbare Skizze/Zeichnung vorweisen können, und auch von der Sache selbst wenig Kenntnisse besitzen. Man möchte in Abwandlung einer modernen Redensart etwas bitter sagen: „Schön, daß wir mal mikroskopiert haben." Um Abhilfe zu schaffen, wäre zu beachten:

- Übung jeder Technik
- Festlegung, bis zu welchem Genauigkeitsgrad etwas erfolgen soll
- Bestimmung dessen, was eine Zeichnung leisten soll
- Leitlinien darüber angeben, was das Ziel der Übung ist (z.B. die Zeichnungsanfertigung selbst, drei wichtige Formen kennenlernen, Zählen und Messen, Studium des Aufbaues eines Organismus)

2. Die Zeichnungen soll der Lehrer selbst verstanden haben. Man achte einmal auf die Bedeutung der Einzellinie. Ist sie Begrenzung einer Struktur oder die gemeinsame Grenzlinie zweier benachbarter Strukturen? Letzteres bringt regelmäßig Probleme beim Eintrag von Mittellamellen. Das Problem ergibt sich auch bei Zeichnungen von Strukturen, die nur abgezeichnet werden, z.B. bei Sekundär- und Tertiärwänden. Ein gutes Beispiel für die Problematik ist auch die Zeichnung der Augenschnitte des menschlichen Auges in den Schulbüchern. Was vorn äußere Begrenzung der Hornhaut ist, ist rückwärtig offenbar etwas ganz anderes.
3. Biologie ist die Lehre vom Leben, nicht von den toten Arbeitsblättern.

## 4.4.2 Chemie

1. Vorbereitete Chemikalien, die modellartig vorgestellt werden sollen, z.B. auf dem Demonstrationstisch, und sich in entsprechenden Behältnissen oder auf Petrischalen befinden, können mit schönen beschrifteten Reitern, die vor die Exponate gestellt werden, versehen werden. Die Wirkung der Vorstellung der Exponate wird damit gesteigert.
2. Die Sicherheitsbestimmungen spielen hier eine besondere Rolle. Sie werden oft unterschätzt. Dies gilt auch für den Umgang mit den Rückständen. Hilfen sind hier u.a. aus dem Internet zu erwarten, in dem sich praktisch für alle Chemikalien Sicherheitsblätter und Entsorgungsmaßnahmen auffinden lassen.

## 4.4.3 Erdkunde

Wenn die Beobachtung nicht täuscht, ist das Fach Erdkunde ein inhaltlich relativ traditionelles Fach geblieben. Die länderkundlichen Schwerpunkte schimmern in den Planungen der Einheiten noch durch: Holz aus Skandinavien, Tropenholz aus Afrika, Industriestandorte in den USA. Naturgemäß ist dies alles sehr unanschaulich, zudem weit weg gelegen und damit schwer zugänglich zu machen.

Andererseits bietet kaum ein anderes Fach so viele Gelegenheiten zu Veranschaulichungen. Es stellt sich die Frage, warum diese offenbar wenig genutzt werden und Arbeitsblättern oder eher schlecht gemachten Folien oft der Vorrang eingeräumt wird.

1. Das Hauptinteresse bei der Planung sollte auf die Bedeutung der Thematik für die Schüler gelegt werden. Ein Thema wie „Wandel in der britischen Textilindustrie" dürfte nur schwer zu legitimieren sein.
2. Vorstellungen von Größen (Entfernungen), Mengen und Volumina (Tonnage) und Raumbezügen (Topographie) werden oft deshalb nicht erzeugt, weil ihre Bedeutung als selbstverständlich genommen wird. Eben hier liegt eine Quelle vieler Mißverständnisse.
3. Von besonderer Unanschaulichkeit sind Wirtschaftsthemen oder solche, die sich mit der Inwertsetzung von Räumen befassen (es gibt offenbar wertlose Räume). Bei diesen Themen überrascht oft die Naivität und Undifferenziertheit der Faktenvermittlung. Hier geht die Sachlage in der Wirklichkeit zumeist weit über die Unterrichtsinhalte hinaus. Zum Beispiel sind „gute Verkehrswege" nur noch bedingt tauglich, Industrieansiedlungen zu begründen.

## 4.5 Informationstechnischer Unterricht

1. Eines der Hauptprobleme des informationstechnischen Unterrichts – soweit es um den Umgang mit dem Computer geht – ist das Finden der Balance zwischen Vorgaben (im Sinne strikten frontgleichen Vorgehens) und dem freien Ausprobieren. Es ist gerade in diesem Fach hilfreich, Inhaltsbeschränkungen und Schwerpunktsetzungen vorzunehmen. Ein freies Suchen-Lassen, z.B. von Begriffen mit Hilfe von Suchmaschinen, führt zu keinem Ziel, wenn den Schülern etwa schon der Weg zur Suchmaschine und die Fragen der Sucheinengung sowie später die der Informationsauswertung unklar sind. Hier besteht die Möglichkeit, in kurzer zielstrebiger Vorgabe z.B. zu einer entsprechenden Maske zu gelangen, um dann damit Erprobungen anstellen zu lassen.
2. Der Zeitverbrauch ist gewaltig. Man beachte bei der Planung diesen Umstand.
3. Fragen der Verteilung der Schüler an den Monitoren sind vorab zu klären. Oft gibt es mehr Schüler als Arbeitsplätze. Welchen Sinn macht die Arbeit dann?

4. Wie wird mit dem Umstand umgegangen, daß die Schüler am Computer Texte schreiben oder überarbeiten sollen, aber gar keine Schreibtechnik besitzen.

## 4.6 Geschichte

Die besondere Problematik des Faches Geschichte besteht in der Unanschaulichkeit und der praktischen Unmöglichkeit, Zeitvorstellungen zu entwickeln. Zudem gehen viele Ebenen der Betrachtung ineinander über und können im Unterricht nur schwer getrennt werden (Perspektivwechsel):

1. Das Sprechen über Ereignisse geschieht üblicherweise aus heutiger Sicht. Damit kann man dem Ereignis jedoch nur schwer gerecht werden. Ein historisches Denken im Sinne einer Bewertung aus damaliger Sicht liegt den Schülern allerdings noch ferner. Dies erschwert selbstverständlich das Auseinanderhalten von Bewertungspositionen generell. Als ein Ausweg bietet sich u.a. die Fallschilderung betroffener Personen an. Die Fallschilderung ist von der Sache her so etwas wie eine didaktische Reduktion.
2. Viele Beschreibungen sind sehr abstrakt, nicht differenziert, theoretisierend. Ein Feldherr will die Herrschaft über ganz X-Reich erlangen. Hier stellen sich die Fragen nach den Gründen, der Antriebskraft, der Sicherung der Herrschaft und dergl. Es kann hilfreich sein, ein Ereignis oder eine geschichtliche Person aus verschiedenen Sichtwinkeln zu betrachten.
3. Ähnlich vordergründig bleiben viele Karten. Was will die Farbgebung und die gewaltige Ausdehnung des Alexanderreiches besagen (Geschichtsatlas), wenn dessen Grenzen durch immense Wüstenstrecken verlaufen, sein Heer aber zeitweise nur 30.000 Mann umfaßte?
4. Von besonderer Ergiebigkeit kann das Infragestellen von Fotos und ihren Abbildungsunterschriften sein. Gerade im Geschichtsunterricht entdeckt man zu gleichen Bildern unterschiedliche Ausschnitte, unterschiedliche Datierungen, unterschiedliche Ortsangaben und inhaltlich fragwürdige Bildunterschriften.

## 4.7 Bildende Kunst

Das Fach Bildende Kunst ist neben dem Fach Sport dasjenige, das offenbar am stärksten in der Planung dahingehend vorstrukturiert ist, als der Unterricht einem häufig gleichen Muster folgt. Daß dies nicht abträglich sein muß, zeigt der

Umstand, daß in erfreulichem Maße versucht wird, den Schülern eine Art Kunstverständnis beizubringen, anstelle des „Bildermalens".
Ein Hauptproblem kann in der Schwerpunktsetzung gesehen werden. Nicht selten geht es um eine Stilrichtung, die Erprobung des Stils selbst, die Maltechnik, den Künstler und die Bewertung der gesammelten Erfahrungen mit der Erprobung der Technik zusammen. Dies kann in der Praxis dazu führen, daß kaum eine der Facetten tatsächlich zur Wirkung kommen konnte. Beispiel: „Malen wie van Gogh". Abgesehen davon, daß dies rein sachlich schon eine Schieflage darstellt, sollte unbedingt auf eine Schwerpunktsetzung geachtet werden. Das könnte etwa der Farbauftrag – an einem einfachen Beispiel demonstriert – sein. Danach können weitere Dinge erprobt werden.

## 4.8 Sport

Das Fach Sport ist scheinbar ähnlich in den Planungen vorstrukturiert wie das Fach Bildende Kunst. Auch hier gilt, daß dies den Unternehmungen nicht abträglich ist. Als problematisch haben sich die Aspekte herausgestellt, die sich mit der Differenzierung, der Überprüfung und Korrektur sowie der Übersicht und Organisation beschäftigen.

1. Bei Differenzierungsangeboten gibt es verschiedene Problemlagen. Zum einen wird gar nicht differenziert, obwohl es in der Sache geboten wäre. Dann wird einer Weise differenziert, die durch die Schüler nicht angenommen wird, und zuletzt kommen Differenzierungen vor, die die Schüler nach ihren gegenwärtigen Vermögensständen, nicht aber nach den individuell erreichbaren Möglichkeiten klassifiziert.
2. Die Unterrichtsentwürfe enthalten ausführliche Hinweise über den korrekten Ablauf von Übungen, über Fehlerquellen und Maßnahmen zur Behebung der Fehler. In der Durchführung sind dann zwar oft Fehler zu sehen (was für sich genommen in der Natur der Sache liegt), aber die Korrekturen und die entsprechenden Hinweise halten sich oft in Grenzen.
3. In welchem Maße sind Lehrerdemonstrationen vorgesehen? Sie werden zum Teil nur spärlich eingesetzt. Hier liegt eventuell noch Potential, denn eine Bewegungsabfolge bringt es mit sich, daß man sie wegen der Schnelligkeit des Ablaufes nicht gut in ihren Bestandteilen und Phasen sehen kann. Wird dem Lernen am Vorbild Rechnung getragen?
4. Beim Schwimmunterricht vollziehen sich viele Bewegungsabläufe naturgemäß in einer Weise, die nur wenig Kontrolle erlaubt. Wenn alle Schüler gleichzeitig im Wasser sind, wird eine Korrektur fast unmöglich. Negative oder positive Bewegungsmuster können gut gesehen werden, wenn alle am

Beckenrand stehen und einen vorbeischwimmenden Schüler oder ein Schülerpaar beobachten.
5. Beim Stationenbetrieb lassen sich viele unsachgemäße Verhaltensweisen der Schüler beobachten. Hier ist die überblickende Kontrolle des Lehrers besonders gefragt, weswegen es hilfreich ist, sich außen an den Wandseiten der Stationen aufzuhalten.
6. Beim Riegenbetrieb, insbesondere bei Wettbewerben, lassen sich oft viele Unkorrektheiten beobachten (z.B. beim Punktezählen, beim Umlaufen von Pylonen, beim regelgerechten Umgang mit Sportgeräten), die folgenlos in der Beurteilung durch den Lehrer bleiben. Wie ernst nimmt der Lehrer selbst die Punktevergabe, die Zählkorrektheit, die Vermeidung oder Ahndung unfairen Ablaufes?
7. In den Planungen sind oft Hinweise zu den Sicherheitsbestimmungen enthalten („Schmuckkontrolle"). In der Praxis sind viele Schüler mit Armbändern, Ketten und auch sehr dicken Uhren zu sehen.
8. Der Sportunterricht hat einen Nachklang in Form des Gerätabbaues. Hier geschehen – vom Lehrer relativ häufig nicht mehr wahrgenommen – nicht akzeptable Handlungen – bis hin zu höchst gefährlichem Fehlverhalten der Schüler.
9. Es gehört zu den Geheimnissen des Faches, warum keinerlei Überlegungen darüber angestellt werden, die Schüler duschen zu lassen oder sie überhaupt dazu zu veranlassen, hier ein Defizit zu erkennen.

**4.9 Vorfachlicher Unterricht**

Der vorfachliche Unterricht erstreckt sich auf die Anfangsklassen. Hier wurde als Hauptproblem die Unterschätzung der Sachstruktur ausgemacht. Dies mag in der Annahme begründet sein, daß man mit jüngeren Schülern nicht so tief in eine Thematik einsteigen könnte, doch entstehen gerade hier gravierende Fehler, so daß allgemein davor gewarnt wird, die inhaltlichen Anforderungen zu unterschätzen.

1. Wurde die Sachstruktur erschöpfend sondiert?
2. Als Resultat der Verkennung der Sachstrukturproblematik zeigen sich gehäuft Über- und Unterforderungen.
3. Gut gemeinte Aufgaben zur Anfertigung von Arbeitsmaterial verselbständigen sich oft zu ausgedehnten Bastelarbeiten.
4. Viele Abläufe werden zu komplex und zu abstrakt dargestellt. Beispiel: Bei der Einführung der Uhr und ihrer Zahlen von 1 bis 24 sind die Schüler nicht selten überfordert, da dies mit der Zuordnung von Tätigkeiten des Men-

schen zu bestimmten Tageszeiten einhergeht. Sie haben dann viel damit zu tun, den Umstand der zwei Zeigerumläufe pro Tag zu begreifen, verschiedene Tagesabläufe zu erinnern, Hell- und Dunkelphasen zeitlich einzuordnen, die Zeigerstellung abzulesen usw.

## Kapitel 5 Analyse von Unterricht

Die Unterrichtsanalyse gehört zu den unverzichtbaren Bestandteilen der Unterrichtserteilung und der Ausbildung. Praktisch alle hier vorgestellten Hinweise basieren auf einer analytischen Betrachtung von Unterricht. Allerdings ist es erforderlich, verschiedene Aspekte auseinanderzuhalten – den Aspekt der Planung und den der Unterrichtsdurchführung, aber auch den Aspekt der Beobachtungskategorien (Was wird beobachtet?), den der Beobachtung selbst (Wie wird beobachtet und registriert?) und den Aspekt der Bewertung und der Gewichtung der gewonnenen Erkenntnisse. Die Unterrichtsanalysen scheinen nicht besonders beliebt zu sein. Dies kann damit zu tun haben, daß

- die Beobachtungskategorien ihrerseits problematisch sind (Auswahl und Gewichtung),
- es schwierig ist, eigenes Verhalten zum Zeitpunkt der Durchführung gleichzeitig aus der Distanz zu sehen,
- psychologische Elemente eine Rolle spielen (kritisch sein, sich aber nicht schlechtmachen),
- oft nur wenig erkennbare Strategien der Analyse vorliegen (wenn diese vorhanden sind, passen sie nicht auf alle Unterrichtsmuster),
- man sich bei einer Analyse von der konkreten Ebene in eine Metaebene hineinbewegt, die allgemeiner und abstrakter erscheint und es schwierig macht, aus der Abstraktheit heraus wiederum konkrete Ableitungen vorzunehmen (die Bewertungskriterien verschwimmen dabei immer mehr, und eine Folge ist, daß der Referendar die Abläufe deskriptiv wiederholt oder allgemein nur wenig zum Unterricht zu sagen weiß),
- die Interdependenz von Unterricht eine Vielzahl von Bezügen und Abhängigkeiten, Folgen und Konsequenzen usw. aufweist (Unterricht als Prozeß),
- unklar ist, zu welchem Anteil die Analyse in die Gesamtbewertung eingeht.

Trotz dieser Einschränkungen ist es nicht unmöglich, eine realistische Einschätzung zur Unterrichtsarbeit abzugeben, vor allem grundsätzliche Betrachtungen zum Gelingen oder Mißlingen vorzubringen und daraus Ableitungen für weitere Unterrichtsschritte zu gewinnen. Der letzte Punkt erscheint wesentlich: Eine Analyse bleibt dann relativ folgenlos für den (dann schon vergangenen) Unterricht, wenn keine Erkenntnisse herauspräpariert werden, die für weitere Planungen hilfreich sein können. Ein Beispiel: Wenn festgestellt wurde, daß Schüler eine Arbeitsanweisung nicht verstanden hatten, dann wäre danach zu fragen, inwieweit dies dieser singulären Situation geschuldet war bzw. ob nicht vielmehr ein struktureller Fehler vorlag, dessen Behebung auch für den kommenden Unterricht von Bedeutung sein muß. Die allgemeine Ableitung könnte z.B. in der Erkenntnis bestehen, Anweisungen eineindeutig zu erteilen (verbale Präzision), sie begleitend zu visualisieren, sie wiederholen zu lassen oder dergl. mehr. Das heißt gleichzeitig, daß eine Alternative gefunden wird.

Es gibt verschiedene Grundmuster zur Anlage der Analysen. Eines davon ist das Vorgehen nach entweder zuvor festgelegten oder aus einem zur Verfügung stehenden Kanon von Analysepunkten herausgesuchten Aspekten. Hier wurde oft die Beobachtung gemacht, daß – mitunter sogar erstaunlich „treffsicher" – das Falsche ausgewählt wurde. Die sich darin wiederfindende Gefahr der totalen Verschätzung des Unterrichtserfolges kann durch die Beachtung einiger Hinweise zumindest abgemildert werden. So ist es z.B. wenig hilfreich, die Analyse mit den Worten zu beginnen: „Ich finde, daß die Stunde gelungen ist." Damit beraubt man sich jeder Möglichkeit der Entwicklung einer differenzierten Sichtweise. Vielmehr könnte dies eine Art Resümee sein.

Um ein mögliches Grundfunktionsprinzip der Analyse zu verdeutlichen, sei auf das folgende Muster verwiesen. Dieses Muster kann man in Teilen auch dann beibehalten, wenn man verschiedene Strategien der Analyse wählt. Diese können sein:

- abschnittweise vorgehen (linear);
- Kommentierung ausgewählter Themenkreise (z.B. listenartig nach vorformulierten Stichworten);
- Anwendung einer „Schule" (z.B. Vorgehen nach den Vorschlägen eines bestimmten Autoren);
- Feststellung von Vorzügen und Defiziten in Form zusammenfassender Aussagen (Beispiel: „Das Arbeitsergebnis der Schüler blieb wegen der Verkennung der Vorkenntnisse hinter den Möglichkeiten deutlich zurück.");
- Kommentierung von einer festgestellten Schwerpunktproblematik aus.

Im Detail können nun wieder bestimmte weitere Prinzipien berücksichtigt werden, z.B.:

- Gegenüberstellung von Planung und Durchführung;
- schwerpunktartiger Zugang – vom Schüler aus gesehen, vom Lehrer aus gesehen, Berücksichtigung des Bedingungsfeld-Hintergrundes;
- von Symptomen auf die Ursache schließen;
- Ableitung einer allgemeinen Erkenntnis;
- Einbringen von Bewertungsaspekten;
- kritische, aber nicht destruktive Sichtweise.

MÖGLICHES MUSTER FÜR EIN SEGMENT IM RAHMEN EINER STUNDENANALYSE

| SACHVERHALT BENENNEN | BEOBACHTUNG NENNEN | GRÜNDE SUCHEN | FOLGEN FÜR ANDERE FELDER NENNEN | BEWERTUNG VORNEHMEN KONSEQUENZ | ALTERNATIVE NENNEN |
|---|---|---|---|---|---|
| → | → | → | → | → | → |
| Ich möchte nun zur Wirksamkeit einzelner Arbeitsformen kommen. | Es fiel auf, daß das Gespräch im Tafelkreis ungeordnete Züge annahm. | Dazu trugen drei Dinge bei: Den Schülern war unklar, was im Detail besprochen werden sollte, weil die Impulsgebung gehäuft war. Sodann entsprach das Tafelbild nicht dem Gesprächsfaden, und letztlich waren die Regeln des Gesprächs nur wenig ausgeprägt. | Als Folge davon hörten nur noch wenige Schüler auf die Aufgabenstellung für die anschließende Phase, und es blieb unklar, welche Stellung deren inhaltlicher Aspekt zur vorhergehenden Phase aufwies. | Die für das weitere Vorgehen wichtigste Phase fiel als Fundament und damit in ihrem eigenen Teilergebnis aus, was eine schwere Beeinträchtigung des weiteren Unterrichtsvorgangs darstellte. | Der Lehrer könnte in solchen Fällen abbrechen und die Aufgabe neu und klar stellen, z.B.: „Findet heraus, was...", oder: „Diskutiert nicht abc, sondern xyz." |

ANALYSE-VERLAUF →

In gleicher Weise können Betrachtungen zu sehr gelungenem Unterricht angestellt werden. Für unverzichtbar bei der Analyse kann gehalten werden:

- Kommentierung der Zielvorstellungen im Lichte des Ergebnisses;
- Angabe der Alternative;
- Vorstellung eines Resümees.

Sehr beliebt scheinen Nachfragen zu sein, die sinngemäß lauten: „Wenn Sie diesen Unterricht noch einmal halten müßten, was würden Sie dann ändern?" So formelhaft dies auf der einen Seite erscheint, so sinnreich kann es auf der anderen sein, wenn klar ist, daß hier nicht ein Ritual bedient werden soll, sondern daß das Nachdenken darüber zu einer Erkenntnis führen soll. Es zwingt zur Klarheit der Gedankenführung. Der Entscheidungszwang (ja, Unterricht in gleicher Weise wiederholen oder nein, Unterricht ändern) fördert in der Regel tatsächlich die Fokussierung auf entscheidende Faktoren des erteilten Unterrichts.

Die Referendare sollten sich vor Augen halten, daß es nicht darum geht, daß sie etwas „vorführen", etwas, das dem Unterrichtsbeobachter gefällt oder nicht gefällt. Es geht vielmehr darum, den größtmöglichen Nutzen für die Schüler zu erzielen. Es geht um das Ringen um die beste Lösung. Deswegen werden Anmerkungen, die etwa lauten: „Ich (an Ihrer Stelle) hätte dieses oder jenes getan", für nicht hilfreich gehalten, weil es nicht darum geht, was jemand anderes getan hätte, sondern darum, ob das Vorliegende auch möglich war bzw. um die Begründung, warum es nicht funktionsfähig sein konnte.

1. Es sollte angestrebt werden, eine Stundenanalyse gründlich vorbereiten zu können (Zeit einräumen, Aufzeichnungen anfertigen lassen). Häufig vorzufindende organisatorische Zwänge, die die Analyse unmittelbar und nur mit wenig zeitlichem Vorlauf im Anschluß an den Unterricht verlangen, sind oft nicht zu umgehen, aber nicht wünschenswert. Den Referendaren sind Unterrichtsbesprechungen am Folgetag oft viel hilfreicher (genügender, aber nicht überlanger Zeitabstand).
2. Die Analyse mit festlegenden Einstiegsformeln zu beginnen, ist nicht unbedingt ratsam. Zu solchen gehören die nicht selten geäußerten Feststellungen: Die Ziele wurden (nicht) erreicht; ich bin mit der Stunde zufrieden; es war abzusehen, daß das nicht funktionieren konnte; die Schüler haben nicht mitgespielt. Der Grund für die Skepsis ist, daß eine Reihe von Einsichten und Ideen, das Entdecken von Zusammenhängen usw. sich oft erst beim Sprechen, Schlußfolgern, Verweisen und dergl. entwickelt, also erst im Zusammenhang mit der ganzen Darlegung. Eine behutsame Vorgehensweise ermöglicht, Dinge, über die noch nicht vollends Klarheit besteht, in ihrer

Bedeutung für den Unterricht auszuloten (und vielleicht zu einer ganz gegenteiligen Aussage zu kommen als ursprünglich vermutet).
3. Wurde durch gewisse Vorstrukturierungen der Versuch unternommen, ganze Sachzusammenhänge oder -komplexe zu fokussieren, um ein Springen (z.B. das Sprechen über Planung, Durchführung, Lehrer, Schüler; Ziel, Inhalt, Erarbeitung, Ergebnis usw.) zu vermeiden?
4. Es kann in der Sache kaum verkehrt sein, die den Unterricht im wesentlichen konstituierenden Elemente zu thematisieren. Beispiel: Leistete das Medium das, was ihm zukam? Haben die Schüler im Fremdsprachenunterricht ausreichend gesprochen (so das Ziel dies verlangte)? Ist es gelungen, zwei rivalisierenden Intentionen Rechnung zu tragen? Dem gegenüber erscheint es weniger aussagekräftig, wenn auf Marginalien ausgewichen wird, z.B. auf die Frage, ob die Schüler Spaß hatten, ob es an einer Stelle eine gewisse Unruhe gab, ob Schüler x heute besonders positiv auffiel, ob die Schüler wegen des Unterrichtsbesuches gehemmt waren.
5. Der Ablauf von Unterrichtsanalysen legt mitunter den Verdacht nahe, daß es zufriedenstellenden Unterricht wohl nicht gibt und sich immer ein schwerwiegendes Problem einstellt, das gedanklich aufgelöst werden müßte. Dies ist nicht so. Abgesehen davon, daß bei jeder Arbeit Optimierungen möglich sind, geht es nicht darum, Kritik um der Kritik willen zu üben. Infolgedessen können im Prinzip alle oben genannten Kriterien auch auf den überaus erfolgreichen Unterricht und seine Analyse angewendet werden.
6. Es hat sich herausgestellt, daß einige festgestellte Abstriche oder gar Defizite im Analysegespräch nur deswegen auftreten, weil entsprechende Hinweise in der Planung fehlten. Dies gilt insbesondere für die geleistete Vorarbeit. Beispiel: Wenn eine eingeführte Methode im Unterricht weitgehend versagt, kann der Eindruck entstehen, sie sei neu und ohne besondere Umstände eingeführt worden, obwohl sie doch bekannt war und nur hier – aus noch aufzuklärenden Gründen – nicht erfolgreich war. Umgekehrt gibt es immer wieder unangenehme Überraschungen in den Analysen, wenn nämlich erst in deren Verlauf deutlich wird, daß der Unterrichtserfolg ausblieb, weil höchst komplizierte Sachverhalte bei den Schülern als bekannt vorausgesetzt wurden. Beispiel: Die Schüler sollten die Staatsideen Ludwig XIV mit denen von Friedrich II vergleichen, ohne je zuvor etwas von Friedrichs Person, Zeit, Staatsrolle und dergl. gehört zu haben.
7. Beim Einsatz inhaltlich falscher oder zumindest fragwürdiger Vorlagen (Graphiken, Bilder, Sachtexte) ist es schwerlich möglich, sich auf die Autoren zu berufen und dogmatisch auf deren Kompetenz zu setzen.
8. Ein Blick auf das Ergebnis von Unterricht (Welche Bereicherung haben die Schüler erfahren?) muß wohl in jedem Falle das Ende der Analyse beherrschen. Wenn es hier nun schwerfällt, eine Einschätzung vorzunehmen, so gibt es doch genügend sinnvolle Fragen und Bezugspunkte, die eben diesen

Umstand erhellen könnten. Dazu gehören etwa: Stimmigkeit des Anforderungsniveaus, Klarheit der Ausgangslage (Voraussetzungen), Ausführlichkeit der Ergebnispräsentation, Bewältigung der Scharnierstellen des Unterrichts, Lehrerverhalten und -dominanz bzw. Schüleranteile, Stimmigkeit von Ergebnis und Zielsetzung.

# Kapitel 6 Den Unterricht bestimmende Leitlinien und Fragen der Leistungsbewertung

Verschiedene Leitlinien im Sinne eines stets mitzudenkenden Hintergrunds von Unterricht bestimmen Planung und Durchführung in besonderem Maße. Sie lassen sich als allgemeine Inhalte (z.b. Begriffsbildung), als permanente Intentionen (z.b. Berücksichtigung von Schülerinteressen), als Variablen (z.b. Sprachverständnis), als Prinzipien (z.b. Differenzierung) oder als Störgrößen (z.b. Disziplinprobleme) von Unterricht auffassen.

## 6.1 Begriffsbildung im Unterricht

Aller Unterricht läuft auf einen Begriffsbildungsprozeß hinaus – ein Umstand, der mitunter in den Planungen und im Bewußtsein des Referendars unterzugehen droht. Das Thema „Begriffsbildung" ist unmittelbar mit dem Thema „Verstehen lehren" verbunden, weil beide dahin streben, daß der Schüler sich „einen Begriff machen" soll und über diesen verfügen kann. Dabei vergegenwärtige man sich, daß jeder Schüler bereits einen irgendwie gearteten Begriff, auch wenn er völlig „falsch" ist (misconception), vom Unterrichtsgegenstand hat und dies selbst dann, wenn er das richtige Wort dafür nicht kennen sollte. Das heißt, der Unterricht beginnt nicht bei einem Null-Stand, sondern setzt am Begriffshorizont der Schüler an. Dieser ist zumeist alltags- und situationsbestimmt, in der Alltagssprache verankert und somit vorwissenschaftlich, oft unscharf, mit Brüchen versehen und – entwicklungspsychologisch erklärbar – mitunter sogar völlig widersprüchlich, ohne daß dies für den Schüler ein bemerkenswerter Umstand wäre. Wenn Unterricht als Begriffsbildung aufgefaßt wird, kommt es darauf an, zu beachten, daß das Begriffsbildungssystem dynamisch ist. Ein Begriff, den man sich aneignet, repräsentiert nur den letzten, gegenwärtigen und vorläufigen Stand des Begriffes. Schon morgen hat er sich durch Erfahrung oder systematisches Lernen verändert, differenziert, erweitert usw. Ein Begriff läßt sich denken als ein logischer Kern, der gewissermaßen die wissenschaftliche Definition (genormt) des Gemeinten darstellt und ein assoziatives Umfeld, das höchst persönlich gefärbt, unwissenschaftlich und unsystematisch ist und das den logischen Kern umgibt. Letztlich gibt man dieser Konstruktion einen Namen, also die Bezeichnung für den gemeinten Begriff. Ein Beispiel: Der logische Kern des Begriffes „ökologische Nische" ist seine zur Zeit gültige Definition: „Die Wechselbeziehung zwischen einer Art oder einem Individuum und den für sie relevanten Umweltfaktoren..." Das assoziative Umfeld kann personenabhängig z.B. durch die Begriffe „dunkle Ecke", „Kellerassel", „Biologie", „biologisches

Gleichgewicht" usw. charakterisiert sein. Das, was der logische Kern inhaltlich zusammenfaßt, wird dann mit dem Namen „ökologische Nische" versehen. Er ist gewissermaßen das Etikett für den Inhalt. Über die Assoziationsfelder ist der Begriff mit weiteren Begriffen vernetzt. Beide Felder (auch das wissenschaftlich Genormte) verändern sich ständig. Der Unterricht kann mit seiner Zielsetzung nun dort ansetzen, wo das assoziative Umfeld beginnt. Dies besitzt auch eine emotionale Tönung. Bestimmte Begriffe lösen Unwillen und Widerstand aus, andere eher angenehme Gefühle – und dies von Person zu Person höchst unterschiedlich. Dies ist einer der Gründe dafür, warum Schüler beim Vernehmen der Thematik oft mit entsprechender Kommentierung reagieren (mißmutiges Stöhnen oder freudiges „Au ja"). Das vorgestellte Begriffsmodell ist nur eines von vielen, doch ein höchst anschauliches und für die Arbeit sehr praktikables Modell.

Insofern die Welt nun in der Sprache der Begriffe erfaßt wird und dargestellt werden kann, ist Unterricht immer auf Begriffsbildung ausgerichtet.

1. Es kommt im Unterricht sicher nicht darauf an, Begriffe explizit an der Anfang des Lernprozesses zu stellen, sondern das Phänomen, das Problem, das Anliegen, den Versuch usw. zu entwickeln und am Ende des Prozesses mit dem richtigen Etikett, dem durch die Bezeichnung repräsentierten Begriff zu versehen. Beispiel aus dem Biologieunterricht: Anstatt an den Beginn des Unterrichts den Begriff „Nahrungsnetz" zu stellen, mit dem sich nun das weitere Geschehen zu befassen hätte („Heute werden wir kennenlernen, was ein Nahrungsnetz ist."), wäre ist sinnvoll, mit den Schülern etwa dem Fressen und Gefressen-Werden an Beispielen nachzugehen, um es am Ende zu bezeichnen: „Und ein solches System nennt man Nahrungsnetz (food web)." Damit wird eine induktive Vorgehensweise favorisiert, die aber natürlich nicht unter allen Umständen das Mittel der Wahl darstellt.
2. Es ist dafür zu sorgen, die Begriffe der Schüler und das vorbegriffliche Denken der Schüler an den Anfang zu stellen. Diese in der Sprache zum Ausdruck kommende Begrifflichkeit kann dann behutsam auf die gewünschte Ebene der Präzision gebracht werden.
3. Es ist möglich, Alltagsbegriffe den Wissenschaftsbegriffen als Kontrast gegenüberzustellen und daraus das Unterrichtskonzept zu beziehen. Beispiel: Was bedeutet „Kraft" in der Wissenschaft der Physik, was bei uns im Alltag?
4. Die Begriffe sind in einen Kontext von Teil-Ganzes-Relationen zu stellen Beispiel: Der Same ist ein Teil der Frucht, die Frucht ist die Blüte im Zustand der Reife. Oberbegriff-Unterbegriff-Relationen leisten weitere Verdeutlichungen. Beispiel: Früchte (Oberbegriff) sind etwa Steinfrüchte, Nußfrüchte, Beerenfrüchte (Unterbegriffe), so daß klar wird, welcher Inhaltsausschnitt fokussiert wird, wie die Begriffe thematisch verflochten

sind, welches Thema Anschluß hat usw. Mit Hilfe dieser beiden Relationen läßt sich jeder Begriff in einen Begriffsraster einbauen bzw. kann ihm darin ein Platz zugewiesen werden.
5. Das oben dargestellte Begriffsmodell (logischer Kern mit assoziativem Umfeld) bietet gleichzeitig eine Überprüfungs- und Testmethode für die Wirksamkeit des Unterrichts an. Es kann festgestellt werden, welche richtigen Definitionen bereits vorliegen, welche mächtigen Assoziationen den Zugang behindern könnten usw.
6. Es hat sich bei der Entwicklung von Begriffen als zweckmäßig erwiesen, mit möglichst vielen Beispielen zu arbeiten.
7. Die Thematik „Begriffsbildung" kann gut mit dem Leseverstehen verbunden werden. Beim Lesen von Sachtexten kann man Definitionen, definitionsähnliche Teile und Beispiele ausgliedern lassen.
8. Mit den einmal erarbeiteten Begriffen muß im Unterricht umgegangen werden. Das Nebenbei-einführen-von-Begriffen – mitunter als „Erwähnungspädagogik" bezeichnet – führt erfahrungsgemäß kaum zu vertiefter Erkenntnis. In solchen Fällen sagt der Lehrer nicht selten: „Ich habe das nur genannt, damit ihr das auch mal gehört habt."
9. Verwendete Begriffe sind zu sichern, und ihre Repräsentation in den Köpfen der Schüler muß geprüft werden. Oft werden Begriffe bzw. das Begriffsverständnis der Schüler vom Lehrer als völlig problemlos, klar vorhanden und richtig einsetzbar angesehen. Die Wirklichkeit ist hier nicht selten ganz anders gelagert. Beispiel: In Sachtexten ist nicht nur der Zielbegriff, derjenige also, um den es eigentlich geht, zu sichern, sondern auch die in der Erläuterung verwendeten Begriffe. Hier tun sich zum Teil bis in die gymnasiale Oberstufe hinauf Abgründe der Unkenntnis auf.
10. Der Begriffsbildung schon in der Planung einen festen Platz zuzuweisen, hat auch mit der Sachstruktur des Themas und der unterrichtlichen Schwerpunktsetzung zu tun: Je größer der Inhalt eines Begriffes ist, desto kleiner ist sein Umfang und umgekehrt. Der Begriffsumfang (die Extension) von „rot" ist die Klasse aller roten Dinge, die durch eben diesen Begriff „rot" widergespiegelt werden. Der Begriffsinhalt von „rot" ist die Merkmalskombination des „Roten". Der jeweils allgemeinere Begriff hat einen größeren Begriffsumfang und einen kleineren Begriffsinhalt. Der spezielle Begriff hat einen kleinen Umfang und einen größeren Inhalt. Je tiefer die Begriffe in der Hierarchie (in der Ober- und Unterbegriffs-Relation) stehen, desto kleiner ist ihr Umfang.

## 6.2 Berücksichtigung von Schülerinteressen und der Ernstcharakter von Unterricht

Die Berücksichtigung von Schülerinteressen ist eine vehement und unermüdlich erhobene Forderung. Sie berührt die Sinnfrage von Unterricht generell ebenso wie die Fragen der unmittelbaren Bedeutung einer Thematik für die Schüler. Dahinter können zwei Gedankengänge vermutet werden. Erstens sind Schüler als selbständige, ernstzunehmende Persönlichkeiten und nicht als „Schülermaterial" aufzufassen. Zweitens: Wenn man Schülerinteressen berücksichtigt (oder berücksichtigen kann), wird ein intensiveres Lernen, vielleicht sogar Freude am Lernen, erzielt. Letzteres allerdings nur unter der Maßgabe, daß der Interessenbegriff tatsächlich auf die Person des Schülers bezogen ist und nicht so verstanden wird, daß der Lehrer formuliert, was im Interesse des Schülers sein könnte oder müßte. Die Beobachtung der Praxis im Referendariat zeigt, daß die Umsetzung des mit der Thematik verbundenen Anspruches sich nicht gerade in den Vordergrund drängt. Dies mag verschiedene Gründe haben, z.B.:

- eine Verneinung der Bedeutung des Themas;
- ein (scheinbarer?) Widerspruch zwischen festgefügten Ansprüchen (verbindliche Inhalte und Ziele von Unterricht) und freier Wahl durch die Schüler;
- Unklarheit der Begrifflichkeit (Welches Schülerinteresse? Interesse als ein allgemeines Interesse oder im Sinne eines Spezialgebietes?);
- Bestätigung der Ergebnisse empirischer Untersuchungen, denen zufolge das Interesse an bestimmten Inhalten und Fächern zu bestimmten Zeitpunkten abnimmt;
- feste Unterrichtstraditionen.

In der Tat scheint es nicht einfach zu sein, Formen der Berücksichtigung des Schülerinteresses zu finden, sofern nicht ein kurzfristiges und vordergründiges Wählen-Lassen zwischen zwei gleich leistungsfähigen Möglichkeiten damit gemeint ist (Soll der Hund oder die Katze als Beispiel für die Behandlung von Haustieren gewählt werden?). Sollte man damit u.a. meinen, daß sich Schüler am Lernbuffet Angebote auswählen dürfen, so läge damit ein Begriffsverständnis vor, dem hier nicht gefolgt werden kann.

Die Berücksichtigung von Schülerinteressen kann hier nur in Bezug auf begleitende Prinzipien und Umstände verstanden werden: Berücksichtigung freierer Unterrichtsformen, Bezüge zum Alltag herstellen, vom Denkhorizont der Schüler aus vorgehen, Lerntypen berücksichtigen und entsprechendes Methoden-Repertoire zur Verfügung stellen oder dort, wo es Wahlmöglichkeiten gibt, tatsächlich wählen lassen. Deshalb wird die Thematik hier mit dem Stichwort

„Ernstcharakter von Unterricht" verbunden, worunter verstanden wird, daß Unterricht nicht als Inszenierung um seiner selbst willen, sondern als Begegnung mit der Wirklichkeit ausgelegt wird. Insgesamt will es scheinen, daß man den Schülerinteressen überhaupt erst auf die Spur kommen muß, um sie dann (eventuell) zu berücksichtigen. Dies setzt unbedingt voraus, die Schüler tatsächlich ernst zu nehmen. Es ist sicher möglich, mit den Schülern über ihre Erwartungen zu sprechen, zu diskutieren und ihnen gegebenenfalls auch deutlich mitzuteilen, wo Beteiligungsmöglichkeiten vorliegen und wo nicht. Da die Berücksichtigung von Schülerinteressen auch so viele andere Bereiche berührt, die hier an anderen Stellen kommentiert werden, sei an dieser Stelle nur auf die folgenden Punkte verwiesen:

1. Es gibt Möglichkeiten, Interessenlagen der Schüler auszuloten. Ein solches Instrumentarium zu nutzen, hieße auch, den Schülern ein Stück Verantwortung für das Gelingen „ihres" Unterrichts übertragen zu können. Die Feststellung von Interessenlagen darf nicht vordergründig erfolgen (Wollt ihr lieber x, y oder z?). Sie kann gesprächsweise oder per Sondierung in schriftlicher Form erfolgen. Denkbar ist auch der Einsatz der Methode des semantischen Differentials oder des Mindmappings.
2. Die sich herauskristallisierenden Interessenlagen können oft gut mit den großen Inhaltsblöcken von Unterricht verbunden werden, die zum Pflichtprogramm gehören. So ist es denkbar, daß integrierbare Elemente, die aus dem Schülerinteresse selbst kommen (z.B. Haushaltschemie, Tourismus, Ökokrisen, Naturkatastrophen oder Politkonflikte), viel ergiebiger sind als systematisch-konventionelle Abhandlungen. Dies muß nicht heißen, daß die eigentlichen Ziele von Unterricht aufgegeben werden müssen, sondern daß sich oft nur die Perspektive ändert, aus der man sich einer Thematik nähert. Beispiel: Im Chemieunterricht kann die Essigsäure (Ethansäure) in ihrer Systematik und Stellung innerhalb der Säuren (schwache Säure) behandelt werden, es kann aber auch geklärt werden, wozu man Essig im Haushalt benötigt, warum er sich zu verschiedenen Zwecken besonders gut eignet usw.
3. Schülerinteressen zu berücksichtigen, heißt Eingehen auf die Schüler und die Thematik unmittelbar auf sie zu beziehen. Eine Überprüfung von Inhalten unter der Fragestellung der Bedeutung für eben diese Schüler führt im Ergebnis zu erstaunlich vielen Möglichkeiten. Beispiel: Die Technik des Nachschlagens muß nicht auf den Duden beschränkt sein, sondern funktioniert auch mit einem Ikea-Katalog.
4. Es ist hilfreich, den Schülern zu verdeutlichen, daß man bemüht ist, ihre Interessen zu wahren. Dies gelingt u.a. dadurch, den Schülern zu signalisieren, daß ihre Vorschläge ernst genommen wurden, erwogen wurden und ih-

nen zu sagen, in welcher Weise sie berücksichtigt wurden oder verworfen werden mußten.

Unterricht ist inszeniertes Lernen, der Versuch, einen Lernprozeß durch ein bestimmtes Lernarrangement in Gang zu setzen. Oft ist gar nicht bewußt, in welchem Maße diese künstliche Situation den Unterricht bestimmt. Ein Referendar hatte eine gute Unterrichtsidee; allerdings mußte er zu deren Umsetzung darauf bauen, daß sich die Schüler an vergangene Inhalte nicht mehr gut erinnern konnten. Als seine Idee scheiterte, da sich die Schüler sehr wohl erinnern konnten, äußerte er wörtlich: „Es ist etwas geschehen, das ich befürchtet hatte, daß ihr euch etwas gemerkt habt."

Naturgemäß hat die gewisse Künstlichkeit der Unterrichtsinszenierung zur Folge, daß Unterricht sich in einem Schonraum vollzieht. Wenn heute vielfach negativ darauf verwiesen wird, daß doch ohnehin vieles in der Schule mehr oder weniger künstlich sei, und deshalb auch alle Lehrarrangements naturgemäß künstlich sein müßten, so wird verkannt, daß ein systematisches Lernen in vielen Fällen genau dadurch ermöglicht wird, daß die Außenwelt abgeschirmt ist. Ein instruierendes Lernen oder ein Üben wird durchaus den Schonraum der Schule benötigen. Dies heißt umgekehrt nicht, daß die Chancen, die eine Öffnung zur Wirklichkeit bietet, nicht auch ergriffen werden sollten. Hier ist nämlich durchaus zu beklagen, daß bei einigen Themen ohne jede Not die mögliche Auseinandersetzung mit der Wirklichkeit eben nicht stattfindet und die Unterrichtssituation geradezu bewußt lebensfremd gehalten wird. Demzufolge wird hier die Auffassung vertreten, daß es darauf ankäme, Alltagsbezüge und Wirklichkeitsbegegnung dort herbeizuführen, wo es die Zielsetzung, die Inhalte und die Interessenlage der Schüler erlauben. Viele Möglichkeiten zur Nutzung der Lebensumwelt scheinen brachzuliegen. Jede Wirklichkeitsbegegnung wird nun schon per se besondere Unterrichtsformen notwendig machen (z.B. projektartiges Arbeiten, erkundende Hausaufgaben, Materialbeschaffung), also etwas, das ebenfalls nicht durchgängig geleistet werden kann.

In dem Augenblick, in dem einer Fragestellung, einer Problemstellung oder dem freien Nachgehen einer Interessenlage Raum gegeben wird, vollzieht sich Unterricht nicht mehr als eine Wir-tun-so-als-ob-Veranstaltung, sondern er macht Ernst, z.B. mit dem Anliegen, daß die Schüler selbst etwas über die Wirklichkeit herausfinden sollen. Eben dies ist hier mit dem „Ernstcharakter" von Unterricht gemeint. Der Lernertrag kann dabei überaus hoch sein, weil er weniger in Form eines abfragbaren Wissens vorliegt, sondern in Form einer fundamentalen Erfahrung. Ein Beispiel: Wenn Schüler im Fremdsprachenunterricht eine Briefform erlernen sollen, besteht kaum ein Grund dazu, dies in einer Form der Trockenübung zu veranstalten. Die Herstellung eines wirklichen Briefkontaktes führt plastisch vor Augen, daß bestimmte Redewendungen tatsächlich Anwendung finden, daß es Situationen gibt, in denen sich das Gelernte bewährt, daß es Menschen gibt, die das verstehen, und es wird sich eine gewisse Funktionslust einstellen. Ein anderes Beispiel: Wenn Schüler versuchen, sich im Zusammenhang mit der Thematik des Umweltschutzes und der Müllproblematik sachkundig zu machen, und dann zu dem Ergebnis gelangen, sie sollten eine Straßenaktion durchführen, bei der sie Passanten auf das leidige Plastiktütenproblem aufmerksam machen, so hat dies starke Praxisbezüge und kann sicher nur gelobt werden. Wenn dann bei der Durchführung der Aktion die von den Schülern völlig unvorhergesehene Situation eintritt, daß die Erwachsenen sich die Aktion als Zudringlichkeit verbitten und ausfallend werden, wenn sie zudem nach Regelungen zur Müllvermeidung staatlicherseits rufen, anstatt einfach selbst auf Tüten zu verzichten, wenn sie die Schüler beschimpfen, dann haben diese eine fundamentale Erfahrung gemacht. Dann haben sie tatsächlich für das Leben gelernt. Würde man nämlich die Müll-Thematik auf Arbeitsbogen und dergl. theoriebehaftet im Unterricht darstellen, erläutern, daß es einen Konflikt mit Betroffenen geben könnte usw., so würde man sich einer großen Chance berauben. Gemessen an der Wirklichkeit (hier der Begegnung von Schülern mit dem wahren Denken und Verhalten von Erwachsenen) wäre dies eine geradezu unglaubwürdige Unterrichtsalternative. In den zwei Beispielen (Brief, Müll/Plastiktüten) wird der Ernstcharakter recht deutlich.

Mit dieser Art Ernstcharakter von Unterricht hat auch zu tun, wenn im ganz konventionellen Unterricht den Schülern ohne zwingenden Grund Dinge vorgemacht werden. Dazu gehören fingierte Texte, zum Teil grotesk unglaubwürdig, aber ohne, daß alle Schüler dies bemerken würden. Ein Beispiel: In einem frei erfundenen Interview berichtet ein Besitzer einer Legebatterie über die Nachteile (!) dieses Hühnerhaltungsverfahrens (er sieht sogar die Eier als medikamentenbelastet und das Grundwasser als gefährdet an; siehe auch Legebatterie-Beispiel weiter unten).

Es kann nicht richtig sein, Schülern in einer Zeit, die sich als aufgeklärt bezeichnet, etwas vorzumachen. Dazu gehören auch andere Verdummungen, die in erstaunlicher Häufigkeit eingesetzt werden. Sie erstrecken sich auf manipulierte Berichte, erfundene Sach-Erzählungen oder gar die Verknüpfung einer frei erfundenen Geschichte mit der Lehrerperson. Der Gipfel dieser Verdummung ist allerdings in der bewußten Falschinformation zu sehen. Ein Beispiel: Weil keine geeignete Abbildung gefunden wurde, wird bewußt ein falsches Bild eingesetzt. So hatte ein Referendar in Ermangelung eines „Käferbildes" (schon dies ist unglaubwürdig) ein Bild einer Pilzmücke angeboten. Auf den Hinweis, daß dies doch falsch sei, erging die Auskunft, daß die Schüler doch beides ohnehin nicht kennen würden. Insofern sei es egal, was man wähle. Ein anderer Referendar erzählt, er hätte mit gleichem Absendedatum zwei Postkarten aus dem Harz erhalten. Der eine Schreiber teile mit, bei ihm herrsche schönster Sonnenschein, der andere, daß es bei ihm regne. Tatsächlich hat er zwei Postkarten dabei, aber die Schüler sehen sofort, daß sie fingiert sind (z.B. keine Briefmarken haben!).

Das damit zu erläuternde Phänomen der Steigungsregen und des Regenschattengebietes hätte ehrlicher mit Hilfe realer Internetdaten erkundet werden können. Ein weiterer Referendar will den Schülern weismachen, sie hätten Post von einem Professor bekommen und sollten ihm bei der Interpretation von Grabbeigaben behilflich sein.

Insgesamt scheint manche Unterrichtsanlage darauf ausgelegt zu sein, den Lehrer oder die Schüler erst einmal als künstlich dumm aufzufassen. Da kann nicht einfach eine Frage gestellt werden, sondern sie muß selbst erst umständlich entdeckt werden. Da wird nicht erläutert, wie sich etwas verhält, sondern die Frage wird lehrbuchartig aufbereitet. Anstatt dem Vorschlag der Schüler zu folgen, mit einem „Zollstock" zu arbeiten (schon der Begriff scheint unzulässig; es ist ein Metermaß, gelegentlich auch Gliedermaßstab genannt), um eine präzise Messung vornehmen zu können, sollen sie feststellen, daß das Messen mit dem Maß der Elle ungenau und unpraktikabel ist. Um Mißverständnissen vorzubeugen: Natürlich ist es legitim, im Unterricht zu erhellen, warum man heute nicht mehr mit der Elle mißt oder warum der Begriff „Zollstock" fragwürdig ist, nur ist die Art der Annäherung an die Thematik eine, die die Schüler unnötigerweise in eine künstliche Lage versetzen will. Es wurde darauf verwiesen, daß auch das entdeckende Lernen nur unter einer bestimmten Hinsicht eine „Entdeckung" erlaubt. Dem stehen die ebenfalls genannten fundamentalen Erfahrungen gegenüber. Eine davon könnte zum Beispiel sein zu erkennen, daß alles, was im Unterricht behandelt wird, in durchaus verständlichen Büchern schon nachzulesen ist. Oder daß den Schülern bewußt würde, daß sie aus gutem Grund Dinge lernen, die viele Generationen vor ihnen auch schon gelernt haben. Eine fundamentale Erkenntnis wäre es auch, würde der Schüler begriffen haben, daß er jeden – auch den gut aufbereiteten – Unterricht mit seinem vorher erworbenen Wissen dominieren könnte.

In dieses Themenfeld gehört auch die Beobachtung, daß viele Dinge im Unterricht mit Blick auf die Fachrelevanz sehr kompliziert hergeleitet werden – man denke an bestimmte mathematische Schreibweisen. Da dies den Alltagserfahrungen der Schüler oft widerspricht, die Präzision der gedanklichen Durchdringung in entsprechender Unterrichtsaufbereitung aber vorgesehen ist (vielfach vorgesehen sein muß), wird Unterricht zum Teil zu einem Prozeß des Gängelns. Ein Beispiel: Im Mathematikunterricht sollen mehrere Lösungsmöglichkeiten gefunden werden. Die Schüler finden diese tatsächlich, aber nur eine ist mathematisch korrekt darstellbar und zur ausschließlichen Weiterverwendung vorgesehen. Welchem Zweck diente dann das Suchverfahren?

Um die Künstlichkeit der Schulsituation aufzuweichen, kann der Blick stärker auf die Außenwelt der Schule gerichtet werden:

1. Wann immer eine Möglichkeit besteht, einen Realitätsbezug herzustellen, sollte sie genutzt werden. Es ist völlig überflüssig, die Schüler – in der Annahme, dies sei kindgerecht – mit den schon angesprochenen erfundenen Geschichten hinters Licht zu führen. Dies gilt auch für selbst erfundene Berichte, Zeitungsmeldungen und dergl. Dies ist deswegen so brisant, weil die Schüler einer Manipulation ausgeliefert sind. Entweder die Wirklichkeit gibt diese Dinge selbst zu erkennen, dann kann durch entsprechende Recherche auch Originalmaterial gefunden werden, oder der zu vermittelnde Umstand tritt in der Wirklichkeit viel differenzierter zutage. Dann ist dies ein Hinweis darauf, daß die Sachstruktur des Lerngegenstandes noch zu wenig für den Unterricht aufbereitet wurde. Eine Möglichkeit, die Unehrlichkeit der Situation zu vermeiden, wäre es, die erfundene Geschichte selbst zu thematisieren: „Nehmen wir an, ich träfe jemanden auf der Straße und der erzählte mir..."
2. Außenbezüge herzustellen ermöglicht auch, auf das Erfinden von Geschichten leichter verzichten zu können. Beispiel: Ein Referendar unterrichtet die Thematik der Massentierhaltung am Beispiel der Hühnerlegebatterien. Dazu erfindet er eine Geschichte auf einem Arbeitsblatt, die den Schülern vom Besuch einer (anderen!) Schulklasse in einem Legebetrieb erzählt. Dieser „Kunstgriff" ist doppelt betrüblich: Die Geschichte ist nicht wahr, und ein echtes Erlebnis haben offenbar andere Schüler gemacht, nicht aber die der betroffenen Klasse. Was hielt den Lehrer davon ab, selbst einen realen Besuch zu planen? Wahrscheinlich war es der Umstand, daß man gar nicht in den Betrieb eingelassen worden wäre, womit die Geschichte ebenfalls unglaubwürdig wäre. Es wurde schon darauf eingegangen, daß Unterricht nicht ausschließlich nach dem Prinzip der projektartigen Außenöffnung verfahren kann, aber das bedeutet auf der anderen Seite nicht, dergleichen Dinge erfinden zu müssen. Es reichte, den Schülern einfach zu sagen, um welches konkrete Problem es geht.
3. Wenn Schule ein Schonraum ist, in dem mehr oder weniger ausschließlich unterrichtet wird, so widerspricht dies dem Lebensprinzip des Wechsels von Offen-Sein und Geschlossen-Sein. Dann sollten außerschulische Lernorte verstärkt aufgesucht werden. Im Einzelfall ist dafür öfter eine organisatorische Regelung zu ermöglichen, denn als Grund für die nicht erfolgende Durchführung von außerschulischen Lerngängen wird häufig angeführt, dies ginge aus „organisatorischen Gründen" nicht. In der Regel wird das behauptet, ohne es versucht zu haben.
4. Lernorte sind ihrerseits oft didaktisch bereits aufbereitet und damit selbst der Wirklichkeit entfremdet. Wo lassen sich Möglichkeiten zur originalen Begegnung finden?

5. Wurde erwogen, einen Experten zu besuchen (nicht einen, dessen Rolle es ist, Besucher zu führen, sondern einen, der in seinem Arbeitsgebiet verblieben ist)?
6. Legt die Thematik die Befragung eines (Zeit)Zeugens nahe?
7. Fremdsprachenunterricht kann sich der Nutzung des Internets in besonderem Maße widmen.

### 6.3 Lernen und Motivation

Es ist ganz unbestritten, daß zwischen den Begriffen „Lernen" und „Motivation" ein enger Zusammenhang besteht. Gingen vormals Motivationspsychologie und Kognitionspsychologie getrennte Wege, so zog man zunehmend kognitive Konstrukte heran, um motiviertes Verhalten erklären zu können. Heute dreht sich die Diskussion vorwiegend darum, von welchen motivationalen Faktoren langanhaltende kognitive Prozesse geleitet sind. Das bedeutet auch, daß es „die Motivation" in Form einer isolierten Betrachtung nicht geben kann. Infolgedessen gehen die neuesten Arbeiten dahin, die Faktoren „Interesse", „Nutzen", „Wichtigkeit" und „Anstrengung" miteinander zu verknüpfen. Stark verkürzt könnte man vielleicht sagen, der Mensch strebt nach Sinngebung und Bedeutung, indem er zu verstehen versucht. Allerdings benötigt er dazu auch die Erfolgsaussicht.

Auch insofern es hier nicht um die Aufarbeitung der beiden Begriffe geht, sondern um deren Rolle in Planung und Durchführung von Unterricht – soweit die Praxis dies erkennen läßt –, findet sich hier kein gesondertes Kapitel zu den Begriffen. Zudem werden einige Aussagen hinsichtlich der im Unterricht zu beobachtenden Punkte bereits in anderen Kapiteln getroffen (Verstehen lehren, Öffnung von Unterricht, Unterricht vom Phänomen aus usw.).

Wie Schüler tatsächlich lernen, kann nur ansatzweise verstanden werden, eigentlich ein Kuriosum, wenn man an den Zweck von Schule denkt. Vieles vollzieht sich hier auf der Basis von Tradition, von Meinungen, von unverarbeiteten Theorien und häufig nicht streng kriteriengeleiteter Erprobung. Da es die eine gültige Lern- und Motivationstheorie nicht gibt (die Definition von Lernen läuft – ähnlich wie beim Didaktikbegriff – auf eine Aufsplitterung von Lernen in bestimmten Hinsichten hinaus), sei auf die Möglichkeit der Teillösungen verwiesen. Das heißt, in der Schule werden in den einzelnen Fächern und unter Berücksichtigung der unterschiedlichsten Lernziele die unterschiedlichsten Forderungen an die Schüler gestellt, für die schon von der Sachlage her keine einheitliche Theorie gelten kann. Schreiben lernen ist etwas anderes als zu lernen, etwas über Karl den Großen berichten zu können, und das ist etwas anderes als einen Vortrag halten zu können, und das ist etwas anderes als ein Gedicht auswendig zu lernen, und das ist etwas anderes als eine Kiste basteln zu können, und das ist etwas anderes als sich im Kreise von Leuten richtig verhalten zu können, und das ist etwas anderes als Werte zu verinnerlichen, und das ist etwas anderes als eine Sprache zu erlernen, und das ist etwas anderes als mit dem Computer Hyperlinks herstellen zu können, und das ist etwas anderes als am Reck eine Rolle machen zu können, und das ist etwas anderes als eine Geschichte zu erfinden, und das ist etwas anderes als Theaterspielen zu können usw. Und dann gibt es noch das metakognitive Lernen....

In diesem Konzert haben auch die alten Lerntheorien ihren Stellenwert. Zumal eine Integration von Lernpsychologie (Lernexperimente), pädagogischem Lernbegriff (Lernen als Bildung einer Persönlichkeit) und Neurophysiologie (hirnphysiologische Experimente) noch aussteht, kann für den jeweils geforderten Lerninhalt aus der Fülle der Möglichkeiten das nachvollziehbar Passendste herausgesucht werden. So bieten sich zum Lernen von Textinhalten diverse Vorgehensweisen an, die aber auch nicht alle auf alle Textarten passen. Es fällt auf, daß fast alle Beispiele, an denen Lernformen expliziert werden, sehr sektorhaft und reduziert sind. Wenn z.B. vom Chunking die Rede ist (Einteilung diffusen Materials in sinnreiche Übersichten), so werden Zahlenbeispiele geliefert, die in dieser Form in der Schule gar nicht vorkommen, oder wenn die Ergebnisse von Lernversuchen vorgestellt werden, so beziehen sich diese auf einen bestimmten Versuch, sind aber in der Regel schwerlich auf Unterricht zu übertragen.

Die pädagogischen Lerntheorien stehen hier allerdings in besonderem Verdacht, Dinge vorzugaukeln, die keine empirische Entsprechung haben, z.B. daß man am besten lernen würde, wenn man die Dinge tut. Man denke dabei nur an die sog. naturwissenschaftlichen Experimente. In vielen Fällen lockern sie zwar die Stunde auf, können durchaus das Gemeinte verdeutlichen, sind beliebt, gehören gar zum Standardrepertoire und werden für unersetzlich gehalten, doch stellt sich die Frage, ob, was und mit welcher Reichweite dabei gelernt wurde.

Es bleibt die Frage, ob ein Schüler aus dem vorgegebenen Material und mit Hilfe der eingesetzten Methode oder des Lernarrangements tatsächlich das lernt, was der Lehrer sich vorstellt. Dies hängt neben vielen anderen Faktoren aber auch ganz wesentlich von der Motivation ab. Diese kann nicht einfach erzeugt werden, sondern es können nur die besten Bedingungen geschaffen werden, damit motiviertes Lernen in Gang kommen kann. Zudem ist beim Motivationsbegriff eine ähnliche Situation wie beim Lernbegriff vorzufinden: Wird über die Motivation, den nächsten Test zu bestehen, gesprochen, oder über die Motivation, das Abitur anzustreben, oder über die Motivation, sich mit Sachinhalten des gegenwärtigen Unterrichts auseinanderzusetzen? In der Schule käme es sicher weniger darauf an, daß sich jemand für die Prozentrechnung motivieren ließe, sondern darauf, eine langanhaltende optimistische Erfolgsaussicht aufzubauen. Welch weiter Bogen hier zu spannen wäre, zeigt der Inhalt einer Äußerung eines Referendars im Geschichtsunterricht. Er stellte den Schülern gegenüber sinngemäß fest: Als Napoleon schon zur Militärakademie ging, war er so alt wie Kinder heute, deren Interesse sich vornehmlich auf die Kleidung richtet und deren wichtiges Thema es ist, über andere mit abweichender Kleidung zu lachen. Warum also haben Schüler vielfach keine Motivation zur stringenten Zielerreichung?

In dieser unübersichtlichen Gemengelage (auch zwischen Interesse und Motivation bestehen Unterschiede) ist es überaus schwierig, auf problematische Stellen des Unterrichts aufmerksam zu machen, weil sich in der Motivation und dem Lernen an sich alle Kennlinien von Zielsetzung, Inhalt, Sinn- und Bedeutungsgebung, Sinn von Schule, Leistungsvermögen, Wollen, Stimmung, Lernkontrolle, Stundenanlage usw. treffen. Darin ist der Grund für eine gewisse Aufsplitterung der folgenden Punkte zu sehen. Dies ist auch der Grund dafür, warum die folgenden Punkte nicht zwischen Lernen, Lernprozeß und Gedächtnis trennen. Vieles sind Hinweise auf Lernmethoden, Lernanlässe oder ähnliche Aspektierungen des Lernbegriffes.

Häufig stellt sich die Frage, was die Schüler im Unterricht eigentlich gelernt haben. Oft liegt die Vermutung nahe, daß die Schüler das nämliche Ergebnis auch ohne diesen Unterricht zustande gebracht hätten. Dies könnte man vielleicht sogar zu einer didaktischen Hauptfrage bei der Planung von Unterricht werden lassen: Welches Ergebnis erhielte man vermutlich, wenn man das geplante Ergebnis am Beginn der Stunde von den Schülern einfordern würde? Dies bezieht sich auch auf die Methodenfrage: Welch anderes Ergebnis erhielte man vermutlich, wenn man z.B. nicht das Wichtigste aus einem Text exzerpieren, den Partnern berichten lassen und zuletzt einige Schüler vortragen ließe, sondern – in geordneter Weise – die Schüler sogleich von dem gelesenen Text berichten lassen würde bzw. auf die Erschließungsfragen eingehen würde?

1. Wird in der Planung die erste Phase in ihrer Funktion mit „Motivation" gekennzeichnet? Inwiefern ist dies nur eine übliche Etikettierung, die in der gesamten Anlage der Einstiegsphase gar keine Entsprechung findet? Mitunter finden sich hier kontraproduktive Einträge, wie „Wiederholung" oder „Bekanntgabe des Stundenthemas".
2. Eine Motivation wäre ganz sicher am Ende einer Stunde aufzubauen, damit eine gewisse Spannung auf das Kommende genutzt werden kann.
3. Kann dem Unterricht eine Dramaturgie verliehen werden, die den Schülern verdeutlicht, wie man sich tatsächlich einer Erkenntnis nähert? Dazu gehörte, die Ausgangsfrage deutlich herauszuarbeiten und das Ziel fest zu umreißen. Es kann auch sehr hilfreich sein, die Denkprozesse zu verbalisieren.
4. Gibt es die Möglichkeit, den Unterricht attraktiv zu gestalten, indem besondere Inhaltsaspekte fokussiert werden, besondere Medien zur Geltung kommen, ausgefallene Übungsformen eingesetzt oder außergewöhnliche Lernorte aufgesucht werden?

5. Es besteht die Möglichkeit, dem Schüler verbal zu verdeutlichen, daß man seine schwierige Lage durchaus versteht. Er soll sich zu jeder Zeit für jeden Inhalt in jedem Fach interessieren. Durch das Sprechen darüber, warum gewisse Dinge dennoch notwendig sind, mag bei ihm – wenn schon nicht Freude – so doch eine Einsicht in das Erforderliche angebahnt werden.
6. Wenn Unterricht eine Fülle von verschiedenen Lernanforderungen stellt, so erscheint es hilfreich, auf spezifische Anforderungen mit der passendsten Lernmethode zu reagieren. Dazu durchforste man neuere Psychologiebücher und erstelle eine Liste der möglichen Lernformen.
7. Über welchen Themenaspekt läßt sich der Gegenstand besonders gut mit einem Bedeutungsgehalt für die Schüler versehen? Beispiel: Eine Tabelle bleibt vermutlich dann in psychologischer Distanz, wenn unklar ist, ob die Zahlen auch etwas für den Lerner persönlich bedeuten. Ein Beispiel: Eine Tabelle mit Wasserkennwerten zur Wassergüte, die durchschnittliche Landeswerte zeigen, erregt weniger Interesse als eine solche mit den wirklichen Werten der Heimatgemeinden.
8. Welche äußeren Bedingungen herrschen, um einen störungsfreien Aneignungsprozeß zu gewährleisten? Es ist z.B. völlig verfehlt, bei hochemotionalisierten Schülern die Aufmerksamkeit auf das Lernen lenken zu wollen, wenn der Auslöser für die Aufregung Überdauerungscharakter hat (z.B. vermeintlich ungerechte Behandlung durch eine Lehrkraft, persönliche heftige Auseinandersetzungen der Schüler untereinander, kriminelle Vorfälle).
9. Konnten die Schüler bei gleichrangigen Möglichkeiten selbst wählen (Inhalte, Methoden)? Dem wäre der Vorzug gegenüber der gelenkten Verteilung und Bestimmung zu geben.
10. An welchen Stellen des Unterrichts läßt sich ein Wettbewerbscharakter nutzbar machen, ohne befürchten zu müssen, daß Einzelschüler negativ ins Blickfeld geraten (kein Kompromittieren von Verlierern).
11. Wurden Möglichkeiten der originalen Begegnung geprüft?
12. Wurde den Schülern verdeutlicht, daß sie für ihre Ergebnisse persönlich verantwortlich sind?
13. Konnten umfassendere Motive erschlossen werden (z.B. anstatt einer Plakatanfertigung eine weiterreichendere Präsentation, anstatt einer klasseninternen Gedichtsammlung ein Verkauf von Gedichtheftchen in umliegenden Geschäften)?
14. Als besonders hilfreich (aber natürlich nicht immer und unter allen Umständen) haben sich Fallschilderungen echter Begebenheiten erwiesen (z.B. Dilemmata-Diskussionen). Dahinter steht die Ansicht, persönliche Zugänge aus der Sicht von Schülern könnten eher zum Ziel führen als die schlichte Vorstellung einer Sachproblematik. Es ist indes durchaus nicht sicher, daß nicht auch ein authentischer Fall empathielos aus der Distanz belacht wird.

15. Es lassen sich Fälle nutzen, in denen die Schüler Erwartungen über zukünftige Ereignisse diskutieren sollen – besonders dann, wenn sie davon selbst betroffen sein könnten (z.b. Baumaßnahmen, Berufsbildungsmaßnahmen, Sozialkonflikte).
16. Hinweise zur Motivation in der Planung, die sich mit den Begriffen „extrinsisch" und „intrinsisch" befassen, stehen zumindest in der Gefahr, eine klischeehafte, das heißt weniger differenzierte Begründung für unterrichtliche Entscheidungsprozesse zu liefern. Dies liegt daran, daß die Unterscheidung der beiden gemeinten Sachverhalte in der Regel nicht eindeutig ist.
17. Unterrichtsformen, in denen die Schüler nicht nur rezeptiv folgen sollen, dürften auch ein stärkeres Engagement der Schüler hervorrufen. Dazu zählen Formen, die auf Mitbestimmung, Ernstcharakter von Unterricht oder Öffnung von Unterricht zielen. Infolgedessen kann es auch nicht verkehrt sein, mit den Schülern über das Lernen an sich und ihr eigenes Lernen im besonderen zu sprechen (z.B.: Wie geht jemand an eine Aufgabenstellung heran, warum gibt er einer Methode den Vorzug, warum hat er immer wieder Schwierigkeiten mit bestimmten Aufgabentypen, warum findet er „Physik" so schwer?).
18. Nach dem Absinken der Aufmerksamkeit, die sich leicht nach etwa dem zweiten Drittel der vorgesehenen Unterrichtszeit beobachten läßt, kann versucht werden, diese wieder mit Hilfe provokanter Sachfragen herzustellen. „Wir haben festgestellt, daß.... Das kann doch gar nicht stimmen, denn...")
19. „Das Lernen zu lernen" findet sich in den Planungen relativ häufig. Hier ist darauf zu achten, daß dies nicht nur ein schönes Schlagwort bleibt; anderenfalls kann es entfallen.

## 6.4 Offenere Unterrichtsformen – Wege aus der Lehrerzentrierung

Die schillernden Begriffe „offener Unterricht" und „Öffnung von Unterricht" können im Detail zu allerlei Mißverständnissen führen, wenngleich die Auffassungen darüber, worum es sich dabei handelt, im Kern eine recht große Übereinstimmung aufweisen. Die didaktische Literatur stellt sehr viele, unübersehbar viele, neue Ideen zur Modernisierung von Unterricht zur Verfügung. Betrachtet man dem gegenüber die Unterrichtsentwürfe der Referendare, so finden sich viele Dinge davon nur in Ansätzen. Zur Erklärung können mehrere Umstände herangezogen werden, u.a. eine traditionelle Ausbildung, die naturgemäß mit erheblichem Beharrungsvermögen ausgestattet ist. Andererseits ist es interessant, daß sich bei der Internetrecherche eine Unzahl von Unterrichtsentwürfen findet (zum Stichwort „Unterrichtsentwurf" bei Google z.B. 298.000 Einträge), die auch Prüfungsentwürfe umfassen, und die sich in erster Linie als von ganz konventioneller Art erweisen. In der Praxis kann dann durchaus das Problem auftreten, daß ganz „Modernes" in konventionelle Strukturen eingebaut wird und damit eine Schieflage eintreten kann. Beispiel: Alte Lernzielbeschreibungen passen nicht unbedingt zum entdeckenden Lernen. Oder: Differenzierung und Förderung ist in der konventionellen 45-Minuten-Stunde nur bedingt umsetzbar (weshalb viele Schulen hier ganz andere pädagogische Konzepte entwickelt haben). Oder: Es gehen kommentarlos verschiedene Schultheorien in die Planungen ein, z.B. die von der Bewahranstalt bei gleichzeitiger Forderung nach Öffnung. Insbesondere werden gängige Formeln bemüht, die bei einer genaueren Prüfung von ihrem Glanz verlieren, z.B. „verbundener Sprachunterricht" oder „Lernen mit Kopf, Herz und Hand", bei dem per se davon ausgegangen wird, daß es eine zwangsläufige Kette von den Sinnen zum Sinn gäbe. Oder: Lernen unter Berücksichtigung der Lernertypen bei gleichzeitiger Forderung nach „ganzheitlichem Lernen". Man verdeutliche sich: Auf keinem Wissensgebiet, also auch nicht im Unterrichts- und Schulbereich, können alle Theorien gleichzeitig zum Zuge kommen, erklären alle alles. Nicht zuletzt ist der unkritische Einsatz bzw. das Bezugnehmen auf bestimmte Theorien zu beklagen, die offenbar schon durch ihre Nennung als „gut" erkannt werden (z.B. Handlungsorientierung als Garant für den Aufbau kognitiver Netze), aber einer theoretischen Prüfung kaum standhalten dürften. Es finden sich schönklingende Thesen, die sich bei genauer Betrachtung zumindest als fragwürdig erweisen. Sie sind oft mit weiteren unscharfen Begriffen, wie z.B. dem der Selbstbestimmung, verbunden. Sie beschreiben Prinzipien, werden aber wie selbstverständlich als Lerninhalte verstanden.

Es muß darauf verwiesen werden, daß es geeignete Ziele, Themen, Zeiten und Bedingungen gibt, in denen Öffnungsbestrebungen vorrangig zum Tragen kommen können als in anderen Fällen. Der generell dahinter stehenden Idee, die Schüler würden aus freien Stücken kreativ und selbstgesteuert zu Erkenntnissen kommen, steht in der Praxis aber vielfach ein eher enttäuschendes Resultat gegenüber. Allerdings unterliegt die Einschätzung des Erfolges – je nach Vorstellung über das Wünschenswerte – in diesen Fällen einer besonderen Schwankung, so daß vorformuliert werden müßte, welche Erwartungen man an solche Verfahren hat.

Ähnlich wie für die Ziele gilt hier, daß man die Öffnung – da sie ein Prinzip darstellt – unter verschiedenen Hinsichten betrachten kann. So ändern sich die Arbeitsformen, die Lehrerrolle, die Form der Ergebnisdarstellung oder auch die Organisationsformen. Öffnung läßt sich auch als eine Art der Differenzierung auffassen. Unterricht bedeutet doch zur Zeit noch, daß alle zur gleichen Zeit mehr oder weniger das Gleiche tun. Da die lernenden Schüler aber nicht unbedingt auf diesen Gleichklang ausgerichtet sind, wird hier ein Aufbrechen, ein Flexibilisieren, eine Variabilität angestrebt. Veränderte Formen verlangen selbstverständlich, daß sich auch die anderen Bezüge verändern. Eine 45-

Minuten-Stunde, die in vielen Fällen nach wie vor die Organisationsform schlechthin ist, wird in anderen Fällen zugunsten größerer Zeiteinheiten, die ein vielfältigeres Herangehen an die Aufgaben ermöglichen, aufgelöst. Das Problem des Lernens an sich, das der Stoffauswahl, der Zielstellung und vieler weiterer Fragen des Unterrichts ist damit jedoch nicht unbedingt gelöst.

Der Grund dafür, hier ein kurze Betrachtung zu dieser Thematik anzustellen, ist die Beobachtung, daß oft auch dort, wo es in der Sache ganz unnötig ist, eine gewisse Gängelung der Schüler stattfindet, die mit einer Lehrerzentrierung des Unterrichts einhergeht. An solchen Stellen ist zu erwägen, den Unterricht zu öffnen. Dies allerdings wohlverstanden nicht einfach als prinzipielle Ablösung konventionellen Unterrichts, sondern als Mittel der Wahl hinsichtlich bestimmter Zielvorstellungen. So werden natürlich auch bisher schon traditionellere Formen von offeneren abgelöst. Dann führte der Weg der Öffnung vom starren Lehrer-Schüler-Wechselgespräch, vom arbeitsgleichen frontalen Vormachen und Instruieren über Gruppenunterricht zum Projekt und zur Freiarbeit, begleitet von weiteren schülerzentrierten methodischen Kleinformen und dem Versuch, mehr Verantwortung für das Lernen auf die Schüler selbst zu verlagern. Ähnlich wie bei den Lernzielen, kann Öffnung und Flexibilisierung von Unterricht auf einer Skala näher bestimmt werden (von links „frontaler Lehrervortrag" nach rechts „selbstbestimmtes Lernen"):

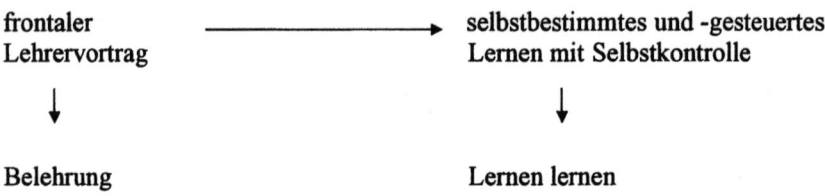

Für die Grobformen mache man sich allerdings klar, daß sie rein theoretisch unterschiedlichen Sichtweisen zuzuordnen sind. Ein Training des Auswendiglernens steht z.B. in einer anderen Tradition als problemlösendes Denken. Wenn im folgenden Öffnungstendenzen angesprochen werden, so nicht hinsichtlich des Einsatzes und der Begründung grundsätzlicher Möglichkeiten (also z.B. frontales Unterrichtsgespräch versus Freiarbeit), sondern es geht um die Frage, was innerhalb einzelner Entscheidungen berücksichtigt und bedacht werden kann, um einerseits den Schülern sinnvolle Lern- und Entscheidungsspielräume zu eröffnen, sie aber andererseits in einem unverzichtbaren Maße anzuleiten. Es geht nicht um das Ersetzen einer Form durch eine andere, sondern um die Entscheidung, was, wann, unter welchen Bedingungen das günstigste Lernergebnis erbringen wird. Betrachtet man die Möglichkeiten zur Umsetzung der Forderungen zur Öffnung von Unterricht, so wird man feststellen, daß es vor allem, aber nicht nur, um methodische Fragen geht, wenngleich Öffnung selbst keine Methode ist.

Wenn moderner Unterricht heute weitgehend gekennzeichnet ist durch selbstgesteuertes Lernen, durch Differenzierung und Förderung, durch Entdecken, Erproben und Kommunizieren, durch Berücksichtigung moderner Erkenntnisse der Lernpsychologie, durch Einsatz von Methodentraining, durch Einsatz elektronischer Medien, durch eine veränderte Lehrerrolle (Moderator, Organisator), durch Berücksichtigung von Lerntypen, durch Werkstattcharakter, durch Selbstkontrolle usw. sowie durch die dafür in Frage kommenden Hauptmethoden und -prinzipien (z.B. Handlungs- und Produktionsorientierung), so bleibt doch kritisch zu fragen, was die einzelnen Bestandteile zu leisten vermögen und wo ihre Grenzen liegen, in welchen Widersprüchen sie untereinander stehen, an welchen Stellen sie oft mißverstanden werden und wie sie sich zu anderen Forderungen an den Unterricht verhalten. Insbesondere ist danach zu fragen, ob diese Elemente das befördern, was befördert werden sollte, oder ob sie etwas transportieren, das gar nicht in der ursprünglichen Absicht lag. In einem Kinderbuch über die Einschulung sieht man z.B. Kinder in freudiger Erwartung des ersten Lernens in der Schule. Anstatt aber mit dem Lernen zu beginnen, malen die Schüler erst einmal ein Bild, tun also das, was sie zuvor auch schon taten. Natürlich kann das Malen eines Bildes hilfreich sein, aber nur, wenn eine die Fähigkeit erweiternde Anleitung hinzutritt. Wenn Bilder von Kindern „von allein" besser werden, so ist das der Reifung zuzuschreiben, weniger dem Lernen. Ein anderes Beispiel für das Verspielen von Möglichkeiten: Für den ersten Religionsunterricht glaubten die Kinder, etwas von Gott, Jesus oder der Kirche zu hören. Stattdessen bastelten sie eine Kiste, in die Federn geklebt wurden.

Es scheint sich bei der Einführung moderner Unterrichtsformen insgesamt um eine Entfernung von den Inhalten und eine Betonung der Methoden einzustellen. War man früher ergebnisorientiert, so steht heute die Prozeßorientierung stärker im Vordergrund. Es ist darauf zu achten, daß zwischen den Polen eine Balance hergestellt wird, sind es doch die zwei Seiten einer Medaille (Inhalt und Methode). Zwischen ihnen vermittelt die Thematik der Sinngebung. In diesem Sinne modern ist, was inhaltlich einen Bezug zum Schüler herstellen kann, was die Dinge in seinen Denkhorizont stellt, was ihm zeigt, in welchen Zusammenhängen auch er von einer Thematik betroffen ist. Insofern müßte eine Reihe von Unterrichtsthemen nicht einmal durch andere Inhalte abgelöst, sondern mit anderem Schwerpunkt versehen werden. Es ist beispielsweise nicht unbedingt sinnvoll, Fakten zur Zerstörung des Tropenwaldes zu vermitteln, wenn es nicht gelingt zu zeigen, welche Stellung der Schüler zum Thema hat („alt" wäre: Tonnage des Holzeinschlages; „modern": Gibt es Tropenhölzer in deinem Baumarkt, sind sie gekennzeichnet, tragen sie Gütesiegel, was sagt die Firmenleitung dazu?). Eine zweite Vermittlung zwischen traditionellem und modernem Ansatz kann die fächerübergreifende Betrachtung sein. Dabei ist darauf zu achten, daß die Zugänge zur jeweiligen Thematik nicht nur eine Sammlung höchst spezialfachgebundener Einzelthemen darstellen (Fächerübergreifendes aufgrund des Zusammentragens von Einzeldisziplinen), sondern daß ein Thema in seinen fachübergreifenden Strukturen geklärt wird. Ein Beispiel: Es ist nicht fächerübergreifend, wenn die Thematik „Klimaveränderung" von meteorologischer, ökologischer oder historischer oder industriepolitischer Seite – praktisch in jeweiligen Einzelstunden – unterrichtet wird, sondern wenn – ausgehend von einer Hauptfrage – einem Gedankengang nachgegangen wird, wobei auf diesem Weg Einzelfragen der unterschiedlichsten Bezugsquellen zu klären wären. Im vorliegenden Beispiel etwa wäre es die Frage, wie es zu einer „Wärmeansammlung" kommen kann. Dann kann auf physikalischer Ebene geklärt werden, wie Energieströme verlaufen, und aus meteorologischer Sicht kann der Transport geklärt werden usw. Man mache sich aber bewußt, daß im letzten Kern, also bei der Aufarbeitung derjenigen Details an der fachlichen Basis der Aspekte, die Fachgrenzen rein theoretisch wieder auftauchen müssen. Deshalb muß man schon vorab nach Themenbereichen suchen, die sich in besonderem Maße für das Fächerübergreifende (und das Fächerverbindende) eignen, z.B. Probleme des Einsatzes von Energiesparmöglichkeiten, Müllproblematik oder politische Themen.

Vielleicht ist bereits die Frage nach „modernem" Unterricht möglicherweise falsch gestellt und nicht beantwortbar, denn der Begriff bezieht sich auf Inhalte und Ziele i.e.S. ebenso wie auf allgemeine Bildungsziele, Methoden, Medien und pädagogische Strömungen, mitunter auch nur auf Modeerscheinungen. Andererseits dürfte es eine Binsenweisheit sein, daß funktionierende traditionelle Formen ihren Wert weiterhin besitzen. Die Frage ist nicht, ob schlecht funktionierender Frontalunterricht durch gut funktionierende Lernbuffet-Arbeit abgelöst werden könnte, sondern wie die Formen paßgenau in das Beziehungsgeflecht von Absichten und Möglichkeiten einzubauen sind, also was das Mittel der Wahl unter den jeweiligen Bedingungen ist bzw. wie das schlecht Funktionierende funktionsfähig zu machen wäre (anstatt es einfach durch etwas anderes zu ersetzen). Unter Beachtung dieser Maßgaben kann dann auch eine Ergebnisoffenheit von Unterricht „geplant" werden, wobei es dann darauf ankommt, mit den offenen Ergebnissen weiterzuarbeiten, um nicht im Sinne von Beliebigkeit ein offenes Ende zu erhalten. So läßt sich insbesondere auch im naturwissenschaftlichen Unterricht ergebnisoffen experimentieren. Öffnung kann auch einfach heißen, an Stellen, an denen es möglich und funktionell ist, alte Muster aufzubrechen, und zu Erprobungen bereit zu sein. So wäre es sicher bereits möglich, es einmal mit der Haltung im Unterricht zu erproben, daß nicht der Lehrer etwas sagt, sondern daß die Schüler den Lehrer etwas fragen. Gemeint ist selbstverständlich eine echte Frage.

Die sog. neuen Medien bzw. ihr Einsatz und ihre Nutzung gehören gewiß ebenso zur Modernisierung von Unterricht, doch haben sie sich thematisch verselbständigt. Dies reicht von der Frage nach dem Sinn bis zu der der Handhabung und der Kosten. Die Sinnfrage ist zuallererst zu beantworten. Es ist ein Fall bekannt, in denen Schüler per Internet „alles über einen Autoren" herausgesucht haben, ohne damit an die Literatur desjenigen herangeführt worden zu sein (man kennt den Autor, hat aber nichts von ihm gelesen). Das Informationsproblem dürfte heute im Überangebot bestehen und nicht in der Frage, wie man sich Informationen beschaffen könnte.

Zu veränderten Formen hat auch die Integration lernbehinderter Schüler i.w.S. geführt, und dies wird sich in Zukunft noch weiter verstärken. Hier sind es in erster Linie Fragen der Differenzierung, die für die Problemlösungen in Frage kommen, sodann Fragen der Schulorganisation und -ausstattung.

Im Rahmen von Maßnahmen zu einer Öffnung, Schülerorientierung und dem Zurückdrängen der Lehrerzentrierung kann auf folgende Punkte geachtet werden:

1. Nach Arbeitsphasen, die häufig genug sogar durch Arbeitsblätter mit Aufgabenstellung gesteuert sind, ist es völlig unnötig, in kleinschrittiger und jeden Gedankengang unterbrechender, lehrermoderierender Form die Ergebnisse der Schüler zu kommentieren, richtigzustellen, auf vorgefertigten Folien zusammenhanglos einzutragen zu lassen oder die Schüler nicht aussprechen zu lassen. Sie können ihr Ergebnis gut selbst darstellen und sollten dazu eher ermutigt, aber nicht gegängelt werden.
2. Bei Lernbuffet-Arbeit taucht oft die Frage nach dem Fundamentum und dem Additum auf (z.B. Arbeitsblatt x muß jeder bearbeiten, Angebote y, z können hinzutreten). Hier ist darauf zu achten, daß der Begriff „Lernbuffet" nicht zu einem Etikettenschwindel führt, und sich dahinter lediglich eine vorbestimmte Abfolge von ohnehin durchzuführenden Arbeiten verbirgt. Im unattraktivsten Fall wäre dies eine Menge von Arbeitsblättern.
3. Beim Stationenlernen kann auf zweierlei Dinge geachtet werden: Bereitstellung verschiedener Inhaltsaspekte (nicht nur ein Teilthema mit verschiedenen Zugängen) und Ermöglichung verschiedener Zugangsweisen (nicht mehrere Teilthemen mit der gleichen Bearbeitungsform).
4. Welche Aufgabenformen, welche Medien und Materialien werden an den Stationen bereitgestellt? Erweist sich das Angebot auch hier lediglich als eine Abfolge von Arbeitsblättern?
5. Es besteht bei Stationenlernen und Lernbuffet-Angebot die Problematik, daß die Schüler zwar frei wählen können, daß damit aber auch verbunden sein kann, daß sie das wählen, was sie schon besonders gut können, im strengen Sinne also praktisch nichts Neues dazulernen.

6. Jede Maßnahme, die den Unterricht auf der oben genannten Skala (S. 128) nach rechts zum selbstbestimmten Lernen verschiebt, kann nicht einfach an die Schüler herangetragen werden, sondern bedarf der aufbauenden Entwicklung, die ihrerseits von eher engen, gelenkten und kleinschrittigen Unterrichtsformen ausgeht. Beispiel: Gruppenarbeit muß sorgfältig eingeführt werden. Es reicht nicht, die Schüler in Gruppen zu setzen und dann „Gruppenarbeit" zu verlangen. Diese muß vielmehr behutsam eingeführt und entwickelt werden.
7. Bei modernen Unterrichtsformen stehen methodische Entscheidungen oft stärker im Blickpunkt des Interesses. Hier ist in jedem Fall die Leistungsfähigkeit der Methode zu befragen, wenn es um das Verstehen geht. Beispiel: Wenn ein lyrischer Text bearbeitet wird und die Schüler z.B. eigene Schlußszenen schreiben, ein Drehbuch erdenken, Überschriften finden, Comics gestalten oder Leitfragen beantworten sollen, so wird der Auftrag in der Regel zwar bearbeitet, doch stellt sich die Frage nach dem Verstehen. Inwieweit ist es möglich, mit der gewählten Methode an den Kern des Inhalts zu gelangen? Für eine Geschichte einen neuen Schluß zu erfinden, hat mit der Erfassung des Inhalts nur bedingt zu tun. Wenn dann alle Möglichkeiten zugelassen sind und gleichgewichtig als gut und richtig kommentiert werden, so zeigt die Unterrichtsrealität häufig, daß in der Sache kein Fortschritt an Erkenntnis gewonnen wurde, außer daß alle etwas anderes gefunden haben.
8. Je offener die Unterrichtsformen werden, desto geringer wird die Kontrollmöglichkeit darüber, was ein Einzelschüler tut. Das Öffnungsprinzip findet dort seine Grenzen, wo offensichtlich wertvolle Lernzeit verschenkt wird. Beispiele: Bei einer Lernstation zum Thema „Getreide und Brot" malt ein Schüler eine ganze Stunde lang ein Mandala aus. Bei der Einführung eines Buchstabens klebt ein Schüler eine Stunde lang Buntpapier auf die Linienführung des neuen Buchstabens. Dies waren keine Zufälle, sondern das Arbeitsangebot und die Aufgabenstellung hatten diese Arbeiten prinzipiell zugelassen.
9. Handlungsorientierung bedeutet bekanntermaßen nicht, daß jemand irgendwie etwas tut (in diesem Sinne handelte jeder unablässig), einen Arbeitsbogen ausfüllt oder eine Schachtel klebt. Handlungsorientierung als Prinzip kann verstanden werden unter den Bedingungen der tatsächlichen inneren Auseinandersetzung mit einer Sache, was äußerlich in der Form von Handlungen sichtbar werden kann. Diese Auseinandersetzung kann ein Handeln auf verschiedenen Ebenen sein (dann auch auf der Bastelebene selbst). Sie stellt sich dort ein, wo aus der abstrakten, theoretischen, für den Schüler bedeutungslosen Begegnung mit einem Gegenstand ein planvolles Herangehen in Richtung einer Problemlösung wird. Dies umfaßt dann in der Regel mehr als beispielsweise nur einen Text zu lesen, sondern bewirkt

etwa das Zulassen weiterer Suchvorgänge zum Vergleichen, zum Wiederfinden in der Realität usw. Es geht um das konkrete Erfahrbarmachen. Ein Beispiel: Wenn das Thema „Papier" Unterrichtsgegenstand ist, so kann man über die Papierherstellung etwas lesen oder Papier selbst herstellen. Letzteres wird in der Regel als handlungsorientiert beschrieben. Im vorliegenden Fall wird damit aber nur ein Teil des Begriffes abgedeckt, weil etwa die Anleitung zur Papierherstellung lediglich einer Art Experimentanleitung gleichkommt. Es müßten hier Aspekte des Selbst-Ausprobierens hinzutreten (z.b. Erprobung verschiedener Mischungen, Methoden, Zusätze usw.). Letztlich ginge es natürlich auch darum, die Papierherstellung in der Wirklichkeit zu erfassen. Für die Planungen ist zu beachten, ob der Einsatz des Begriffes der Handlungsorientierung tatsächlich angebracht ist, denn er zielt auf die Erfassung der Wirklichkeit, auf eine verständige Auseinandersetzung, auf ein eigenes Erkenntnisergebnis.

10. Handlungsorientierung führt häufig zu Handlungsprodukten (z.B. in Form von Wandzeitungen, Rollenspielen, Hörspielen, Gedichten, Flugblättern, Collagen und dergl.). Dies ist selbstverständlich vertretbar, doch beantworte man sich die Frage, was ein einzelner Schüler zu diesem Produkt beiträgt und ob das Produkt eventuell nur Alibi-Charakter hinsichtlich der Einschätzung des Lernerfolgs besitzt. Sodann wäre noch die Frage zu beantworten, ob das Produkt weiter genutzt werden kann. Wer z.B. liest im Ernst eine Wandzeitung in der Klasse? Ein Flugblatt ist ursprünglich etwas anderes als ein Textentwurf zu einem Flugblatt; niemand erhält dieses „Flugblatt", und es fliegt auch nicht (Warum eigentlich nicht?).

11. Die sog. Schülerorientierung (ein ziemlich merkwürdiger Begriff) ist ebenfalls mit der Öffnung und Modernisierung von Unterricht verknüpft. Wichtig wäre es, darunter auch zu verstehen, daß Schüler viel häufiger als oft vermutet, selbst im Unterricht arbeiten, sprechen, erproben und dergl. mehr können. Es bietet sich an, das häufig zu findende Unterrichtsgespräch (das vielfach alles andere ist, nur kein „Gespräch"), in Aufgabenstellungen zu verwandeln. Beispiel: Anstatt eines Unterrichtsgespräches über ein projiziertes Bild kann die Aufgabenstellung auch lauten: Welche Struktur ist auf dem Bild zu erkennen? In welchem Zusammenhang steht das Bild mit dem Ergebnis des letzten Unterrichtsganges? Sind ähnliche Strukturen aus anderen Erfahrungsfeldern bekannt? Woher? Dann wäre auch jeder Schüler in die Pflicht genommen, selbst Gedankengänge zu entwickeln.

12. Bei moderneren Unterrichtsformen ist die Lehrerrolle verwandelt. Der Lehrer erfindet das Lernarrangement, berät, moderiert und regt an. Je stärker dies Eingang in die Unterrichtsplanungen findet, desto inhalts- und bedeutungsschwerer wird das, was nun der Schülerrolle zugeschrieben wird. Man achte aber darauf, daß der Unterricht in der Sache nicht unbedingt erfolgreicher wird, je mehr allgemeine Kompetenzen, Verantwortung, kooperati-

ves Lernen, Kreativität, Motivation, Teamfähigkeit oder Selbstbestimmung den Schülern auf dem Papier zugeschrieben wird. Diese Begriffe sind besonders zu befragen. Oft kann man in den Unterrichtsentwürfen z.b. lesen, daß stärkere Schüler den schwächeren helfen könnten oder würden. Eine genaue Beobachtung der Praxis zeigt anderes. Es ist modern, diese Begrifflichkeit einzubringen, leider zu oft, ohne über die Schärfen nachzudenken. Ein Beispiel. Unter Teamfähigkeit wird oft das soziale Miteinander in der jeweiligen Gruppe verstanden. Übersehen wird oft, daß die Teamfähigkeit nur Sinn macht, wenn der einzelne inhaltlich etwas anzubieten hat. In der Wirklichkeit besteht ein Team aus Höchstspezialisierten, also etwas, das die Schule gar nicht anstrebt. Ein Team wird personell über einen Inhalt und ein Ziel verbunden. Dann müssen die sozialen Regeln hinzutreten.

13. Das Einbringen einer gewissen Methodenvariabilität zählt sicher ebenfalls zu den Modernisierungsbestrebungen. Abgesehen davon, daß hier durch allerlei Worterfindungen („Tafelkino") Altes in neuem Gewand daherkommt, werden tatsächlich oft nur wenige der prinzipiellen Möglichkeiten ausgeschöpft. Dabei ist auf folgendes zu achten: a) Die Methoden müssen zu Inhalten und Zielen paßgenau sein; sie dürfen nicht genommen werden, um sie „auch mal" eingesetzt zu haben. b) Die Wahl der Methoden darf nicht mit Methodenwechsel innerhalb des Unterrichtsverlaufes verwechselt werden. c) Die Leistungsfähigkeit jeder Methode ist zu befragen.

14. Mit allen Sinnen zu lernen, ist in der Sache zumindest sicher nicht falsch, allzuoft aber nur ein Schlagwort. Mitunter wird es auch mißverstanden als plumpe manuelle Arbeit. „Hand" kann nämlich auch interpretiert werden als menschliches Handeln, das Herz als menschlicher Glaube. Die Quelle dafür ist wohl in erster Linie Pestalozzis „Wie Gertrud ihre Kinder lehrt", wenngleich die häufig benutzte Formel in dieser Form bei Pestalozzi gar nicht auftaucht. Es ist darauf zu achten, daß dies entweder präzisiert oder differenziert, dann aber auch eingelöst wird. Ob damit ein Beitrag zum Verstehen geleistet wird, bleibt allerdings fraglich. Die Kritik aus lerntheoretischer Sicht an diesem beliebten Versatzstück der Zitierung wird jedenfalls lauter.

15. Schlußpunkt einer Unterrichtsstunde im konventionellen oder auch im Rahmen neuerer Unterrichtsformen ist die Vorstellung eines Lernergebnisses. Hier liegen naturgemäß große Schwierigkeiten, denn zumeist muß etwas zusammengefügt werden (z.B. Ergebnisse von Gruppenarbeit), dessen Entstehung, Sinnzusammenhang und Inhalt nicht jedem Schüler klar sein kann. Infolgedessen zeigt die Praxis allerlei Unzulänglichkeiten bis hin zu Absurditäten. Letzteres zeigt sich besonders dann, wenn Einzelschüler ein Ergebnis in einer – wie auch immer gearteten – Referatform präsentieren sollen. Dann wird oft die ganze Vordergründigkeit des Verfahrens („Wir sollten hier mal den Text lesen."), die psychologische Ferne der Schüler

zum Gegenstand („ Ich weiß auch nicht, das stand nicht so genau dabei.") und das ganze Unverständnis der Thematik im wahrsten Sinne des Wortes („Erotion oder wie das heißt...") offenbar. Die Lösung kann dann nicht darin bestehen, beim nächsten Mal ein anderes Verfahren zu wählen oder umgekehrt – in der Hoffnung auf Besserung von selbst – so weiterzumachen wie bisher. Vielmehr sind Wege zur Optimierung zu erproben.
16. Wenn Schüler nach ihrem Vermögen arbeiten sollen, so bedeutet dies über Strecken auch die Auflösung konventioneller Organisationsformen; insbesondere ist hier an den vergrößerten Zeitrahmen zu denken. Dies ist bei gutem Willen einfacher zu realisieren als eventuell gedacht, allerdings muß es auch gewollt sein. Individuelle Absprachen mit Kollegen können bereits recht viel bewirken. Daß hier manche Dinge viel zu kurzatmig angesetzt sind, geht auch aus den vielen Hinweisen bei den Stundenanalysen hervor, zur ordnungsgemäßen Beendigung einer Auswertungsphase sei nicht mehr genügend Zeit gewesen (weshalb dies dann in der Folgestunde geschehe).
17. Mit Sicherheit dient ein verstärkter Praxisbezug (Alltagsbezüge, praktische Anwendungen, Ernstcharakter, Wirklichkeit) dem Überwinden konventioneller Strukturen von Unterricht. Diese Möglichkeiten sollten stärker ausgenutzt werden. Sie erschöpfen sich nicht im einmaligen Besuch einer Müllverbrennungsanlage, sondern sind in der Bestrebung zu erkennen, den direkten Realitätsbezug zu suchen. Ein Beispiel: Wenn es um geschichtliche Themen geht, kommt vielleicht eine Spurensuche in der näheren Umgebung in Frage. Wenn es in der Bildenden Kunst um „Gotik" geht, so kann man das „draußen" sehen! Wenn es um den Spracherwerb geht, so kann man sich auf dem Flughafen üben. Solche Orte, auch das Aufsuchen und Befragen von Experten, haben außerdem den Vorteil, im Sinne der Loci-Methode Erfahrenes eventuell besser zu verankern.
18. Außerschulische Lernorte haben zweifelsohne ihren Wert. Aber immer dann, wenn sie selbst didaktisch aufbereitet sind (Museen z.B.) oder ein didaktisiertes Lernangebot vorstellen (z.B. biologische Stationen), muß man sich klar machen, daß dies weitgehend nur Unterricht mit anderen Medien ist. Es ist nicht einzusehen, warum man sich die Zonierung einer Küstenlinie in Form eines Arbeitsblattes ansehen soll und nicht im Original. Wenn Schüler an solchen Einrichtungen nur „abgegeben" werden und letztlich von einem Ersatzlehrer beschult werden, kommen Erfahrung und Anschauung wieder zu kurz.
19. Schüler sollen in den Belangen des Unterrichts mitbestimmen können. Man wird hinzufügen müssen, „soweit es geht". Neben der Offenlegung des gesamten Programms ist es möglich, die Schüler nach ihrer Meinung dazu zu befragen – und dies nicht nur rhetorisch. Die Schüler haben einen Anspruch darauf, ernst genommen und informiert zu werden. Es ist möglich, ihnen Entscheidungen zu erläutern. Hinsichtlich des thematischen Fortgangs kön-

nen auch feste Gesprächsrunden eingerichtet werden, in denen das Erreichte rekapituliert wird, Schwierigkeiten sondiert und Ausblicke angeboten werden. Die diesbezüglichen Bestimmungen der Schulgesetze sind zu beachten.
20. Zur Überwindung starrer Formen können auch veränderte Möglichkeiten der Leistungserfassung (siehe Leistungskontrolle) zählen.
21. Mit der Leistungserfassung einher bzw. ihr voran geht auch eine veränderte Aufgabenstellung. Hier ist nun nicht mehr die einfache Nachfrage nach Inhalten, das Einsetzen von Begriffen in einen Lückentext oder die Aufforderung „erläutere" gefragt, sondern Dinge in Beziehung zu setzen, sie zu differenzieren, die kognitiven Schemata im Sinne sauberer Begriffbildung darzulegen, das Lösen ähnlicher Probleme anzuregen, das Finden von Anschlußfragen zu fördern, Raum für eigene Lösungen zu belassen, anwendungsorientiert zu fragen usw.
22. Der Einsatz moderner Medien (Computer, Internet bzw. entsprechende Software) unterliegt prinzipiell den gleichen Fragen wie unter „Der Medieneinsatz" bereits angegeben. Es kommt nun der besondere Umstand hinzu, daß die Vermittlung bestimmter Fähigkeiten (z.B. mit einem Schreibprogramm einen Text (Inhalt) verfassen zu können) in ein ausgewogenes Verhältnis zu den weiteren Möglichkeiten (z.B. ein Layout gestalten) zu bringen. Dies wiederum muß mit dem notwendigen Arbeitsinstrumentarium (z.B. Tastaturbedienung oder Surfen im Internet) gebracht werden. Denn im genannten Beispiel geht es nicht um das Surfen an sich, sondern um die Informationserlangung, zu der das Surfen-Können aber die Voraussetzung ist.

Der gesamte Themenkomplex der Öffnung von Unterricht und moderner Unterricht ist häufig von elitärem Wortgeklingel begleitet, ohne daß sich damit in der Sache sonderliche Veränderungen ergeben hätten. Waren in der Vergangenheit schon harmlos erscheinende Begriffe mitunter verschleiernd (entdeckendes Lernen, Lernbuffet, Arbeitsblatt), so sind es moderne oft in besonderem Maße. Durch den häufigen Gebrauch des Kompetenzbegriffes (es seien Dispositionen zur Bewältigung von Anforderungen) ist in der Sache nichts gewonnen, wenn die Ausdifferenzierung wieder nur auf die bekannten Fähigkeiten und Fertigkeiten zielt. Damit einher geht oft auch eine bis zum Unrealismus lächerliche Aufblähung der Sachverhalte selbst. Die Formulierung der Kompetenzanforderungen an die Lehrkräfte füllen gern mehrere Seiten, stromlinienförmige „Professionalisierung" ist allerorten, ohne daß sich in der Sache etwas veränderte, und „Modularisierung" stellt bei Lichte besehen lediglich eine neue Bezeichnung für konventionelle Studieninhalte dar. Anstatt vom Schulschwänzen zu sprechen, wird dies klinisch zur „Schuldistanz", aus Selbstverständlichkeiten wird eine „Kultur", Programme werden „akkreditiert", die „Bildungsstandards" gaukeln vor, es gäbe eine Umschreibung von Bildung. Hier liegt zumeist eine Plastiksprache vor, in deren Kielwasser auch die Planungen geraten können. Dies ist immer dann zu bemerken, wenn die Planungen mit Auszügen aus den Rahmenlehrplänen bereichert werden. In der Sache findet sich dann in den Stunden allerdings kaum mehr eine Entsprechung.

## 6.5 Sprache und Sprechen im Unterricht

Die Sprache im Unterricht ist ein besonderes Medium. Sie ist Gegenstand der unterrichtlichen Betrachtung und Transportmittel für den Ausdruck gleichermaßen. Ihr kommt im Rahmen der Begriffsbildung eine besondere Rolle zu, und sie sollte Vorbildcharakter für die Schüler haben. Im Unterricht spielt die Sprache als solche (Sprache als System; auch Sprachkompetenz genannt) ebenso eine Rolle wie die Sprachverwendung, auch Sprachperformanz genannt). Im Detail geht es auch um Begriffsinhalte, Bezeichnungen, Termini oder Namen, um das Sprachniveau und die Ausdrucksweisen im Unterricht. An dieser Stelle ist es nicht angezeigt, über „Sprache" oder „Sprechen" an sich zu theoretisieren, sondern auf einige Dinge aufmerksam zu machen, die im Zusammenhang mit allen mündlichen Ausdruckweisen stehen. Diese Zusammenhänge sind das Sprachniveau (Abstraktheit, Elaboriertheit), die Klarheit (Eindeutigkeit und Verständlichkeit im Sinne der Angemessenheit für die Schülergruppe), die Funktion der Sprache (z.B. Instruktion, Kommunikation), die Eindeutigkeit im Rahmen eines Zeichenmodells (Semantik, Syntaktik, Pragmatik), das Sprechen (Dialekt, persönliche Eigenarten) und die Stimme (Besonderheiten der Stimmlage, Ton).

Hier ist in erster Linie darauf hinzuweisen, daß Sprachverhalten normgerecht zu gestalten ist, daß die Ausdrucksweise verständlich, aber nicht volkstümlich sein soll, daß Dialekte zwar oft schwer zu unterdrücken sind, sie aber deswegen nicht als besonders authentisch favorisiert werden dürfen. Schwierigkeiten ergeben sich dadurch, daß jedes Sprechen und jeder Ausdruck eine Konnotation besitzt und damit mehr befördert wird, als vom Sprecher gemeint war. Folgende Dinge gaben Anlaß zu Korrekturhinweisen bei der Unterrichtsbeobachtung:

1. Ein Befehls- und Kommando-Ton ist – auch im Sportunterricht – den Zielen von Achtung und Respekt zuwiderlaufend.
2. Ein Anbrüllen der Schüler bei gleichzeitiger Entgleisung der Wortwahl hinterläßt Narben und Fragezeichen. So hatte ein Referendar einen Schüler angebrüllt: „Ich bin doch nicht dein Neger."
3. Umgekehrt ist es völlig inakzeptabel, wenn Schüler mit bedenklichem Vokabular, mit Obszönitäten, mit totaler Mißachtung der Lehrkraft, mit rüdem Sprachverhalten oder Drohungen Mitschüler oder Lehrkräfte überziehen. Hier mache sich der Lehrer klar, daß jede Duldung, jedes Übergehen die

Grundlage für die nächste Entgleisung darstellt. Die Erwachsenen sollten sich aus Selbstachtung auf keinen Fall von Schülern behandeln lassen, als seien sie quasi Unpersonen.
4. Nachlässigkeiten im Sprechen können sich schnell auswachsen. So hört man oft Wendungen wie „diss is" (anstatt „das/dies ist"), „das ist, weil...", „komm mal nach vorne" (anstatt „vorn"), „hundert" (anstatt „einhundert").
5. Relativ sorglos wird mit der Begrifflichkeit umgegangen. Der Leiter des Allgemeinen Seminars wird „Allgemeiner Seminarleiter" genannt, nicht unbeträchtliche Teile der Begrifflichkeit der Jugendsprache halten Einzug in die Lehrersprache (genial, cool, voll). Die Tendenz scheint auf Anpassung an die Adressatengruppe ausgerichtet zu sein, weniger auf die Vorbildfunktion.
6. Werden jüngere Schüler unterrichtet, beobachtet man relativ häufig, daß eine Intellektualisierung der Sprache (Verwendung abstrakter Allgemeinbegriffe, wie „System", „Bezugsfeld", „Prozeß") nicht abgestellt werden kann, was zu unnötigen Verständnisproblemen und ganz zuletzt zu Unruhe führt. Einen komplizierten Sachverhalt erklären zu müssen, heißt nicht automatisch, eine komplizierte Sprache wählen zu müssen.
7. Die Sprache ist zum Teil auch Ausdruck der Stimmungslage oder des Temperamentes. Die Schüler ohne Stimmodulation zu beschulen, ohne sprachliche „Gemütsregung" oder im Nölton, kommt häufiger vor als man meinen möchte.
8. Es ist äußerst dienlich, gelegentlich einen Kassettenrekorder mitlaufen zu lassen, um sich zu Hause selbst kontrollieren zu können.

## 6.6 Differenzierung

„Differenzierung" ist neben einer zu treffenden Maßnahme allzuhäufig nur ein (Mode)Wort, eine Etikettierung von Planungsentscheidungen, die per se als positiv gelten. Differenzierung ist indes noch nicht dadurch vorhanden, daß das Wort in den Planungen erscheint. Es bleibt die Frage nach der prinzipiellen Leistungsfähigkeit und der Funktion von Differenzierung erhalten – unabhängig davon, ob es um äußere Differenzierung oder arbeitsbezogene innere Differenzierung geht. Allein diese Unterscheidung ist in der Sache problematisch, weil eine Differenzierung nach Leistungsgruppen (äußere Differenzierung) die weitere Binnendifferenzierung ja nicht ausschließt und umgekehrt die volle Wirksamkeit der Binnendifferenzierung im Prinzip in eine äußere Differenzierung münden müßte. Wenn hier von Differenzierung die Rede ist, so von der, die auf die konkrete Unterrichtsebene bezogen ist, also das, was man Binnendifferenzierung nennt. Die Hauptfrage lautet: Zu welchem Zweck wird differenziert? Eine zweite: Was läßt sich sinnvoll differenzieren? Und am Ende steht wieder eine Hauptfrage: Wohin führt gelungene Differenzierung, und was bedeutet sie für die Leistungsbeurteilung der Schüler? Zudem ist zu überlegen, ob es um eine konvergente (unterschiedliche Ausgangslage, gemeinsames Ziel) oder divergente Differenzierung (gleiche Ausgangslage, unterschiedliches Ziel) geht. Hier werden Begründungen für eine bestimmte Entscheidung ganz wichtig.

Es wird im folgenden davon ausgegangen, daß die Differenzierung die Funktion hat, jeden Schüler von seinem Ist-Stand aus in einer ihm gemäßen Weise zu fördern, so daß er das beste Soll-Stand-Ergebnis erzielen kann. Es geht damit nicht um eine kompensatorische Differenzierung bzw. Förderung. Jeder Schüler soll nach seinem Vermögen den größtmöglichen Lernfortschritt erzielen. Diesem Ziel scheinen einige Maßnahmen nicht unbedingt verpflichtet. Insbesondere ist die Frage nach der Ausgangslage und dem darauf zugeschnittenen Anforderungsniveau – und zwar mit Blick auf eine angestrebte Weiterentwicklung des Schülers – nicht immer beantwortet. Oft erhalten einige Schüler nur das „einfachere" Arbeitsblatt. Ähnlich liegt der Fall beim Einräumen unterschiedlicher Bearbeitungszeiten: Dies führt zumindest nicht erkennbar dazu, daß die Langsamen zunehmend schneller werden, sondern die Differenzierung wird hier damit begründet, daß die personale Voraussetzungslage eben langsame und schnelle Schüler umfaßt. Für die Praxis bedeutet dieser Umstand, daß die Langsamen auch im erweiterten Zeitrahmen oft immer noch nicht mit der Arbeit fertig sind. Dies wiederum stellt die Frage nach der Notwendigkeit des Vorhandenseins des Arbeitsergebnisses zur gegebenen Unterrichtszeit überhaupt. (Ähnlich ist der Fall gelagert, bei dem im Unterricht eine Aufgabe gestellt wird, diese insgesamt nicht vollständig in der Zeit bewältigt werden kann und der Rest dann zu Hause erledigt werden soll. Auch hier fragt man sich, wie notwendig das Teilergebnis denn dann in dieser Stunde war.)

Jedoch ist das Hauptproblem einer konsequent zu Ende gedachten Differenzierung das Ergebnis, nämlich – bei tatsächlichem Funktionieren der Differenzierung – eine immer individueller werdende Leistungsschere mit allen Problemen, die die Bewertung, die ja nach einheitlichen Richtlinien zu erfolgen hat, mit sich brächte. Im Idealfall wäre auch ein schwacher Schüler in einem bestimmten Segment soweit gefördert, daß er eine – gemessen an seiner Anfangslage – durchaus passable Leistung erbringen kann, die er ohne Differenzierungsmaßnahmen nicht erbracht hätte. Diesem Ergebnis wäre es auch nicht abträglich, wenn für alle Schüler die Leistung mit dem gleichen Maßstab gemessen würde, weil dann ein schlechter Schüler zwar immer noch relativ schlecht sein könnte, aber immerhin besser, als er ohne Differenzierungsmaßnahme gewesen wäre. In der Konsequenz würde das aber auch bedeuten, daß sich das Niveau von Schulleistungen insgesamt erhöhen könnte, die Abstände in der Rangfolge der Schüler aber gleich oder vielleicht sogar noch größer würden (mit der Folge, daß es wieder solche „ganz unten" gäbe).

Die gelegentlich zu hörende Meinung, Individualisierung sei die Voraussetzung für Differenzierung, verändert die hier vertretene Sichtweise nicht, sondern betont einen anderen Ausgangspunkt der Differenzierungsansätze, da das Einteilen in differenzierte Gruppen natürlich zunächst die individuellen Vermögen der Schüler berücksichtigen muß.

Davon ist die üblicherweise im Unterricht erkennbare Differenzierung allerdings weit entfernt. Es gibt Fälle, in denen die Notwendigkeit der Differenzierung unmittelbar einleuchtet, z.B. bei verschiedenen Sprunghöhen im Sportunterricht für unterschiedliche Vermögen der Schüler. Aber auch dahinter steht immer dasselbe Prinzip: Der einzelne Schüler soll nach seinem Vermögen so gut wie möglich vorangebracht werden. Eine facettenreiche Differenzierung führt in letzter Konsequenz auch zu einer Durchbrechung herkömmlicher Stundenschemata und -zeitorganisationen. Sie hat natürlich auch etwas mit der Flexibilisierung von Unterricht im Rahmen freierer Unterrichtsformen und dem Zulassen verschiedener Zugänge der Schüler zu einer Thematik zu tun.

Die Problematik der Differenzierung zeigt sich auch in den Zielformulierungen. Diese sind in der Regel für alle gleich – die Crux jeglicher Differenzierung überhaupt (alle individuellen Unterschiede sollen berücksichtigt werden, aber alle sollen einen Zielwert erreichen).

Die Forderung nach Vermeidung des Sitzenbleibens durch Förderung hat im Prinzip ein kompensatorisches Element, das zu Lasten der leistungsstärkeren Schüler geht. Wenn Differenzierungsmaßnahmen vorgesehen sind, kann beachtet werden:

1. Differenzierung kann in der Arbeitszeit, im Anforderungsniveau und den darauf zugeschnittenen Inhalten und Zielen oder in Hinblick auf den methodischen Weg zur Erreichung eines Zieles liegen. Diese Leitlinien sollen von vornherein in der gedanklichen Planung ganz klar herausgearbeitet sein. Welchem Ziel ist die Differenzierung verpflichtet? Will man Lerntypen gerecht werden? Will man Schwache fördern? Will man alle gleich abgestimmt auf ihre Ausgangslage fördern? Liegt eventuell gar keine Differenzierung vor, sondern nur eine Arbeitsteilung zur facettenartigen Fertigstellung eines Endproduktes?

2. Es ist zu bedenken, was eine Differenzierung in der Zeit bedeutet. Wenn die gesamte zur Verfügung stehende Arbeitszeit für alle gleich ist, schlägt die Zeitdifferenzierung (innerhalb der Gesamtzeit) in eine Inhaltsdifferenzierung um, denn die schnellen Schüler müßten dann z.B. mehr Aufgaben lösen oder schwierigere Aufgaben bewältigen.

3. Liegt ein differenziertes Anforderungsniveau vor, so ist darauf zu achten, daß die Anforderung leicht über das Vermögen der Schüler hinausgeht und nicht nur auf dasjenige zugeschnitten ist, das sie ohnehin beherrschen.
4. Eine Differenzierung wird häufig darin gesehen, daß die Schüler durch die Methodenwahl in den Stand versetzt werden, selbst in gewisser Weise frei wählen zu können (Lernbuffet, Stationenarbeit). Dies stellt eine Differenzierung in der Herangehensweise sowie in der Berücksichtigung von Vorlieben und (zumindest wird es oft so begründet) von Lernertypen dar. Dem wäre dadurch Rechnung zu tragen, daß es am Ende nicht doch nur auf eine gemischte Anfangssituation hinausläuft, bei der zuletzt alle sämtliche Teile bearbeitet haben. Hier zeigen sich übrigens oft die Grenzen der Differenzierung: Verschiedene Zugänge ja, aber dann wird letztlich mit dem Festgelegten (meist Konventionellen) weitergearbeitet, was nicht selten im Mathematikunterricht zu sehen ist.
5. Was leistet der Einsatz von „Fundamentum" und „Additum"? Ist es nur eine Zeitfüllung für schnell arbeitende Schüler? Wurde die Frage geklärt, in welchem Verhältnis Fundamentum und Additum zur gesamten Zielstellung stehen?
6. Bestimmte Methoden stellen für sich genommen bereits eine Differenzierungsmaßnahme dar. Hier ist gedankliche Klarheit darüber zu erlangen, ob dies tatsächlich die gewünschte Differenzierungsmaßnahme war, oder ob – rein von der formalen Betrachtung her gesehen – eine Differenzierung im Rahmen der Differenzierungsmaßnahme weiterhin erforderlich ist. Beispiel: Das Lernbuffet differenziert in gewisser Weise schon für sich genommen; inwieweit sind weitere Regelungen für starke und schwache Schüler notwendig?
7. Erweist sich die Differenzierung bei genauerer Betrachtung nur als der Einsatz unterschiedlicher Arbeitsblätter? Ist dies gerechtfertigt, ausreichend, überflüssig?
8. Welches Bewertungsschema wurde für die Differenzierungsgruppen erdacht?

Um die Koordinaten zur Differenzierung besser bestimmen zu können, sei auf die folgende Übersicht zu den Differenzierungen verwiesen, die deutlich machen kann, an welcher Stelle des Systems mit welcher prinzipiellen Maßnahme eingegriffen werden kann.

Von diesen Differenzierungsmöglichkeiten prinzipieller Art sind die konkreten Umsetzungen zu unterscheiden und damit die Fragen, wie Differenzierungsmaßnahmen auf der materiellen Ebene ausgestaltet werden. Dies kann z.B. erfolgen durch: Einsatz von Arbeitsbogen unterschiedlicher Schwierigkeitsgrade, durch die freie Wahl der Arbeitsmittel, durch Texthilfen in Form von Markierungen, durch Angebot von Lösungshilfen, durch Zusatzaufgaben usw.

## DIFFERENZIERUNG

| Äußerer Ausdruck von Differenzierung | Innere Differenzierungsmöglichkeiten |
|---|---|
| ↓ | ↓ |
| **Einteilungen in Organisationsformen** | **Zweck der Differenzierung** |
| <u>nach Großeinheiten</u> | <u>prinzipielle Absichten</u> |
| Schultyp<br>Niveaustufen (z.B. FEGA)<br>(fächerübergreifend/fächergebunden)<br>Fördermaßnahmen<br>Auffangmaßnahmen | egalisierend-kompensatorisch<br>profilierend<br>Integration<br>konvergent-divergent |
| <u>nach äußeren Gruppenbildungsfaktoren</u> | <u>Differenzierungshintergrund</u> |
| Jahrgangsbindung<br>klassenspezifische Aufteilungen<br>klassenübergreifende Aufteilungen<br>individuumzentrierte Vorgehensweisen | Eignung, Intelligenz<br>Interessenlage<br>Leistungsvermögen, -stand<br>Abschlußziel<br>Sprachvermögen |
| <u>nach besonderen Gruppierungen</u> | <u>Differenzierungshinsichten</u> |
| heterogene Gruppen<br>homogene Gruppen<br>einsprachige/zweisprachige Gruppen<br>Integrationsschüler<br>multikulturelle Gruppen | Inhalt und Ziel<br>Methoden und Medien<br>Schüler-, Lehrer-, Systemsteuerung<br>mit Vorgaben – ohne Vorgaben<br>Fundamentum – Additum |

Die Differenzierungsmaßnahmen haben Konsequenzen, Vor- und Nachteile:

- Berücksichtigung der Lernertypen
- Einlösung des Anspruchs auf Förderung
- Hebung des Leistungsniveaus
- Individualisierungstendenzen
- Binnendifferenzierung führt zu einer äußeren Differenzierung
- Bewertung der Leistung (ein Maßstab für alle) wird problematisch

- Schüler fühlen sich sortiert
- Vervielfachung des Unterrichts
- Leistungsabstände bleiben mehr oder weniger erhalten
- Vortests zur Klassifizierung sind notwendig

## 6.7 Leistungsbewertung

Die Leistungsbewertung auf der Grundlage von Leistungskontrollen und Schülerbeobachtung gehört zu den alltäglichen Erfordernissen der unterrichtlichen Arbeit. Die Leistungskontrollen erfüllen mehrere Funktionen, doch ist es hier nicht die Absicht, alle Facetten der Thematik auszuleuchten. Es ist aber hilfreich, sich Klarheit darüber zu verschaffen, auf welcher Ebene die Betrachtungen über Leistungskontrollen i.w.S. angesiedelt sein können. Diese sind:

1. Ebene des Erwartungshorizontes (Zielstellung und formulierter Bewertungsmaßstab)
2. Ebene der Aufgabenstellung i.e.S. (Testanlage, Klassenarbeit usw.)
3. Ebene der Bearbeitung durch die Schüler (Testdurchführung, Arbeitsergebnis)
4. Ebene der Beurteilungspraktiken und der persönlichen Aufzeichnungsformen*
5. Ebene der Benotung als formaler Akt
6. Ebene der Interpretation und der Vergleichbarkeit der Ergebnisse
7. Ebene der Rechtslage, die alle anderen Bereiche verklammert

* z.B. Korrekturzeichen, Wahl der Beurteilungskategorien, Addition von Teilergebnissen, Grenzen für ausreichende Leistungen

Auf allen Ebenen kommt es – nicht nur bei Referendaren – zu Unklarheiten, Verwerfungen, Widersprüchen usw. Dies beginnt bereits mit der Wahl der Aufgabentypen und endet bei der Verkennung dessen, was die sog. pädagogische Freiheit darstellt. Dazwischen liegt die ganze Palette der klassischen Problemfelder – von der Voreingenommenheit über die Härte- und Mildefehler bis hin zu Problemen der Testkonstruktion und der statistischen Bewertung. Gespräche mit Referendaren über die Thematik der Leistungskontrolle und -bewertung erwiesen sich regelmäßig als ein „Stich ins Wespennest", weil damit hochhergehende Diskussionen ausgelöst wurden. Dies wiederum zeigt, wie unterschiedlich die Auffassungen hier sind. Zum Teil traten sogar höchst gefährliche Praktiken zutage, die sowohl rechtlich bedenklich erschienen als auch den Schülern gegenüber eine nicht vertretbare Benachteiligung oder Bevorzugung darstellten.

Was läßt sich überhaupt bewerten? Im Prinzip ist es alles, was ein Schüler von sich ausweist (auch sein Verhalten). Wichtig ist dabei, daß die Schüler über die Anforderung, die Maßstäbe, die Handhabung und die Ziele aufgeklärt sind. Das ganze Unternehmen verlangt nach Transparenz, denn auch die Eltern wollen unterrichtet sein. Erfahrungsgemäß liegen gerade hier Defizite. Sie reichen von der Art der Aufzeichnung über kuriose Vorstellungen darüber, unter welchen Bedingungen man Schülern „nebenbei mal eine gute Note" zuteilen kann bis hin zur Aufklärung der Eltern. Zu trennen ist zwischen der Art der Leistung i.e.S. (z.B. schriftliche Klassenarbeit, Aufsatz) und der Art der Aufzeichnung durch den Lehrer (z.B. ein Punktesystem). Sodann muß beides von einer Art Lernstandserfassung getrennt werden. Diese dient weniger der Gewinnung von Noten, sondern drückt allgemein den Stand des Vermögens und der Kenntnisse der Schüler aus. Dies kann z.B. durch die Erhebung von Vorkenntnissen geschehen oder dadurch, daß begleitend ein Pensenbuch geführt wird.

Zur Bewertung können generell herangezogen werden:

- die klassischen Felder der schriftlichen Leistungserfassung, z.B. Klassenarbeiten, Tests, Hefter, Hausaufgabenanfertigung, Portfolio-Methode,
- die klassischen Felder der mündlichen Leistungserfassung, z.B. Mitarbeit (in verschiedenen Ausprägungen), Referate, Wiederholungen (?),
- fachspezifische Anforderungen (z.B. im Fach Sport die Übungsbeherrschung),
- Beobachtungen der Schüler hinsichtlich der Leistungsbereitschaft, der Angemessenheit des Verhaltens, sozialer Aspekte.

Die meisten anderen Möglichkeiten zur Schülerbewertung beschäftigen sich mit der konkreten Bewertung von Details, die dann auch stark in die Methodenfrage und die Lernproduktebene hineingehen, also eine fest umrissene kleine Leistung der Schüler begutachten, z.B. das Vermögen, frei zu sprechen oder die Anfertigung einer Zeichnung. Diese Liste ließe sich fast beliebig fortsetzen. Hier wird sich z.B. jeder Fachlehrer ein eigenes Repertoire an Möglichkeiten zusammenstellen können.

Den Beobachtungsfeldern steht die Frage nach den Aufzeichnungen gegenüber. Hier reicht die Palette vom Eintrag ganzer Noten über gelegentliches Notieren von Zeichen und Symbolen bis hin zu ausgeklügelten Listeneinträgen. Wichtig wäre es, eine möglichst breite Basis unterschiedlicher Leistungskomponenten bei gleichzeitiger Differenzierung der Merkmalsqualitäten zu erfassen.

An welchen Stellen hat sich in der Praxis Klärungsbedarf eingestellt?

1. Es ist dringend geboten, einen wohlformulierten Erwartungshorizont auszuarbeiten bzw. die mindestens geforderten Leistungen eindeutig zu fassen, um die Auswertung stringent, gerecht und schnell ausführen zu können.
2. Wurde genau darauf geachtet, daß es sich bei der Leistungsanforderung um Forderungen handelt, die eindeutig mit dem zuvor erteilten Unterricht in Einklang zu bringen sind? Es können nicht Dinge nachgefragt werden, die nicht Gegenstand des Unterrichts waren.
3. In welchem Maße eröffnet die Aufgabenstellung Spielräume für überraschende Aufgabenlösungen und wie soll mit unvorhergesehenen und über das geforderte Maß hinausgehenden Leistungen umgegangen werden? Beispiel: Ein Schüler bringt, weil er nachgelesen hat, eine Vielzahl interessanter, bisher nicht erwähnter Fakten ein.
4. Es ist hilfreich, mit Disziplin ein erdachtes eigenes Bewertungsschema durchzuhalten. Hier muß jeder selbst erproben, was funktionell ist und was nicht. Ein Noteneintrag innerhalb des Unterrichts verstellt den Blick auf das momentane Geschehen und kann Zukünftiges nicht berücksichtigen. Andererseits kann ein Verfahren, das Aufzeichnungen erst nach dem Unterricht vornimmt, zuviel von der Phantasie gespeist sein.
5. Bemühungen, nur ausgewählte Schüler in einer Stunde zu beobachten, drohen daran scheitern, daß auf die Gesamtunterrichtszeit gesehen, z.B. ein Halbjahr, eine zu lückenhafte Beobachtung des Einzelschülers vorliegt.
6. Das persönliche Aufzeichnungssystem sollte in der Tendenz immer alle Leerstellen ausfüllen, d.h. nicht nur Positiveintragungen vornehmen. Ein Beispiel: Wenn für die mündliche Mitarbeit eines Schülers z.B. 4 Kreuze (+) stehen, jedes für irgendeine positive Leistung, und bei den anderen Schülern steht nichts (also auch kein Minuszeichen), so bleibt völlig unklar, was die Pluszeichen in der Summe bedeuten sollen und als was diejenigen Schüler einzustufen sind, die keinerlei Eintrag haben.
7. Es besteht offenbar eine Tendenz, nur positive Leistungen zu vermerken; dies erschwert die Findung einer Gesamtnote am Ende des Halbjahres.
8. Diejenigen Fälle sind nicht selten, in denen Schülern eine besondere Chance eingeräumt wird, doch noch eine bestimmte (verbesserte) Note zu erhalten, indem sie eine Zusatzarbeit anfertigen dürfen, z.B. ein Referat. Dieses Verfahren ist schwer begründbar, begünstigt die sog. Saisonarbeiter und benachteiligt gute Schüler, die ihrerseits keine Chance erhalten, sich ebenfalls weiter zu verbessern.
9. Der Einsatz von Schülerreferaten ist relativ weit verbreitet und wird vor allem damit begründet, daß die Schüler eben dies können sollen (Warum?). Völlig ungeeignet erscheinen in diesem ohnehin schon fragwürdigen Zusammenhang dann die Beurteilungen. Es gibt oft keine klaren Kriterien – ein nicht hinnehmbarer Mangel.

10. Gelegentlich kann beobachtet werden, daß von den Schülern verlangt wird, sich selbst einzuschätzen. Wenn dies ohne jegliche Koordinaten „nur so" geschieht, führt das auf keiner Seite zu irgendeiner Erkenntnis, höchstens zu Verdruß.
11. Es wird immer wieder argumentiert, ein Schüler hätte sich besonders bemüht, und das könne man in der Note berücksichtigen. Mit Blick auf zu bewertende Ergebnisse und deren Vergleichbarkeit wird dies nicht möglich sein, wohl aber wird man eine gesonderte Rubrik dafür schaffen können, die dann mit einem kleinen Anteil in die Gesamtnote eingehen könnte.
12. Zwischen einer Vielzahl von sehr korrekten Aufzeichnungen einerseits und einem intuitiven Eindruck einer Schülerleistung, z.B. wenn man einem Schüler spontan eine Gesamtnote zuteilen sollte, besteht mitunter eine Diskrepanz. Die Aufzeichnungen ergeben ein besseres oder schlechteres Bild. Diese Fälle sind genauestens zu untersuchen, weil das analytische Bild (Vielzahl der Aufzeichnungen) und das intuitive jeweils als Korrekturfaktor des anderen dienen kann: Waren die Aufzeichnungen zu hart oder ist die Intuition (die ihrerseits natürlich unbewußt kriteriengeleitet ist) zu unkritisch und milde bzw. umgekehrt?

### 6.7.1 Schriftliche Leistungen

Im folgenden werden die häufigsten Problemstellen für schriftliche Leistungen herausgestellt.

1. In welchem Maße kann eine Variabilität der Aufgabenstellung (z.B. innerhalb eines Tests) möglichst vielfältige Anforderungen abdecken? Beispiel: Eine Aufgabenstellung, die lediglich nach einer Sache fragt (erläutere...) und eine deskriptive Beantwortung provoziert, kommt bestimmten Schülern entgegen und benachteiligt andere. Selbstverständlich gilt dies nur unter bestimmten Bedingungen (es gilt z.B. nicht für die Anfertigung eines Aufsatzes).
2. Von welcher Qualität sind die Aufgaben mit Blick auf den zuvor erteilten Unterricht? Transfer- und Anwendungsaufgaben sind sicher gewünscht, doch ist zu prüfen, wie weit sich die Aufgaben vom Kern eines Unterrichtsinhaltes entfernen.
3. Zur Konstruktion möglichst gemischter Aufgabenformen können Vorlagen und Aufstellungen aus der Literatur bemüht werden. Mischungen von Aufgaben kommen insbesondere für solche Anforderungen in Frage, die nach Sachverhalten fragen. Hier lassen sich neben präzisen Nachfragen auch

Aufgaben stellen, die Zeichnungen beschriften, Richtiges von Falschem trennen, Skizzen anfertigen oder Zuordnungen treffen lassen.
4. Bei Multiple-choice-Aufgaben ist auf geeignete Distraktoren zu achten, also solche, die nicht von vornherein wegen Unsinnigkeit einerseits oder bereits gebildeter richtiger Sprachnorm andererseits ausfallen bzw. zutreffen.
5. Es ist hilfreich, die Aufgabenstellung genau dahingehend zu untersuchen, ob sie verschieden ausgelegt werden kann bzw. inwieweit sie eindeutig ist. Beispiel: „Kennst du einige Beispiele?" ist wenig geeignet. Im Extremfall könnte der Schüler mit „ja" antworten. Ein anderer zählt viele Beispiele auf, und ein dritter führt ein Beispiel aufwendig aus. Dies erbringt Probleme bei der Bewertung. Insgesamt hilft hier auch die Klärung der Frage weiter, wie der Lehrer die Aufgabe selbst lösen würde.
6. Oft stellen sogar schon die sprachlichen Formulierungen der Schüler eine Schwierigkeit dahingehend dar, daß unklar ist, ob das Geschriebene inhaltlich richtig oder falsch ist. Hier können präzise und differenzierte Anweisungen und Aufgabenstellungen helfen.
7. Wurde die Zeit zur Anfertigung der Leistungserbringung richtig eingeschätzt?
8. Bietet es sich an, unterschiedliche, aber schwierigkeitsgleiche Aufgaben zu stellen, um ein Fehlverhalten der Schüler auszuschließen (Abschreiben)? Steht ein Handlungsrepertoire für den Fall bereit, daß Schüler betrügen oder manipulieren?
9. Ist die Schlußphase der Arbeitsanfertigung eindeutig geregelt? Noch schreibende Schüler sollten durch bereits fertige nicht gestört werden.
10. In welcher Weise werden die Ausführungen des Erwartungshorizontes in ein Punkte- oder Notensystem überführt? Wo liegt die Grenze für eine ausreichende Leistung? Wo liegt die Grenze zwischen „sehr gut" und „gut"? Schließt die Note „sehr gut" ein, daß neben der Anforderungserfüllung noch weitere Aspekte hinzutreten müssen (z.B. eigene Ideen, saubere Schrift, zusätzliche Fakten), und warum sollte das so sein (in der Regel ist dies schwerlich vertretbar)?
11. Inwieweit werden die letztlich erteilten Noten als Spannweiten (von bis) aufgefaßt? Ist die Note „sehr gut" demgegenüber eine Punktleistung ohne Schwankungsmöglichkeit, und was spricht dafür oder dagegen?
12. Ist eine Punktevergabe für Teilaufgaben, gemessen an den Anforderungen der Gesamtaufgabe, nachvollziehbar gewichtet?
13. Das Stellen von reinen Richtig-Falsch-Aufgaben (Schüler kreuzen Aussagen als inhaltlich richtig oder falsch an) bedarf später in der Auswertung eines Korrekturfaktors, da ein mittleres Ergebnis allein schon durch Raten eintreten kann.
14. Welches persönliche Aufzeichnungssystem wird bevorzugt? Es sollte eindeutig sein, da es auch als Grundlage für Auskünfte (Schüler, Eltern, Kol-

legen) verwendet werden muß. (Diese Problematik stellt sich bei den Aufzeichnungen über die mündlichen Leistungen in noch viel stärkerem Maße; siehe dort.)
15. Je genauer die Arbeiten der zuvor genannten Ebenen erledigt wurden, um so einfacher gestaltet sich die Zuordnung von Noten, sofern nicht die Gesamtleistung (Beispiel Aufsatz) ohnehin nur eine Gesamtnote erfordert. Hier sind gegebenenfalls Formalien zu beachten, etwa die Hinzufügung des Notenspiegels.
16. Nach Erteilung der Noten, möglich aber auch schon zuvor, ist es ratsam, verschiedene Schülerarbeiten noch einmal zu vergleichen. Sind z.B. alle Notenstufen unter sich vergleichbar, oder gibt es Schieflagen?
17. Es ist hilfreich, sich in Einzelfällen noch einmal die die Note konstituierenden Merkmale der Leistung in Erinnerung zu rufen. Dies gilt insbesondere, wenn die Arbeit keine Teilleistungen, auf die Punkte vergeben werden konnten, enthält.
18. Die Notenerteilung erfolgte aufgrund des fachlichen Urteils des Lehrers. Es ist deshalb nach ihrer Festsetzung ganz unangebracht, die Folgen einer Note zu berücksichtigen oder gar nachträglich die Punktezumessung oder den Erwartungshorizont zu manipulieren. Notenmanipulation ist Verrat am eigenen Standard. Es ist demgegenüber eine ganz andere Sachlage, wenn in den entsprechenden Konferenzen über Standards (neu) beraten wird.
19. Wenn das Ergebnis feststeht, können Betrachtungen darüber angestellt werden, was für einzelne Schüler für die Zukunft ratsam ist. Die Angabe eines zukünftigen, individuellen Lernschwerpunktes für die Schüler ist ratsam.
20. Das Gesamtergebnis kann mit Ergebnissen anderer Klassen oder Vorjahresergebnissen verglichen werden. Dies kann Aufschluß über Veränderungen geben. Konsequenzen wären detailliert unter Kollegen zu beraten.
21. Verunsicherungen darüber, ob es der Unterricht war, der zu einem bestimmten Ergebnis geführt hat, oder ob das Vermögen der Schüler zu diesem Ergebnis geführt hat, können dann zurücktreten, wenn es eine saubere und ehrliche Arbeit im Vorfeld gegeben hat (Unterricht und Formulierung der Leistungsanforderung, Offenlegung der Kriterien). Dann sind auch gute Gesamtergebnisse nicht mit dem Argument, die Arbeit sei „zu leicht" gewesen, zu erschüttern. Entsprechendes gilt für schlechte Gesamtergebnisse.
22. Viele Referendare scheuen sich, im Zeugnis besonders schlechte Noten zu erteilen oder auch nur vorzuschlagen. Dies ist dann nicht gerechtfertigt, wenn der Notengebung ein aufwendiger und korrekter Weg der Leistungsermittlung zugrunde gelegen hat. Es ist darauf zu achten, daß hinter einer entsprechenden Beurteilung nicht die Meinung aufscheint, das eigene Fach sei vielleicht im Fächerkonzert nicht so wichtig.

23. Die Rechtslage beläßt keinen Spielraum für pädagogische Freiheiten, z.B. das Bemühen eines Schülers in die Note einer schriftlichen Leistungskontrolle einfließen zu lassen. Anders liegt der Fall im Fach Sport, das oft ausdrücklich die Berücksichtigung körperlicher Gegebenheiten und Bemühung herausstellt.
24. Es ist unerläßlich, daß die Referendare die einschlägigen Rechtsverordnungen und Verwaltungsvorschriften bezüglich der Bewertung von Klassenarbeiten, Lernzielkontrollen und der Anfertigung der Zeugnisse kennen. In diesem Zusammenhang erscheint es ganz unbegreiflich, daß sich regelmäßig eine bestimmte Anzahl an Referendaren findet, die nicht einmal die korrekte Notenskala mit ihren inhaltlichen Aussagen beherrschen. Insbesondere kennen sie sich im unteren Bereich der Skala nicht aus, was mitunter symptomatisch für eine tendenziell eher unkritische Benotungspraktik ist.

**6.7.2 Bewertung eines Schulhefters**

Die Hefterführung ist weit verbreitet und oft selbstverständlich. Weniger selbstverständlich ist die Art und Weise der Beurteilung von Heftern. Dabei geht es nicht nur um die Frage der Gewichtung der „Hefternote" im Notenkonzert, sondern auch um Fragen der Bewertung von Fleiß und eine gerechte Handhabung. Wie soll verfahren werden, wenn jemand alle geforderten Bedingungen erfüllt, ein anderer darüber hinaus aber noch freiwillig weitere Texte, Abbildungen usw. einbringt. Spätestens hier stellt sich auch die Frage nach dem generellen Sinn einer Hefterführung. Daß er als Lerngrundlage dienen kann, zur Vorbereitung auf Klassenarbeiten oder sonstigen Lernkontrollen hört man immer wieder. Der Inhalt der Hefter macht diese Behauptung nicht immer glaubwürdig. Für die Bewertung haben sich folgende Möglichkeiten herauskristallisiert:

1. sachliche Richtigkeit
2. Vollständigkeit und Einhaltung der Reihenfolge
3. Präsentation, Gestaltung und Sauberkeit, Berücksichtigung formaler Vorgaben
4. Fehlerhaftigkeit (Rechtschreibung, Grammatik, Zeichensetzung)

Es ließen sich sicher weitere Beurteilungskriterien finden, doch muß die Handhabbarkeit gewährleistet bleiben, wenngleich sich jeder einzelne Punkt aus

Unterpunkten konstituiert, z.B. bei Präsentation, Gestaltung und Sauberkeit, formale Vorgaben:

- Überschrift, Datum
- Anlage eines Inhaltsverzeichnisses
- Einhaltung eines Randes
- Blattaufteilung, Anordnung
- Heraushebung von Merksätzen
- Illustration
- Schrift, Lesbarkeit der Schrift, Verwendung von geeigneten Korrekturverfahren
- einwandfreier Zustand der Blätter

Selbst wenn diese Faktoren erfaßt werden, bleibt noch die Frage zu klären, in welcher Gewichtung die Teile in die Note (für den Hefter) eingehen sollen, und welchen Stellenwert der Hefter insgesamt an der Gesamtnote des Faches hat. Auch hier müssen die Kriterien den Schülern offengelegt werden.

### 6.7.3 Die Ermittlung der mündlichen Leistung

Die Bewertungen für schriftliche Arbeiten können vielfach, aber nicht immer, zumindest teilobjektiviert werden. Schwieriger gestaltet sich die Sachlage bei den mündlichen Leistungen. Folgende Punkte erwiesen sich als problematisch:

1. Es ist eine Unsitte, Noten im Verlauf der Stunde spontan als Reaktion auf eine vermeintlich hervorragende Leistung auszusprechen. Das trifft die Schüler unvorbereitet, so daß es sich um Zufallstreffer handelt. Die Note ist zudem nicht substantiiert und demzufolge nicht nachvollziehbar in ihrer Entstehung. Sie erbringt beim Eintrag in eine persönliche Notenliste das Problem der Gewichtung gegenüber anderen Noten, da sie prinzipiell gar nicht vorgesehen war.
2. Die Benotung von Wiederholungen ist überaus problematisch. Sie sind weder in den Anforderungen vergleichbar, noch gibt es in der Regel einen Kriterienkatalog. Außerdem können nicht alle Schüler einmal im Halbjahr davon betroffen sein. Es ist zudem in der Sache oft nur ein Ritual, das den Stundeneinstieg unnötig erstickt und das die übrigen Schüler vom Mitdenken befreit.
3. Alle mündlichen Leistungen sind insofern zur Benotung nicht völlig problemlos, als es zumindest im Kopf des Lehrers einen Kriterienkatalog geben muß, der in Blitzesschnelle aktiviert sein muß. Es zeigten sich bei Se-

minarversuchen erhebliche Diskrepanzen zwischen der Benotung von Wiederholungen, die nur gehört wurden, und solchen, die in schriftlicher Form vorlagen. Die Schriftform zeigt nämlich oft mehr Nachteiligkeiten.

Hier wird ein Vorschlag gemacht, der selbstverständlich adaptiert, modifiziert und verkürzt werden kann (links Variablen der Leistung, rechts Ausprägungen):

**Quantität:**
* auffallend häufig, ohne Aufforderung
* häufig, ohne Aufforderung
* teilweise, mit und ohne Aufforderung
* gering, nur mit Aufforderung
* keine, auch bei Aufforderung ausbleibend

**Qualität:**
* passend, produktiv, Konsequenzen bedenkend, vernetzend, Vorheriges aufgreifend, prospektiv, eigenen Standpunkt herausstellend, begründend, sachlich korrekt
* wie oben, aber in abgeschwächter Form
* passend, aber kurzschrittig, vereinfachend, nicht mehr den Gesamtzusammenhang berücksichtigend, mehr auf die eigene „Idee" fixiert, keine Begründung, mitunter fehlerhaft
* nur reproduzierend, Einhilfen benötigend, fragmentarisch, zusammenhanglos, fehlerhaft
* keine Beiträge

**Initiative/ Kreativität:**
* selbständig mit neuen Gedanken, keine Aufforderung, Leistungserbringung ohne Überwachung
* Denkanregung durch Lehrer notwendig, Kontrolle des Lehrers oft notwendig
* nur auf Anleitung aktiv oder gar nicht, Aufsuchen von Situationen, um passiv bleiben zu können

**Konzentrationsfähigkeit:**
* über die gesamte Stunde gleichbleibend hoch
* relativ hoch, teils ungleich verteilt
* nachlassend, unregelmäßig, Motivationsimpuls zeigt noch Wirkung
* gering, unregelmäßig, Motivationsimpuls bringt kaum noch Erfolg
* unaufmerksam, unkonzentriert

Denkbar wäre die Anlage einer Punkteverteilung (Ausnahme „Initiative/Kreativität") in 5 Stufen, wobei die 1. Stufe 2 Punkte, die 2. Stufe 1,5 Punkte, die 3. Stufe 1 Punkt, die 4. Stufe 0,5 Punkte und die 5. Stufe 0 Punkte erbringt. In drei Kategorien könnten also maximal 6 Punkte (3 x 2) erreicht werden. Die Kategorie „Initiative/Kreativität" kann später als Regulativ verwendet werden. Als Resultat könnten dann bedeuten:

| Punkte | 6 | 5 | 4 | 3 | 2 | 1 |
|---|---|---|---|---|---|---|
| Note | 1 | 2 | 3 | 4 | 5 | 6 |

(Erstellung der Liste unter Berücksichtigung eines Seminarpapiers von Bahr, Seminarleiter, Berlin, Typoskript)

# Kapitel 7 Der Referendar in der Schule

Die Referendare sind in den Schulen allerlei Anforderungen ausgesetzt – seitens der Schule, der Schüler, des Seminars, und nicht zuletzt gibt es noch ihre eigenen Ansprüchen. Sie sollen Rollen ausfüllen, lernen, guten Unterricht erteilen usw. In diesem Spannungsfeld von Erwartungen und Anforderungen mögen Enttäuschungen nicht ausbleiben. Persönliche Konfliktfelder können hinzutreten und die Ausbildungszeit belasten.

## 7.1 Die Rolle der Mentoren

Es hat sich für das Referendariat ein Mentorensystem herausgebildet (anleitende Lehrkräfte, Ausbildungslehrer), dessen Funktion von Fall zu Fall zu sehr unterschiedlichen Graden der Zufriedenheit geführt hat. Die Skala reicht hier von „gar nicht betreut" bis „überversorgt und gegängelt". Der Hintergrund einer solchen Zuordnung darf neben dem sinnvollen Wunsch nach Orientierungshilfe sicher auch in den Relikten der Meisterlehre gesehen werden. Die Referendare befinden sich in jedem Falle insofern in einer etwas schwierigen Situation, als sie einerseits eigenständigen Unterricht vorlegen sollen, andererseits Ratschläge befolgen sollen, deren Paßgenauigkeit nicht unbedingt auf die geplanten Vorhaben abgestimmt ist. Diese Sachlage ist außerdem von dem Bewußtsein durchdrungen, daß am Ende eine Benotung erfolgen wird, auf die die anleitenden Lehrkräfte oft nicht ganz ohne Einfluß sind. Es ist daher leicht gesagt, man möge mit Fingerspitzengefühl agieren. Es wird hier und da Situationen geben, in denen dann nur klare Worte, eventuell auch Anweisungen helfen. Für die folgenden Hinweise gilt ganz sicher, daß auch seitens der Seminare eingewirkt werden muß.

1. Es ist hilfreich, die Mentoren von Anbeginn an auf die Notwendigkeiten hinsichtlich ihrer Funktion aufmerksam zu machen. In der Regel existieren dazu schriftliche Ausführungen, die die Funktionen umreißen.
2. Es ist dafür Sorge zu tragen, daß die Referendare in den neuen Klassen durch die Mentoren nicht als unbeholfene und tölpelhafte „Anfänger" dargestellt werden. Diese Fälle sind häufig aufgetreten.
3. Es ist darauf hinzuwirken, daß die Mentoren mit zunehmender Zeit das Unterrichtsgeschehen verlassen, so daß die Referendare allein agieren können. Die häufig anzutreffende Sorge, die Referendare könnten bereits Aufgebautes wieder zunichte machen, ist zumeist unbegründet, in Einzelfällen sogar wünschenswert.

4. Oft hospitieren die Referendare im Unterricht der Mentoren. Auch wenn dies ganz formal mit einer bestimmten zu erbringenden Anzahl von Hospitationsstunden begründet sein mag, empfinden die Mentoren dies nicht selten als psychische Belastung. Das kann besonders unangenehm werden, wenn die Referendare sich weitere Hospitationsstunden bei „fremden" Mentoren erbitten, die dazu oft nur wenig Neigung zeigen. In dem Zusammenhang wird dann den Referendaren mitgeteilt: „Wir machen aber nichts Besonderes." Das ist sicher in mehrfacher Hinsicht symptomatisch für den Schulbetrieb. Referendare und Seminarleitung sollen von vornherein sicherstellen, daß hier keine unzumutbare Situation des Bettelns um Stunden entsteht. Zuweilen ist der Schulleitung selbst ihre Pflicht zur Zuordnung von Mentoren gar nicht klar.
5. Die Vereinbarung fester Besprechungstermine ist ratsam.
6. In der Sache selbst ist es nicht immer deutlich, was die Referendare von den Mentoren lernen können bzw. lernen könnten. Es gibt Extremfälle, in denen sie nichts lernen können. Es sind Fälle bekannt, in denen die Referendare dank Herkunft und Ausbildung die den Schülern zu vermittelnde Fremdsprache perfekt sprechen, sich aber von den Mentoren einen ganz unzulänglichen Fremdsprachengebrauch anhören müssen. Dies kann umgekehrt auch zu Hemmungen bei den Mentoren führen. Die meisten Fälle sind aber durchaus positiv gelagert. Das, was in jedem Fall gelernt werden kann, erschließt sich jedoch nicht aus der Anwesenheit allein, sondern aus einer Fragestellung in Verbindung mit den anzustellenden Beobachtungen (siehe Hospitationen).
7. Nicht selten sind Referendare von dem, was sie bei den Mentoren lernen können, enttäuscht. Das hat verschiedene Gründe, nicht zuletzt können es Altersgründe sein. Unter solchen Bedingungen nutze der Referendar die Situation dazu aus, selbst durch Besinnung auf sein Vermögen und durch Erinnerung an Universitäts- und Seminarinhalte den Unterricht zu bereichern. Die Mentoren können ihm dann zeigen, wie man Klassenfahrten organisiert, Klassengeschäfte führt, Elternabende gestaltet oder Zeugnisse schreibt.
8. In Fällen atmosphärischer Störungen sollte die Lösungskette durchlaufen werden: Zuerst das Gespräch zwischen Referendar und Mentor, dann das Gespräch zwischen Referendar, Mentor und Schulleiter, dann das Gespräch unter Einbezug der Seminarleitung. Nicht selten sind Fälle zu beobachten, in denen die Referendare es allen Beteiligten recht machen wollen; sie sitzen dann zwischen den Stühlen (z.B. zwischen Mentor und Schulleitung), so daß sich einfach keine Problemlösung einstellen will. Hier hilft nur eine glatte Zäsur.

## 7.2 Hospitationen

Hospitationen gehören zum festen Bestand des Referendariats. Häufig ist nicht ganz klar, was bei den Hospitationen geleistet werden soll bzw. was diese Veranstaltungen leisten könnten. Am unersprießlichsten ist sicher das Absitzen von Zeit in schlecht gelüfteten Räumen. Hier wird der Vorschlag gemacht, Hospitationszeiten als eine Art Forschungszeit zu nutzen. Wann sonst kann jemand qua Amt so leicht an einen unermeßlichen Fundus von Material gelangen? Wofür auswärtige Personen Ausnahmegenehmigungen zum Unterrichtsbesuch erhalten müssen, das steht hier frei zur Verfügung. Die Zeit kann genutzt werden, etwas über das ureigene Betätigungsfeld herauszufinden, Abhängigkeiten aufzuspüren, Regelhaftigkeiten festzustellen, Unterrichts- und Vorgehensmuster aufzuklären, Prozeßstörungen zu prüfen, Fallstudien zu treiben, Querschnittuntersuchungen anzustellen usw. Dies kann pädagogisch, psychologisch, soziologisch, lernbiologisch oder didaktisch ausgerichtet sein. Dabei können relativ statische Feststellungen über Sachlagen bei Schülern und Lehrer Gegenstand sein, aber auch die dynamische Interaktion kann untersucht werden. Grundlage aller Erkenntnis jedoch ist a) eine klare Fragestellung, b) eine eindeutige Kriterienfestlegung und c) eine korrekte Aufzeichnungsform. Am unergiebigsten dürfte das „Mitschreiben" sein, da es singulär auf eine bestimmte Unterrichtsstunde bezogen ist und wenig Lerneffekte erbringt. Die gezielte Beobachtung von Unterricht hingegen –Beobachtung ist eine strukturierte Wahrnehmung – kann Aufschlüsse bringen, die auch Bedeutung für den eigenen Unterricht haben, und auf den kommt es hierbei an. Nicht zuletzt kann aus einer systematischen Beobachtung ein geeignetes Thema zur schriftlichen Prüfungsarbeit erwachsen. Zum Einkreisen von Themenfeldern können auch herkömmliche Unterrichtsbeobachtungsraster verwendet werden.

1. Der Pool an Themen ist geradezu unerschöpflich. Unterrichtseröffnungsvarianten können ebenso Gegenstand wie die Wirkung der Lehrersprache, die Wirksamkeit der Konfliktregelung, das Eintreten von Unruhe oder die Wirksamkeit bestimmter Impulsqualitäten sein. Einzelschüler und Klassen können beobachtet werden, Unterrichtszugehöriges und „Unterrichtsfremdes", das natürlich seinerseits fester Bestandteil von Unterricht ist.
2. Für Hospitationen bietet es sich an, unterrichtsrelevante Dinge zu prüfen, die üblicherweise im Unterrichtsgeschehen nicht ohne weiteres wahrgenommen werden können. Dazu gehören z.B. Fragen zur tatsächlichen Schüleraktivität und -beteiligung. Beispiel: Was tun die Schüler x, y, z bei einer Gruppenarbeit tatsächlich? Auch ein einfaches Zeitnehmen der verbalen Anteile der Lehrkraft und der Schüler kann höchst aufschlußreich sein. Des weiteren gehören dazu Fragen, deren Beantwortung Rückschlüsse auf den

Zugang der Schüler zur Thematik, auf die Motivation, auf den Verstehensprozeß oder auf den Denkhorizont (Ausgangslage) zulassen. Von besonderem Interesse sind Fragen zum Sprachgebrauch, zum Sprachverständnis und zur Begriffsbildung. Dies gilt auch für viele Dinge, die üblicherweise zum sog. hidden curriculum gezählt werden.

3. Beobachtungsdokumentationen können fast ebenso mannigfach sein: Protokoll, Rating-Skalen, Timeline-Aufzeichnungen, Zeit-Stop, Strichlisten, Diagrammaufbau usw. Durch feste Bezugspunkte (z.B. Vorher-Nachher-Beobachtung, lineare Beobachtung in der Zeitabfolge, Gruppenvergleich, Personenvergleich, Ursache-Wirkungs-Feststellung und dergl.) erlangt man praktisch immer ein verwertbares Ergebnis.

4. Es ist notwendig, neben der Beobachtungsfrage zwei Dinge genau vorab festzulegen: Das Kriterium, an dem sich die Beobachtungsfrage ausrichtet und die Merkmalsausprägung (in der Regel in einer einfachen Stufigkeit). Beispiel einer Beobachtungsfrage: Tritt im Rahmen des Fremdsprachenunterrichts bei Satzübungen eine sichere Beherrschung durch die Schüler ein? Dazu kann das Kriterium lauten: Anzahl der richtigen Sätze bei N Schülern. Merkmalsausprägung: Satz von allein richtig, Satz mit Einhilfe richtig, Satz falsch/auch mit Einhilfe. Das heißt, hier wären zwei Listen zu führen, die für die Anzahl des eintretenden Ereignisses und die für die jeweilige Ausprägung. Eine andere Beobachtungsfrage kann sein: Gibt es eine Gleichverteilung der aufgerufenen Schüler im Klassenraum? Kriterium ist die mündliche Reaktion eines Schülers. Merkmalsausprägung: Als Aufruf gilt jeder Umstand, bei dem sich ein Schüler nach freiwilliger Meldung äußern darf oder er zur Meldung aufgefordert wurde und dann auch agieren durfte. In einem Sitzplan werden die Schüler markiert.

5. Das Ergebnis muß übersichtlich und eindeutig festgehalten werden. Den Ursachen für das Ergebnis ist später interpretativ nachzuspüren. Daraus lassen sich dann das Ergebnis sichernde Anschlußfragen ableiten.

6. Wenn man die Unterrichtsbeobachtungsbogen sammelt, die in vielen Seminaren kursieren oder die aus der Literatur entnommen werden können, erhält man nicht nur einen erstaunlichen Fundus zur möglichen Weiterbearbeitung, sondern erzielt auch eine Schärfung des Blickes für Zusammenhänge. Außerdem ist man in der Lage, wesentlich fundierter über einzelne Gemengelagen Auskunft geben zu können, als sich nur mit einer persönlichen Einschätzung zufriedengeben zu müssen („Ich finde...", oder: „Ich nehme an...").

## 7.3 Die erste Stunde

Die erste eigene Unterrichtsstunde im Referendariat ist in mancherlei Hinsicht in ihrer Rolle als Weichensteller für das Funktionieren kommenden Unterrichts und für das Lehrer-Schüler-Verhältnis nur von eingeschränkter Bedeutung. Dies deshalb, weil die Referendare üblicherweise zuvor in der entsprechenden Klasse hospitiert haben. Dennoch ist der erste Unterricht etwas Besonderes, denn ein Rest von Unsicherheit bleibt, und nicht selten tritt auch Lampenfieber auf. Obwohl andere Ansichten existieren, wird hier die Meinung vertreten, daß die erste Stunde in einer Klasse (und es könnte z.B. auch eine plötzlich eintretende Vertretungsstunde in einer völlig unbekannten Klasse sein) wichtige Signale setzt. Es wird die Auffassung vertreten, daß es eben nicht beliebig ist – im Sinne von bedeutungslos –, wie man den Raum betritt, wie man grüßt, welche Worte man zuerst spricht, wie man sie spricht, wohin man blickt und was man für Kleidung trägt. Im Seminar wurde den Teilnehmern eine Videoaufzeichnung vorgeführt, die einige Referendare beim simulierten (!) Betreten eines Klassenraumes zeigte. Aufgabe der Gefilmten war es lediglich zu grüßen und einen erfundenen ersten Eröffnungssatz für möglichen Unterricht zu sprechen. Mit erstaunlicher Sicherheit haben die Betrachter des Films diejenigen Referendare ausmachen können, die mit Disziplinschwierigkeiten zu kämpfen hatten.

Die Frage, wie man die erste Unterrichtsbegegnung gestaltet, stellt sich in erster Linie natürlich nur dann, wenn an eine mehr oder weniger traditionelle Rollenverteilung im Unterricht gedacht wird. Eine gewisse Brisanz der Thematik entsteht auch dadurch, daß hier die Lehrperson im Kern ihres Wesens angesprochen wird. Auch deshalb ist hier mit Vorsicht zu taktieren, und deshalb werden auch diese Hinweise in sich weniger stimmig sein, als solche etwa zur Auswertung von Medien. Die Funktion der Lehrerrolle, die auch bei der ganzen Unterrichtsdurchführung natürlich ein wesentlicher Faktor ist, scheint bei einigen Referendaren nicht sonderlich klar umrissen. In diesem Bereich liegen oft große Unsicherheiten vor, indem die eigene Position noch wenig durchdacht ist, die Zielvorstellung schwammig erscheint und das Auftreten unverbindlich ist. In dem Wunsch, es allen recht zu machen, keinen Schüler überfordern und bei allen beliebt sein zu wollen, liegt sicher ein verständliches Bestreben, doch führt dies in der Praxis nicht selten zur Konturlosigkeit. Manche wagen es nicht einmal, Abiturienten zu siezen. Die Zuordnungsmöglichkeiten zu einem Typus sind noch nicht ausgeprägt. Die Sachlage ist aber deshalb noch viel verwickelter, weil die Schüler ebenfalls in einer Rolle stecken und bestimmte Erwartungen an die Lehrer hegen. Die Gedanken kreisen demzufolge darum, ob dieses Muster an bestimmten Stellen sinnvoll aufzubrechen wäre, und wenn ja, an welchen. Was wäre dann gebessert? Ein Beispiel: Wenn die Schüler gewohnt sind, auf eine bestimmte Handlung hin eine Drohung zu erhalten, so gibt es prinzipiell die Möglichkeit, dieser Erwartung zu entsprechen oder – vielleicht in Verwirklichung eigener anderer Maximen – ihnen eben nicht zu entsprechen und nicht zu drohen. Im letzteren Fall würde dies schwer abschätzbare Konsequenzen haben, da sich ja nur ein Teil des Systems (Lehrer) nicht erwartungsgemäß verhält und das Reaktionsmuster der Schüler dafür unbekannt ist. Diesen Sachverhalt bedenkend, könnte die Folge sein, sich wiederum erwartungsgemäß zu verhalten – mit der Folge, daß der Status quo erhalten bleibt, eine Veränderung nicht eintritt, Vorstellungen nicht verwirklicht werden usw. Die Lösung des Problems kann nur in der behutsamen und sich in kleinen Schritten vollziehenden Veränderung liegen.

Wenn hier also überhaupt geraten wird, so nur um eine Möglichkeit anzudeuten, sicher nicht um Empfehlungen für alle auszusprechen, die auf bestimmte Personen gar nicht passen können. Außerdem ist von der Erstbegegnung die Rede, also nicht davon, welche anderen – eventuell viel wünschenswerteren Verhaltensweisen – in Zukunft wirksam werden könnten und müßten. Ziel kann es doch nur sein, den Erstunterricht so zu gestalten, daß eine gewisse Sicherheit für den Lehrer zu erwarten ist. Diese herzustellen, muß nicht unbedingt mit seinen pädagogischen Überzeugungen in diesem Augenblick kompatibel sein. Da der Neugiereffekt bei den Schülern relativ groß sein dürfte, ist ein Unterrichtsarrangement zu treffen, das – je nach Vorliebe – den Lehrer mehr oder weniger aus dem Scheinwerferlicht herausnimmt und die Aufmerksamkeit auf die Sache lenkt.

1. Im Vorfeld des Unterrichts sollten Überlegungen angestellt werden, wie man selbst gern als Lehrer erscheinen möchte, welche personenbezogene Ausstattung man dafür mitbringt und wie die Differenz zwischen Wunsch und Wirklichkeit ausgeglichen werden kann.
2. Es kann hilfreich sein, sich eine Eröffnungsformel auszudenken, die die Schüler in freundlicher, altersangemessener Form kurz über das Kommende informiert. Weite Ausschweifungen darüber, was man in Zukunft noch alles tun könnte, sind nicht unbedingt geboten.
3. Erfahrungsgemäß sind Einleitungen, die die Situation der Lehrperson umfangreich würdigen, nicht unbedingt angebracht („Ich bin Referendar."). Sie schwächen die eigene Stellung und bringen – sollten sie gar aus Gründen einer erhofften „Schonung" ausgesprochen werden – kaum den gewünschten Effekt. Mit „Kennenlern-Spielen" wurden nicht nur gute Erfahrungen gesammelt.
4. Als eine Möglichkeit, möglichst schnell in ein normales Unterrichtsgeschehen eintreten zu können, hat sich das Verfahren erwiesen, nach der Kurzvorstellung sofort und ohne Umwege mit der Problem- oder Aufgabenstel-

lung zu beginnen (induktiv; keine langen Erläuterungen über die Gesamtthematik).
5. Es wäre ganz sicher günstig, eine attraktive Thematik bzw. aus der Gesamtthematik einen entsprechend aufbereiteten Teilaspekt zum Gegenstand zu machen und auch den weiteren Aufbau entsprechend zu gestalten.
6. Da einer ersten Stunde – gewünscht oder nicht – eine gewisse Funktion der Richtungsweisung zukommt, sollten die großen Leitlinien hier schon zutage treten. Es muß z.B. nicht – in der Annahme, dies könne man später in Ruhe tun – auf die Einhaltung von Umgangsregeln verzichtet werden.
7. Es kann zumindest nicht schaden, sich aus Schülerbogen oder Befragungen von Kollegen zuvor ein Bild von der Klasse gemacht zu haben, auch um auf schwierige Schüler vorbereitet zu sein.
8. Vernachlässigte Kleidung oder solche, die sehr deutlich in den Freizeitbereich gehört, sowie hygienische Mängel sind Quellen unerfreulicher und unnötiger Aufmerksamkeitssammlung. Entsprechende Fälle riskieren drastische Äußerungen der Schüler.
9. Wenn die zuvor genannten Punkte insgesamt eine gewisse Distanz zu den Schülern im Kontext tragen, so ist dies sicher kein Zufall. Es soll hier aber nicht der Eindruck entstehen, als herrsche ein Krieg zwischen Lehrern und Schülern. Umgekehrt: Eine fürsorgliche Annäherung soll sich entwickeln, aber die Schüler sollen nicht Gelegenheit haben, bestimmte Signale des Lehrers zu mißdeuten, so daß dann Lehrer wie Schüler überfordert wären.
10. Vertretungsstunden sind so zu halten wie „normaler" Unterricht auch. Bedenkt man theoretisch, was das Besondere an Vertretungsstunden ausmacht, so kommt man schnell zu dem Ergebnis, daß es eben diejenigen Dinge sind, die auch den übrigen Unterricht kennzeichnen sollten. Es ist sinnvoll, sich das Material für einige Vertretungsstunden in der Schule bereitzulegen. Eine Vertretungsstunde, die mit Lappalien verbracht wird, ist nicht nur verloren für alle Beteiligten, sie setzt auch falsche Signale für die Zukunft. Man bedenke, daß es sein könnte, daß man in eben dieser Klasse schon morgen den festen Unterricht übernehmen muß.

## 7.4 Lehrer und Schüler im Unterricht

Auch wenn man es mit relativ neuen Formen des Unterrichts zu tun hat, so bleibt im Kern eine Rollenverteilung von Lehrer und Schüler erhalten. Referendare haben sich in unterschiedlichem Maße in ihrer Rolle eingefunden. Einigen fällt es schwerer, mit den Schülern eine souveräne Auseinandersetzung zu führen als anderen. Eine Angst vor den Schülern wird hier mitschwingen. Daß man in eine Rolle im Laufe der Zeit hineinwächst, ist sicher unbestritten. Die Frage ist allerdings, von welchem Ausgangspunkt die Referendare diese Reise antreten. Das Rollenverhalten steht auch im Zusammenhang mit der Vorbildfunktion. Hier ist der Kontrast zwischen Ist und Soll oft besonders stark.

1. Alle die eigene Position schwächenden Äußerungen sind zu bedenken. Dazu gehören z.B.:

- Ich lerne selbst noch.
- Ich habe auf der Universität gelernt, daß....
- Ich frage mal Frau X ....
- Das weiß ich auch nicht.

2. Den Schülern zu wenig abzuverlangen – vor dem Hintergrund, sie könnten vielleicht mit einfachen Dingen bereits überfordert sein oder wüßten noch nicht ausnahmslos Bescheid – ist ebenso unangemessen, wie sie vor dem Hintergrund einer Fehleinschätzung des entwicklungspsychologischen Standes, z.B. durch unverändert höchste Konzentrationsanforderungen, zu überfordern. Letzteres tritt überraschend häufig auf.
3. Dem entspricht es, entweder kritiklos jeden Schülerbeitrag „super" zu finden, oder im anderen Fall gar kein Lob mehr zu äußern.
4. Schüler erwarten, sicher zu Recht, ein führendes Verhalten. Deshalb sind gehäufte Unsicherheiten bei unmittelbar anstehenden Entscheidungen nicht hilfreich, z.B. bei der Reaktion auf einen Schülervorschlag.
5. Die persönliche Distanz zu den Schülern ist der Beobachtung nach teils zu groß (z.B. bei falschen Schüleräußerungen in der Grundschule), teils zu klein (z.B. bei Ungebührlichkeiten der Schüler in der Oberschule).
6. Härte im Bereich kleinster Verfehlungen ist oft eher ein Zeichen von Unsicherheit.
7. Die Schüler dürfen erwarten, daß der Lehrer freundlich zu ihnen ist, daß er gerecht und humorvoll handelt, daß er gewissenhaft vorbereitet ist, daß er seine Klassenarbeiten schnell korrigiert zurückgibt, daß er sich in seinem Fach bestens auskennt, daß er gut präpariert in den Unterricht kommt.
8. Der Lehrer soll für die Schüler nicht nur zwischen „Tür und Angel" Zeit haben. Er muß die Schüler mit deren Problemen ernst nehmen.
9. Die Lehrersprache im Unterricht darf keine Nachlässigkeiten aufweisen oder sich aus falsch verstandener Kumpanei auf dem Schülerniveau einfinden: „Schnauze, sonst Beule." Da ist von „Klebe" (anstatt Klebstoff) die Rede, oder mitunter kennen die Betreffenden eben diejenigen Bezeichnungen nicht, um die es explizit geht, z.B. „der Türmerer" anstatt „der Türmer".
10. Die Kleidung und das Verhalten vor der Klasse müssen tadellos erscheinen. Wenn man sich heute über gepiercte Bauchnabel beschwert, können die

Lehrer nicht ebenso erscheinen. Im Referendariat traten schon diese Fälle auf (sie sind nicht erfunden): Lehrer erscheint nur mit Badehosen und Badelatschen bekleidet; Lehrer trägt Basecap; Lehrer trinken während des Unterrichts, verschlucken sich und husten den Schülern etwas vor; Lehrer ziehen sich während des Unterrichts Pullover in einer Weise aus, daß der Oberkörper entblößt wird; Lehrer erscheinen in einem Aufzug, der eher dem Rotlichtmilieu zuzuordnen wäre; Lehrer erscheint zur Prüfung in einem mottenzerfressenen, viel zu kleinen und schmuddeligen T-Shirt.
11. Es wird erwartet, daß der Lehrer sich voll und ganz für Unterricht und Schule und Schüler einsetzt. Daher sind alle offensichtlichen Rückzugstendenzen unerwünscht. Dazu gehören z.b. Anfragen, ob man an Konferenzen tatsächlich teilnehmen muß. Ähnliches gilt für die Vermeidung, an Elternabenden teilzunehmen. Sich selbständig und ungefragt in Projektlisten einzutragen, ist vorteilhafter, als dazu aufgefordert zu werden.

## 7.5 Unterrichtsdemonstrationen – „Vorführstunden"

Unterrichtsdemonstrationen, die auch unter Bezeichnungen wie Vorführstunden, Stundenlektionen, Unterrichtsbesuch, Lehrproben und dergl. bekannt sind, gehören zum Kernbestand der Ausbildung. Hier wurde oft darauf hingewiesen, daß es in der Tat eine besondere Belastung für die Referendare ist, Unterricht zu demonstrieren. Insofern die Berufsausübung im wesentlichen aus dem Unterricht besteht, ist keine andere Möglichkeit auszumachen, die Referendare zu beurteilen, als sie in ihrem Unterricht wirken zu sehen. Deshalb wäre es hilfreich, diesen Unterricht nicht als Klotz am Bein zu betrachten, sondern aus Chance zur Optimierung, als Lernchance, als den günstigsten Fall der inhaltlichen Auseinandersetzung mit der Sache, als ein Erproben, als Arbeit an einem Werkstück, aber nicht als Gängelei, als Zumutung, als Abverlangen von wirklichkeitsfremden Inhalten oder als aufgebürdetes und überflüssiges Jammertal. Stereotyp erscheint der Hinweis, der Unterricht liefe ohne Besuch oft viel besser. Dies ist allein schon mit Blick auf die sich oft bietenden krassen inhaltlichen Fehler mehr als fraglich, da zu erwarten wäre, daß zur Demonstrationsstunde zumindest der Fachinhalt korrekt beherrscht wird.

Sodann wird beklagt, die Anforderungen seien unrealistisch und entsprächen nicht der Wirklichkeit. Dieser oder jener Aufwand könne im Schulalltag gar nicht betrieben werden. Dieser Argumentation möchte man entgegenhalten, daß man diese Verarmung manchem Unterricht ansehen kann. Die Gegenüberstellung impliziert nämlich, daß das (wie auch immer verstandene) „Aufwendige" das Bessere sei, nur eben nicht leistbar. Dies heißt auch, sich mit der schlechteren Lösung zufriedenzugeben. Auf diese Weise kann gar keine Aufwertung des

Unterrichts stattfinden, denn wenn die Verhältnisse so (schlecht) sind, wie sie sind, und wir nur darauf unsere Anforderungen zu richten hätten, so wird keine Wandlung eintreten, kein Ausloten der Möglichkeiten stattfinden, keine Erfahrung der Befriedigung über Gelungenes aufscheinen, keine Verfügbarkeit eines breiten Repertoires vorkommen, kein sich aufbauender Fundus entstehen. Der Blick ginge nach unten, anstatt nach schräg oben. Aus der Arbeit soll eine Genugtuung gezogen werden, aber auch das Bewußtsein, daß manches hätte besser sein können. Es kommt hinzu, daß man im Referendariat Dinge ausprobieren kann, z.B. einen bestimmten Methodeneinsatz, wofür man später eventuell tatsächlich nur noch wenig Zeit haben könnte.

Niemand wird je den oft zitierten Medienzauber verlangen, sondern nur das Angemessene, um Ziele zu verwirklichen, Verstehen zu ermöglichen und anschaulich arbeiten zu können. Vor der Anfertigung eines aufwendigen Mediums für die Schüler hat die Frage nach Zweck und Funktion zu stehen. Danach wird sich der Herstellungsaufwand richten.

Es ist offenbar eine besondere Eigenart des Lehrerberufes, daß er, im Gegensatz zu anderen, seine Produkte kaum öffentlich machen muß. Wenn sich die Tür zum Klassenraum schließt, so glauben viele, ginge niemanden mehr etwas an, was sich nun vollzieht. Auf diese Weise empfinden es einige als eine Art Zumutung, daß ihre Arbeit begutachtet werden soll. Gewiß, der Vergleich Lehrer - Schauspieler ist vielfach angestellt worden, aber auch er hinkt natürlich. Vor allem wird der Regisseur vergessen. Der Schauspieler läßt sich vom Regisseur nicht nur sagen, wie es wunschgemäß sein soll, sondern beide ringen um die beste Lösung. Die Lehrer dagegen empfinden allzuoft einen Rat geradezu als Angriff auf ihre Persönlichkeit. Ein Referendar legte sogar empört schriftlich nieder: Die Vorgesetzten hätten ihm verboten seinen Dialekt zu sprechen, nach der Prüfung jedoch würde er mit den Schülern wieder so sprechen, wie ihm der Schnabel gewachsen sei.

An die Stelle dieser negativen Tendenzen kann die Freude an der möglichen Optimierung der Arbeit, die Genugtuung, in die Materie tief genug eingetaucht zu sein, das Beste aus sich herausgeholt zu haben und letztlich die optimistische Erfolgsaussicht für das Ende des Referendariats treten.

Für Unterrichtsdemonstrationen kann gelten:

1. Die besuchenden Seminarleiter sind den Referendaren gewogen und wünschen wie sie ein Gelingen des Unterrichts. Sie kennen die Gefühlslage der Lehrer, weil sie selbst in dieser Situation stehen und standen.
2. Die Aufzeichnungen, die die Seminarleiter vornehmen, stellen keine Sammlung von Negativ-Punkten dar, sondern ergeben neben den positiv bestätigenden Punkten vor allem ein höchstpersönliches Merkgerüst, um

auch später zu jeder Zeit über den Unterrichtsbesuch Auskunft geben, selbst im Anschluß strukturiert Stellung nehmen und eine Alternative und Gedankengänge verfügbar machen zu können. Es ist fair, diese Aufzeichnungen den Referendaren zur Verfügung zu stellen.

3. Die Seminarleiter verstehen sich nicht als Theaterbesucher und wollen nicht nach der Unterrichtsdemonstration nur ein Pauschalurteil abgeben, sondern sie verstehen sich als Diskutanten in der Sache.
4. Die Referendare können sicher sein, daß es praktisch keine Situation gibt, die den Besuchern selbst noch unbekannt wäre (Ausnahmen gibt es indes immer wieder). Insofern gibt es jedenfalls keine Umstände, die dem Referendar peinlich sein müßten.
5. Es ist in keinem Fall erforderlich, ausgedehnte Unterrichtsentwürfe über das notwendige Maß hinaus anzufertigen. Die Länge und Ausführlichkeit richten sich nach den Unterrichtsnotwendigkeiten, nicht nach einem angekündigten Unterrichtsbesuch.
6. Es ist ganz verfehlt, wenn auch verständlich, daß Referendare bei Unterrichtsbesuchen die ganze Breite ihrer zwischenzeitlich erworbenen Fähigkeiten demonstrieren möchten. Hier gilt aber: Inhaltliche Schwerpunkte setzen, nicht alle möglichen Medien einsetzen, nicht alle möglichen Arbeitsformen einplanen.
7. Bei Unterrichtsdemonstrationen kann für den Beobachter gelegentlich der Eindruck entstehen, jemand hätte sich unendlich viel Mühe gemacht, um ein bestimmtes Problem zu bearbeiten (sei es eine Versuchserprobung, der Einsatz eines Mediums, die Konstruktion eines Arbeitsblattes o.ä.), ohne die perfekte Lösung erzielt zu haben. Dabei ist es nicht verboten, nach bewährten Unterrichtsentwürfen (didaktische Zeitschriften, Examensarbeiten, Internet) Ausschau zu halten und Teile zu adaptieren. Dazu gehört dann die zweifelsfreie Quellenangabe. Es geht dabei darum, sich Anregungen zu holen, nicht um Unterricht aus einer Konserve.
8. Manchem Referendar spielt die Nervosität einen Streich. Dies kann dazu führen, daß er eine durchaus fundierte Planung in der Durchführung nur noch „überfliegt". Die Moderation lotet die einzelnen Schritte inhaltlich nicht mehr aus, anderes wird einfach vergessen, wieder anderes wird in dem Augenblick für überflüssig gehalten. All dies kann dazu führen, daß der Unterricht praktisch vorzeitig beendet ist, so daß nun neue Nervosität durch die Notwendigkeit der Improvisierung entsteht. Es kann versucht werden, dem dadurch zu begegnen, daß man den Unterricht durch eine Punkteliste begleitet, sich im entscheidenden Augenblick daran erinnert, daß es einen guten Grund für eine bestimmte Schrittfolge gab oder daß man an dieser Stelle ein sammelndes Resümee einfügt, um Zeit für die Neuüberlegung zu erlangen. Hier kann ein Blatt mit der übersichtlichen Notierung der Phasen und der Zeitplanung auf dem Lehrertisch helfen.

9. Das Beratungsgespräch ist keine Rechtfertigungsveranstaltung, sondern ein Aufsuchen der Scharnierstellen positiver Beförderung des Unterrichts einerseits und abträglicher Entscheidungen andererseits. Daraus soll eine allgemeine Erkenntnis abgeleitet werden, die über eben diesen (einmaligen) Unterricht hinausgeht. Es ist demzufolge nicht hilfreich, in den höchstspeziellen Bezügen einer ganz bestimmten Unterrichtsstunde steckenzubleiben, was singulär und bedeutungslos bliebe, sondern das Allgemeine des Förderlichen oder Hinderlichen muß herausgestellt werden, damit es für kommende Entscheidungen verfügbar ist.
10. Es ist eine Unsitte von Unterrichtsbeobachtern, den Referendaren im Anschluß an den Unterricht mit dem Ratschlag zuzusetzen, der sinngemäß lautet: „Ich hätte es anders gemacht, ich hätte es so und so gemacht." Die Frage ist indes nicht, wie es der Unterrichtsbeobachter gemacht hätte, sondern ob es so, wie es vorgelegt wurde, auch geht bzw. welche Gründe nicht für dieses Vorgehen sprechen. Es ist ein Glück, daß viele Möglichkeiten realisiert werden können.
11. Gelegentlich wird von Referendaren darauf hingewiesen, daß man es den einzelnen Beobachtern nicht recht machen könne. Wenn einer z.B. frage, warum der Referendar nicht eine Folie aufgelegt habe, frage ein anderer, warum man denn die Folie aufgelegt hätte. Dies dürfte ebenso ins Fabelreich zu verweisen sein, wie die Richtigkeit der sich hartnäckig haltenden Gerüchte, im Seminarbetrieb müsse man seine Persönlichkeit ablegen und würde eine Zeit der Folter erdulden müssen. Das Gegenteil ist der Fall: Alle mehrfach besetzten Unterrichtsbeobachtungsbesuche ergeben regelmäßig den großen Gleichklang der inhaltlichen Bewertung und der präzis gleichlautenden Benennung des Unterrichtserfolges in entscheidenden Punkten. Dies geht bis in den Sprachgebrauch hinein. Dieser Faden der gleichsinnigen Sichtweise zieht sich oft auch bis in die Unterrichtsanalyse der Referendare selbst hinein.
12. Es wird kritisiert, ein Ausbilder möchte die Planung nach Schema X, ein anderer nach Schema Y angelegt wissen. Einer hätte gesagt, man solle ein Analysegespräch mit einem bestimmten Teilaspekt beginnen, ein anderer hätte davon dringend abgeraten. Es wäre hilfreich, wenn die Referendare erkennen würden, daß es sich dabei a) in der Regel nicht um grabentiefe und prinzipielle Unterschiede in der Sache handelt, sondern nur um die Bevorzugung gleichberechtigter Möglichkeiten, b) sie in ihrer Argumentation frei sind, selbst Entscheidungen zu treffen, c) dies nicht zu einer Existenzfrage hochstilisiert werden darf und d) davon der Unterrichtserfolg gar nicht betroffen ist. Hier ist es angebracht, daß die Beteiligten in der Sache selbst diskutieren (die Ausbilder sind hier gefragt). Die Referendare dürfen allerdings nicht im unklaren gelassen werden. Wenn jemand ein Schema favorisiert, so möge er vor allem Begründungen vorbringen.

13. Von besonderer Bedeutung sind die zusammenfassenden Bewertungen der Unterrichtsversuche. Hier liegt ein gewisser, nicht aufzulösender Zwiespalt darin, daß zunächst (sinnvoll) frei erprobt werden soll, am Ende jedoch eine Gesamtnote steht, die sich aus den Teilbeobachtungen zusammensetzt. So wie im Staatsexamen dann auch der Unterricht am Ende mit einer Note etikettiert wird, so kann dies selbstverständlich prinzipiell auch mit dem Unterricht im Referendariat geschehen. Die Notwendigkeit ist jedoch nicht gleichermaßen gegeben, denn die abschließende Gesamtnote des Referendariats umfaßt ungleich mehr Teile als die Addition von Unterrichtsnoten, und die jeweilige Stundennote hätte außerdem den gegenwärtigen Stand der Ausbildung zu berücksichtigen. Die Unterrichtsnote im Rahmen der Unterrichtsdemonstrationen nimmt nicht das Ausbildungsende als Maßstab, sondern den Stand der Dinge zum gegenwärtigen Zeitpunkt. Formulierungen, die sinngemäß lauten, „Wenn dies eine Prüfungsstunde gewesen wäre, dann wäre es eine Vier gewesen", sind nicht angebracht, da es nun einmal keine Prüfungsstunde war. Es kommen andere Erwägungen zum Tragen. Selbstverständlich haben Referendare einen Anspruch auf Nennung einer Note, andererseits kommt es vielmehr darauf an, eine jeweilige Positionsbestimmung vorzunehmen, die auf einem Kriterienkatalog der Bewertung basiert, der den Referendaren auszuhändigen ist.
14. Viele Referendare erleben es einmal, daß sie Unterricht demonstrieren, der in Gänze verfehlt ist. Deswegen muß sich der Standard ihrer bisherigen Bewertung, das (positive) Licht, in dem sie gesehen werden, nicht negativ verändern. Umgekehrt wird eine Reihung solcher Unterrichtsergebnisse jedoch zu negativer Bewertung führen müssen.
15. Zur Durchführung von Unterrichtsbesuchen gehört auch die organisatorische Vorbereitung. Es ist nicht hinnehmbar, wenn Referendare in großer Hektik noch kurz vor Unterrichtsbeginn die Entwürfe oder Arbeitsblätter für die Schüler kopieren, noch nicht geklärt ist, in welchem Raum der Unterricht überhaupt stattfindet (auch das kommt vor!) oder sich bei Unterrichtsbeginn herausstellt, daß noch gar keine Stühle für die Unterrichtsbeobachter zur Verfügung stehen.

## 7.6 Das Zusammenleben in der Schule und der Umgang der Personen untereinander

Es gibt einen Kommunikationsbereich im Schulleben, der sich nicht eindeutig zuordnen läßt. Er betrifft Lehrer und Schüler untereinander, aber auch die Lehrer unter sich. Gemeint sind nicht verbale Auseinandersetzungen, Unterrichtsgespräche und dergl., sondern die im Hintergrund stehenden Haltungen, Ansichten, Ängste, Ärgernisse oder Besorgnisse. Dazu gehört ebenfalls, daß alle an der Schule beteiligten Personen wissen, daß der Unterricht mehr ist, als die technische Abhandlung von Inhalten, Phasen und Bewertungen, als das reine Unterrichtsgeschäft.

1. Inwieweit lassen sich aufklärende Gespräche über latente Systemeigenschaften (z.B. beamtenrechtliche Gegebenheiten, hierarchische Abhängigkeiten), stille Befürchtungen, Ärgernisse (lehrer- und schülerseits) usw. mit dem Ziel führen, ein verbessertes Verständnis im Zusammenleben zu erreichen? Dazu gehören die Aspekte, die häufig unter dem Begriff des hidden curriculum gefaßt werden. Beispielsweise gehören Themenkreise dazu, wie:

- Schule auch als soziale Veranstaltung zu begreifen (Schüler kommen oft weniger zum Lernen als vielmehr wegen der sozialen Kontakte gern zur Schule);
- Vermeidung bzw. Heraufbeschwörung von Konflikten (Vorbeugung, frühzeitige Erkennung, kein Übergehen von brisanten Situationen);
- Strategien zur Strafvermeidung (z.B. Schüler setzen sich ins rechte Licht, um selbst nicht zur Verantwortung für negative Abläufe gezogen zu werden);
- Rollenübernahme zum Schein (bei Planspielen üblich; Einsichtigmachen, daß es um Rollenübernahme zwecks Funktionalität einer Erarbeitung geht);
- Mitschwingen von Sympathien und Antipathien (besonders heikel, aber nicht auszublenden; deutlich machen, daß es dadurch keinen Verrat am Standard, z.B. der korrekten Notengebung, geben kann und darf);
- Verdeutlichen, daß die Zensurenerteilung nicht auf arithmetischen Berechnungen beruhen kann (auch wenn dies mitunter durch entsprechende Punkteverteilung den Anschein hat), da die Leistungen nicht nur höchst individuell sind, sondern die Noten nur ordinalskaliert sind, was ein „Rechnen" mit ihnen weitgehend ausschließt;
- Unterbindung von Hohn und Spott oder gar Mobbing; Diskriminierungstendenzen thematisieren;
- Versagensängste anerkennen;
- Erfinden von Ausreden enttarnen (ich habe meine Hausaufgaben zu Hause vergessen);
- Verwahrlosungstendenzen beobachten; frühzeitige Elternkontakte;
- Fernhalten von Kungelei im Kollegium (nicht in den Chor zum Teil unsäglicher Äußerungen über Einzelschüler einstimmen);
- Informationen offenlegen;

- Ungebührlichkeiten nicht übergehen;
- Gespräch mit den Schülern darüber, ob sie sich über- oder unterfordert fühlen;
- Verdeutlichung, daß „Durchmogeln" erkannt werden kann;
- Gespräche zur Absicht und Wirklichkeit von Unterricht führen (Unterricht als ernste Belehrung, Unterricht als ritualisierter Ablauf, Unterricht als Inszenierung, Unterricht als langweilige Veranstaltung).

Es gäbe der Schule ein Stück Ehrlichkeit, solche Probleme als Teil des Gemeinschaftslebens aufzufassen und zu thematisieren. Klassenlehrer sind hier sicher in besonderer Weise gefragt. An sie müssen sich die Schüler mit Recht vertrauenswürdig wenden können (z.b. um Hilfe gegen Lehrertyrannen zu erhalten).

2. Werden Fragen der Schülerselbstverwaltung ernst genommen, oder handelt es sich bei Lichte besehen um Schein-Einrichtungen?
3. Kann den Schülern durch den Lehrer eine fundamentale Erfahrung ermöglicht werden, z.B. daß Verstehen eine Freude sein kann, daß Unterrichtsinhalte nichts isoliert Geheimnisvolles darstellen, sondern überall frei zugänglich und nachlesbar sind (theoretisch könnten die Schüler bei entsprechender Vorbereitung den Lehrern überlegen sein) oder daß es für viele Dinge einen „Trick" gibt, der das Verständnis erleichtern kann?

## 7.7 Disziplinschwierigkeiten und Störeinflüsse

Viele Referendare fürchten sich vor einer Disziplinlosigkeit in ihrer Lerngruppe. Jeder kennt aus der eigenen Schulzeit Beispiele dafür, wie bestimmten Lehrern zugesetzt wurde. Auf der einen Seite ist die Angst nicht ganz unberechtigt, auf der anderen gehört dieses Kapitel untrennbar zum Wesen des ganzen Schulbetriebes und damit zum Berufsfeld. Letztlich unterliegt jede Anweisung an den Schüler dem pädagogischen Wagnis des Scheiterns mit der drohenden Gefahr der Wiederholung. Es ist aus nachvollziehbaren Gründen überaus kompliziert, gefährlich und sicher zum Teil vielleicht sogar verantwortungslos, „gute Ratschläge" zum Umgang mit schwierigen Schülern – sofern dies in der Disziplinverletzung seinen Ausdruck findet – zu erteilen. Der Ursache-Wirkungs-Mechanismus ist so fest an die handelnden Persönlichkeiten gebunden, daß hier nur einige Punkte zur prinzipiellen Überlegung genannt seien. Es wäre allerdings sehr wichtig zu begreifen, daß Disziplinschwierigkeiten in erster Linie vor dem Hintergrund eines ganzen Systems zu verstehen sind. Ein Disziplinproblem entsteht nicht aus heiterem Himmel, sondern entwickelt sich regelartig in einem bestimmten Konstellationsraum, und zwar nur in diesem, ein anderes Disziplinproblem in einem anderen. Disziplinverstöße haben für die Störer durchaus eine Funktion. Eine einseitige Betrachtung (z.B. „Der Schüler ist schuld, weil er...") würde Gefahr laufen, das Problem nicht lösen zu können. Klar bleibt auch, daß keine Wunder erwartet werden können, selten nur eine kurzfristige Behebung des Problems möglich ist und es keinen Trick gibt, der über die Situation helfen würde.

In der Sache ist es unscharf, wenn „Störung" und „Disziplinverstöße" oder „Disziplinschwierigkeiten" mehr oder weniger synonym verwendet werden. Eine Störung des Lernprozesses muß mit einem Disziplinproblem gar nichts zu tun haben. Umgekehrt führen Disziplinprobleme zu Unterrichts(Lern)störungen. Der Begriff „Disziplinproblem" verweist auf eine Lehrkraft, die diese Probleme hat (sie ist schuld, weil sie keine Disziplin halten kann), bzw. auf Schüler, die sich entsprechend verhalten (sie sind schuld, weil sie permanent Regeln des Zusammenlernens verletzen). Das Ausweichen auf den scheinbar neutralen Begriff der „Unterrichtsstörung" ist nun insofern hilfreich, als die ganze Problematik unter dem Gesichtspunkt des genannten Systems gesehen werden kann.

Disziplinprobleme i.e.S. werden als Störungen des Unterrichts aufgefaßt, aber sie sind nicht die einzigen Störungen des Lernprozesses, denn ebenso betreffen die Störungen „geistig abwesende" Schüler (die scheinbar gar nicht stören). Da sich der Störungsbegriff in weiten Teilen auf die Störung des Lernprozesses bezieht, relativiert sich dieser Begriff aber auch, denn ein Lern-Denk-Prozeß verläuft praktisch nie ohne Störgrößeneinflüsse. Man denke daran, wie oft ein völlig ungestörter Leser beim Lesen abschweift. Wovor sich die Referendare fürchten, ist folgender Zusammenhang: Ein Schüler begeht einen Disziplinverstoß (z.B. Ausstoß unartikulierter Laute), der eine Störung des Unterrichtsablaufes und damit des Lernprozesses zur Folge hat. Darauf erfolgt eine Reaktion des Lehrers, die vom Schüler erwartet wird, denn Lehrer und Schüler sind durch ein feinsinniges Geflecht von Erwartungen, Voraussetzungen, Dispositionen und Motivlagen miteinander verknüpft. Genau hier liegt die Chance, das System zu durchbrechen. Demgegenüber ist es zunächst unerheblich, ob man das Ganze Disziplinverstoß, Unterrichtsstörung usw. nennt und was die Motivlage für die Handlungen sein mögen. Nur auf einfache Fälle beziehen sich die folgenden Anmerkungen.

Soweit nun eine Störung auftritt, die durch Disziplinlosigkeit ausgelöst wird, besteht die Notwendigkeit, den lernwilligen Schülern zu einer Situation zu verhelfen, in der sie auch tatsächlich lernen können. Die Störer stören andere Schüler und hindern sie am Lernen – eine untragbare Situation!

1. Lassen sich die Störungen einordnen? Sind es solche, die heute zum Teil als „normal" empfunden werden? Handelt es sich um rohe Gewalt, Rechtsradi-

kalismus, Körperverletzung, Drogenvergehen und dergl.? Je nach Sachlage wären unterschiedliche Strategien zu verfolgen.
2. Mit Blick auf die Schüler muß beachtet werden, daß diese sich als Einzelpersonen ganz anders verhalten können als im Gruppenverband. Ein Gespräch mit einem schwierigen Einzelschüler kann scheinbar fruchtbare Ergebnisse erbringen, zurück in seiner Bezugsgruppe, mag dann vieles vergessen sein. Dies darf nicht daran hindern, dennoch das Gespräch zu suchen.
3. Mit Blick auf die Planung von Unterricht (didaktische Fehler) liegen die Probleme relativ klar zutage. Planungs- und Durchführungsfehler, die die Störungen begünstigen oder hervorrufen, sind behebbar. Es hat sich herausgestellt, daß insbesondere zu flache oder zu hohe Anforderungsniveaus im Unterricht entscheidende Störquellen sein können.
4. In der Unterrichtsdurchführung können unklare Anweisungen, Impulshäufung und Verlust des roten Fadens zu Störungen führen. Dies korrespondiert oft mit fehlender Einsicht der Schüler in den Sinn der unterrichtlichen Unternehmung.
5. Alle Maßnahmen zur Behebung eines Disziplinproblems bewegen sich im Spannungs- und Abwägungsbereich von:

- Sofortreaktion versus Verschiebung der Klärung auf „später",
- rechtlichen Vorgaben,
- Angemessenheit der Reaktion,
- Aussicht auf Erfolg oder Scheitern,
- Gerechtigkeit,
- Bevorzugung einer persönlichen Strategie,
- Erreichen einer Toleranzgrenze (Was wird (noch) zugelassen?),

Diese Felder sind nicht harmonisiert, was zu schweren Diskrepanzen führen kann, z.B. wenn eine Reaktion des Lehrers nicht mit dem Gerechtigkeitsgefühl des Schülers in Einklang steht.
6. Die Strategie zur Störungsbekämpfung kann sein: Übergehen, Beruhigen, Aufklären, Verschieben, Drohen, Wiedergutmachungsforderung, Bestrafung, Schadensbegrenzung, völliger Abbruch der Situation (aus dem Felde gehen), in Einzelfällen vielleicht sogar Verstärkung, Verlagerung der Reaktion auf andere Personen (Schulleitung, Klassenlehrer). Wozu tendiert der Lehrer nach seiner Beobachtung? Was wäre in welchen Fällen eventuell hilfreich? Nur in Abhängigkeit von Lehrertyp (Person) und Qualität des Vorfalls (Anlaß) kann eine Entscheidung getroffen werden. So kann Brüllen in Ausnahmefällen hilfreich, kann aber auch höchst lächerlich sein, wenn es nicht zur Person paßt (nicht authentisch ist).

7. Nach Bestehen der schwierigen Störsituation sollte an anderer Stelle und zu anderer Zeit die Motivforschung für die Störung einsetzen.
8. Häufig genannte Motive für Störer sind: Aufmerksamkeit erreichen wollen (aktiv, passiv, konstruktiv, destruktiv), Macht erlangen wollen, Rache und Vergeltung üben, Unfähigkeit demonstrieren. Der letzte Fall dürfte häufiger sein als angenommen. Auch hier wäre zu beachten, daß das Motiv bzw. dessen Umsetzung auf der Handlungsebene nur ein Teil des Gesamtsystems ist.
9. Man bedenke generell: Vielfach hat die Störung den Vorrang vor dem Versuch, den Unterricht weiter zu verfolgen. Jede Störung ist nur die vorläufig letzte in einer langen Kette von Störungen. Ein Ausweichen vor der Problemlösung ist keinesfalls hilfreich, sie wäre nur aufgeschoben. Ein Teil von Störungen kann durch Korrektheit eingedämmt werden – daher mag es angebracht sein, nicht über Störungen hinwegzusehen, die die Lehrkraft im Augenblick scheinbar nichts angehen, z.B. bei Pausenaufsichten wegsehen oder sich für Schüler, die man selbst nicht unterrichtet, als nicht zuständig fühlen.
10. Langfristig sind Verhaltensziele zu erreichen, statt kurzfristig Mängel zu beheben.

Die nachfolgenden Hinweise verstehen sich als mehr oder weniger auf Sofortmaßnahmen bezogene Verhaltens- und Reaktionsmöglichkeiten der Lehrer. Sie können das Problem nicht grundsätzlich lösen, sondern vielleicht nur über eine Situation hinweghelfen. Sie mögen im Einzelfall auch auf totale Ablehnung stoßen (Personengemäßheit, pädagogische Einstellung), und sie sind in keinem Fall Handlungsanweisungen. Welche Reaktionen sind denkbar?

Kurzfristig:

- Lassen sich Maßnahmen für verspätet eintreffende Schüler zusammenstellen? Es ist im Einzelfall eine interessante Variante, den Unterricht immer wieder neu beginnen zu lassen.
- Arbeitsergebnisse, die nur unter Druck und Nachhelfen entstanden sind, sollten vorgelegt werden. Sie müssen ausführlich positiv oder negativ gewürdigt werden, damit ein Gefühl des Ernst-genommen-Werdens aufkommt, das gleichzeitig von dem unersprießlichen Ursprungsvorfall fortführt, weil man mit dem Schüler nun vernünftig über eine Sache reden kann.
- Nacharbeitsmöglichkeiten für die Schüler sind zu erkunden (Rechtslage beachten, z.B. Informationspflicht der Eltern wahrnehmen).

- Welche Rolle spielt die Sitzordnung für bestimmte Störungen? Tritt eine Beruhigung von Einzelschülern durch Separierung ein?
- Eine Erprobung verschiedener Verhaltensweisen im Falle von Anfangsunruhe (bei Unterrichtsbeginn) kann zur Auswahl eines Mittels führen: Abwarten; Wirkung auch bei sehr langem Warten erproben; selbst sehr leise bleiben; verlorene Zeit stoppen und an anderer Stelle nacharbeiten lassen; bei kleineren Schülern: Der leiseste Schüler ist gesucht; akustische Signalvereinbarung.
- Die Schüler können an die Pflichten aus den entsprechenden Gesetzeslagen erinnert werden (z.B. Schulgesetz; nicht für kleinere Schüler geeignet; den größeren (großen) ist oft nicht klar, wozu sie eigentlich verpflichtet sind).
- Welche Folge würde es vermutlich haben, einen Schüler zur Beruhigung in die Sozialstation zu schicken?
- Kann ein Schüler in die Nachbarklasse geschickt werden (vorher sachkundig machen, wer dort unterrichtet und Verabredung treffen)?
- Unterricht in die Unruhe hinein zu versuchen, ist in der Regel erfolglos. Die gilt auch für Unterricht mit den zwei, drei noch zuhörenden Schülern („Privatunterricht").
- Unterricht kann mit ganz präzisen Aufgaben, Problemstellungen, Phänomendemonstrationen usw. (eventuell sofort eine genaue Zeitvorgabe) begonnen werden. Auch ein genaues, erwartetes Ergebnis kann kurz dargestellt werden.
- Unterricht muß stets pünktlich begonnen werden.
- Was läßt sich von demjenigen einbringen, das die „bewegte Schule" im Programm hat? Es ist üblich, mit kleineren Schülern die Arbeit zwecks Bewegung, Singen usw. zu unterbrechen.
- Aufkommende Unruhe kann bei Feststellung der Störer dadurch ohne neue Konfliktfelder zu schaffen beseitigt werden, daß diese unmittelbar mit Aufgaben betraut werden, z.B. dem Austeilen von Arbeitsblättern, der Beschaffung von Kreide o.ä.
- Man denke sich in Ruhe einen Maßnahmenkatalog aus. Drohen und Handeln stehen im Zusammenhang – ein Einlassen auf unfruchtbare Diskussionen kann die Problematik noch ausweiten. Im Augenblick der Reaktion ist es oft nicht hilfreich, Entscheidungen wieder zurückzunehmen. Wenig hilfreich erscheint es, einen Machtkampf mit den Schülern zu riskieren, wenn Unklarheit bei einem selbst besteht. Allerdings sollte ein Hinweis auf eine noch kommende Lösung des Falles zu einem späteren Zeitpunkt erwogen werden.

Mittelfristig:

- Es kann mit den Schülern ein gemeinsamer Regelkatalog erstellt werden. Er macht nur Sinn, wenn Sanktionen formuliert werden.
- Möglicherweise ist es hilfreich, eine in der Klasse öffentlich aushängende Liste zu installieren, auf der Schüler mit positiven und negativen Verhaltensweisen notiert werden. Zuvor ist zu bestimmen, welches Verhalten in welche der Kategorien fällt. Nach der Ansammlung einer bestimmten Anzahl von Negativ- oder Positivpunkten werden die Eltern verständigt, so daß in jedem Falle auch positives Verhalten verstärkt wird.
- Welche Handlungsanleitungen lassen sich aus der Schulordnung ableiten?
- Es kann für Einzelschüler Sinn machen, dem Lehrer regelmäßig Bericht zu erstatten.
- Schriftverkehr und Telefonkontakt zu den Eltern sind unerläßlich.
- Es ist zu prüfen, was das Einberufen einer Klassenkonferenz leisten kann.
- Wurde ein Einsatz derjenigen Maßnahmen, die die entsprechenden schulrechtlichen Regelungen ermöglichen, erwogen?
- Die Führung ausgedehnter Einzelgespräche (in gesonderten Räumen, zu außergewöhnlichen Zeiten, über für den Schüler zunächst überraschende Dinge) ist ein treffliches Mittel, an die Schüler besser heranzukommen. Dabei zeige man Verständnis für die Motivlage, nicht aber für die Handlungen und deren Auswirkungen.
- Eventuell kann mit einzelnen Schülern ein „Vertrag" geschlossen werden (Du störst mich nicht, dafür werde ich dein Fürsprecher (beobachte dich genau, blinzele dir zu o.ä.)). Wichtig ist zu signalisieren, daß dieser Schüler deshalb nicht zu den fortan „Chancenlosen" zählt. Motivforschung kann betrieben werden. Die Literatur stellt dafür Fragenkataloge zur Verfügung.
- Als Verlegenheitslösung erscheint die bekannte „Strichliste" an der Tafel, die Störer notiert, und beim dritten Strich eine Strafe erfolgen läßt, z.B. einen Benachrichtigungsbrief an die Eltern. Hier wird es sicher einige Schüler geben, bei denen das Wirkung zeigt, aber auch andere, die „gern" drei Striche sammeln.
- Schwierige Schüler können als Helfer des Lehrers fungieren, z.B. könnten sie verantwortlich für das Funktionieren des OH-Projektors sein.

- Die Erprobung ganz neuer und für die Schüler überraschender Aktionen sollte erwogen werden (z.B. kann die Verstärkung eines unerwünschten Verhaltens die Absurdität deutlich machen).

Langfristig:

- Pausenaufsichten sind konsequent durchzuführen. Präsent auf allen Etagen und auch in allen bei der Aufsicht unbeliebten Ecken zu sein, ist für die Schüler überraschend. Auf keinen Fall darf bei unkorrektem Verhalten weggesehen werden (dies gilt auch für fremde Schüler der eigenen Schule).
- Die besondere Stellung der „ersten Stunde" in einer bestimmten Klasse ist zu beachten (kein langes Vorstellungsritual; sofort das Inhaltsproblem vorstellen).
- Namentliches Ansprechen noch unbekannter Schüler bei neuem Unterricht in einer zuvor unbekannten Klasse (vorher erkundigen) bindet die Schüler sofort mit ein. Sie sind auch ansonsten namentlich anzusprechen („Ich meine dich ganz persönlich.").
- Inwieweit lassen sich Haltungen ändern bzw. anstreben? Was tragen die Schüler zum Gelingen der Stunde bei? Ihnen ist zu verdeutlichen: Unterricht ist nicht die Ein-Personen-Veranstaltung des Lehrers, die die Schüler gefälligst zu unterhalten hätte.
- Vertretungsstunden in eigener und fremder Klasse sollen wie normale Stunden inhaltlich orientiert und methodisch geordnet durchgeführt werden (keine Spiele; keine Hausaufgabenerledigung).
- Schüler sind gut zu beobachten: Wann treten Ausfälle auf? Fälle (Situationen) und Schüler können in eine persönliche „Stör-Rangliste" gebracht werden (Wer stört am meisten, wer am zweithäufigsten usw.?). Die Liste kann dann durch gezielte Maßnahmen abgearbeitet werden („leichtere" Fälle zuerst?).
- Können Besprechungsstunden mit der ganzen Lerngruppe Probleme im Vorfeld klären (Was wollen wir gemeinsam verbessern?)? Hierbei kommt es auf den Ernst an, nicht auf das vordergründige Angebot.
- Störungen sind als ein System (nicht als einfache „unmotivierte" Reiz-Reaktionskette) zu begreifen.
- Die Beachtung wichtiger Prinzipien, wie Gerechtigkeit, Angemessenheit der Reaktion, Authentizität (eigene Toleranzgrenze erkunden) und dergl. sind wichtig für die Akzeptanz der Lehrkraft bei den Schülern. Nichts nehmen Schüler zu Recht so übel wie Ungerechtigkeit (oder vermeintliche Ungerechtigkeit).

- Einer Konfliktregelung ist nicht auszuweichen; es ist nur die vorläufig letzte in einer sich fortsetzenden Kette.
- Leistungen kann man wertschätzen und herausstellen, die Willigen bestärken.

## 7.8 Der massiv gestörte Unterricht – die gestörte Schule

Praktisch die gesamte fachdidaktische Literatur gibt Ratschläge und baut ihr Begriffsinstrumentarium vor dem Hintergrund von Modellunterricht auf. Es ist der weitgehend funktionierende Unterricht, auf den sich neue und alte Sichtweisen konzentrieren, wobei der Einzelschüler ausgeblendet bleibt. Alle Planungen und Unterrichtsmodelle beschäftigen sich mit dem Idealfall. In Unterrichtsplanungen ist hier und dort von schwierigen Schülern zu lesen, die aber im Ernst nicht den Unterrichtserfolg in Frage stellen können.

Hier ist nun die Rede von Schülern mit schweren vorhandenen und zur Schau gestellten Defiziten. Diese können im Bereich der intellektuellen Ausstattung, der Abwesenheit jeglichen Interesses, der geringen Frustrationstoleranz, der Unfähigkeit zur Arbeitsorganisation, der schweren sozialen Störungen, der pubertären Ausfälle, des Vandalismus, des Schulschwänzertums, der kriminellen Tendenzen und der scheinbar absoluten Unbeschulbarkeit (Verweigerungshaltung) liegen. Es kann nicht anders gesagt werden, als daß es ganze Klassen gibt, bei denen es lediglich darum geht, die Schüler zumindest bis zum Mittag irgendwie zu betreuen bzw. im Raume zu halten. Die strukturierte Planungswelt kommt mit dieser chaotischen Wirklichkeit natürlich nicht mehr zurecht. Auch im Referendariat sind Klassen zu beobachten, die jeglichen Unterricht ad absurdum führen, ohne daß der Referendar unfähig, von besonderer, herausfordernder Art oder den Schülern nicht gewogen wäre. Es sind Fälle bekannt, in denen praktisch kein Unterricht zustande kam. In solchen Fällen eine andere Schule zu suchen, wird im Einzelfall Abhilfe schaffen können, löst aber das generelle Problem nicht, zumal diese Art von Verfall fortschreitet und nicht abnimmt. Insofern gehen diese Betrachtungen über die oben genannten Störungen weit hinaus.

Worin kann Abhilfe gesehen werden? Warum sollten wir diese Schüler traditionell beschulen, wenn dies auf größte Schwierigkeiten stößt? Warum will man ohne Aussicht auf Erfolg und wider besseres Wissen diesen Schülern mit den herkömmlichen Schulgepflogenheiten beikommen? Selbstverständlich muß sich die Schule auf Maßnahmen zur Verbesserung der Situation einstellen. Sie ist im Moment nicht in der Lage, dem Ist-Stand Rechnung zu tragen. Die Schule müßte wohl anders an die Aufgabe herangehen, inhaltlich verändert arbeiten, sich lösen von vielen Lehrplanansprüchen usw. Wenn die Leistung oder das Vermögen der Schüler so grotesk schlecht sind, daß sie praktisch kein Wort mehr richtig schreiben können, daß sie in der Fremdsprache vollends versagen, daß sie mit einfachsten Begriffen nichts mehr anzufangen wissen, erscheint es aussichtslos, nach Plan grammatikalische Regeln unterrichten zu wollen. Prinzipiell erscheinen mehrere Lösungsskizzen denkbar (z.b. Zusatzmaßnahmen, Förderunterricht, Übungsformen und dergl.). Alle Zusatzmaßnahmen versagen aber, wenn absolute Schulunwilligkeit hinzutritt. Diese Mischung aus Unfähigkeit und Demotivation bei Schülern – gepaart mit einer zum Teil frappierenden Unerzogenheit – kann für den Ausbildungsunterricht eine kaum erträgliche Belastung sein. Leider werden solche Fälle nicht weniger. Hier wird dann auch die Fördermaßnahme nichts bewirken.

Es liegt auf der Hand, daß die Gefahr besteht, über utopische Lösungen zu schwadronieren. Vor allem muß den Referendaren klar sein, daß sie weder Verursacher der Situation sind, noch eine Lösung herbeiführen können. Eine Veränderung wird allerdings nicht stattfinden, wenn nicht radikal auf die Ausgangslage dieser Schüler eingegangen wird. Man wird wohl in höheren Klassen in Anspruch und Inhalt zurückgehen müssen auf eine Art Erstunterricht (dies gilt häufig für Mathematik und die Fremdsprachen). Dies müßte begleitet werden von Maßnahmen, die insbesondere im sozialen und diagnostischen Bereich liegen (Schüler-Einzelgespräche, Diagnose-Anfertigung, Lernstandserhebung, kleinste Schritte mit entsprechender Bestätigung und Belobigung, Einzelförderung). Da sich der Einzelschüler anders verhält als in der Gruppe, würden solche Gespräche auch immer wieder Rückschläge erbringen. Es ist leichter gesagt als getan, daß der Lehrer diese Rückschläge nicht persönlich nehmen solle. Aber zuletzt liegt der größte Teil der Verantwortung bei den Schülern selbst. Den Referendaren muß verdeutlicht werden, daß sie keine schlechten Bewertungen erhalten, weil Schüler ihren grundlegenden Verpflichtungen nicht nachkommen und sich destruktiv im Unterricht verhalten. Sie sollten dann allerdings auch nicht eine Art Modellunterricht für funktionierende Schule einfach auf die nichtfunktionierende Schule in der Annahme übertragen, das Problem würde sich „irgendwie" schon lösen.

1. Es gelten für den Unterricht mit diesen schweren Ausfallerscheinungen prinzipiell die gleichen Anmerkungen wie die im Kapitel zuvor getroffenen, jedoch in unterschiedlichen Gewichtungen.
2. Es muß zunächst die Situation erfaßt, strukturiert und bewertet werden. Der Referendar muß sich vergegenwärtigen, daß er es mit einem strukturellen Problem, nicht mir einer vorübergehenden Erscheinung zu tun hat.
3. Ganz entscheidend ist es, die Ausgangslage möglichst genau zu erfassen. Es ist in der Sache ein erheblicher Unterschied für die Beurteilung der Störung und für die möglichen Gegenmaßnahmen, ob jemand Gangführer ist oder einen geringen Intelligenzquotienten aufweist. Deshalb forsche man

nach Ursachen. Sie können auf medizinischem, psychologischem (entwicklungspsychologischem), sozialem, erzieherischem, gesellschaftlichem oder ökonomischem Gebiet liegen.
4. Den Ursachenfeldern stehen die Möglichkeiten zur Beobachtung in Schule und Unterricht gegenüber: Arbeitsverhalten, Sozialverhalten und persönlich-emotionaler Entwicklungsstand.
5. Schulschwänzer-Problemen, Sozialverwahrlosung oder Beschulungsresistenz kann man nicht als Einzellehrer begegnen. Hier dürften nur Schulprogramme, Gleichklang in den Kollegien, Elternarbeit, Sonderpläne und dergl. einen Weg zeigen.
6. Kurioserweise können mitunter mit Mitteln des Kindergartens einzelne Teilerfolge erzielt werden, z.B. mit besonderen Belobigungen, mit Kleinstgeschenken (z.B. kleine Urkunden), mit der Einwilligung in lernferne Tätigkeiten („ausmalen") o.ä. Man mache sich aber klar, daß dies auf eine Art Erkaufen von Wohlverhalten hinausläuft.
7. Es kann versucht werden, von „Lieblingsbeschäftigungen" der Schüler auszugehen und mit kleinsten Schritten Erweiterungen vorzunehmen. Beispiel: Wenn Schüler gern eine Rallye durchführen, aber ansonsten dem Schreiben abhold sind, können entsprechend verpackte Aufgaben erprobt werden. Ebenso können es eher stupide Arbeiten sein, zu denen Schüler sich mitunter noch bereit finden können. Von hier aus können dann vorsichtige Weiterungen erprobt werden.

## 7.9 Formale Regelungen

Zum Ausbildungsalltag im Referendariat gehört auch die Beachtung formaler Richtlinien. Dieser Bereich hat zunehmend gelitten und führt in Einzelfällen zu unliebsamen Situationen, die Quelle des Ärgernisses für alle Beteiligten sein können. Es gehört in erster Linie zu den Obliegenheiten, sich die mit dem Beamtenstatus verbundenen Rechte und Pflichten bewußtzumachen. Einige Referendare wissen nicht einmal, in welchem Status sie sich befinden, wissen nichts über Vorgesetzte und können den Dienstweg nicht einhalten. So sehr die Bürokratie überbordet, so wenig ist es möglich, sich so zu verhalten, als könne alles nach eigenem Gutdünken geregelt werden. Folgende Dinge sind dringend zu beachten:

1. Es besteht eine Informationspflicht über die die Ausbildung betreffenden Sachverhalte, insofern sie Beeinträchtigungen des Ausbildungsbetriebes darstellen. Dazu gehören:

- unsachgemäßer Einsatz in den Schulen (falsche Fächer und Klassenstufen, falsche Anzahl selbständiger Unterrichtsstunden, ständige Vertretungen);
- fehlende Betreuung (Ausfall von Mentoren, ausstehende Zuweisungen);
- unzulängliche formale Integration (mitunter erhalten Referendare keine Schulschlüssel, Kopieren auf Kontingent anderer, Abhängigkeit vom Goodwill der Kollegen);
- Beschwerden von Eltern über Referendare;
- Auseinandersetzungen mit Mentoren;
- Handeln ohne Absprachen (z.B. Elternbriefe ohne Rückversicherung bei den Mentoren oder der Schulleitung).

2. Es besteht die Pflicht zur Einhaltung formaler Regelungen. Dazu gehören:

- Krankmeldungen früh unaufgefordert in der Schule sowie bei allen weiteren Betroffenen (Seminar, Seminarleiter, Kursleiter) (Die Annahme, daß nur eine Meldung an einer Stelle ausreichen würde, weil sie weitergegeben würde, ist irrig.);
- korrekter Eingang der Krankenbescheinigungen ohne Zeitverzug und Aufforderung;
- Einhaltung des Dienstweges bei Anfragen und Anträgen (Muster entsprechender Briefköpfe anschauen);
- unverzügliche Benachrichtigung bei Adressenwechsel;
- korrekte Bezeichnungen von Personen und Institutionen beachten (es ist schon bedenklich, wenn nach fortgeschrittener Zeit einige Referendare die Namen der Kursleiter immer noch nicht korrekt schreiben können);
- unaufgeforderte und unverzügliche Abgabe von Unterrichtsplänen;
- korrekte Bescheinigungen über entliehene Literatur und Einhaltung der Leihfristen.

3. Es gehört zu den Gepflogenheiten, Absprachen einzuhalten sowie in Aussicht genommene Veränderungen bzw. die diesbezüglichen Wünsche dazu in informierender Weise mit allen Beteiligten zu besprechen. Insbesondere muß beachtet werden:

- Es gibt keine persönliche Entscheidung über den Wechsel von Ausbildungsplätzen an Schulen, von Seminarzuordnungen oder Kursteilnahme. Ein anderes Verhalten stellt einen Verstoß gegen das Dienstrecht dar.

- Entsprechende Einlassungen bei Schulleitern oder das Sondieren und Arrangieren neuer Schulplätze und Seminarwechsel ohne Information der Seminarleitung ist nicht hinnehmbar.
- Die Absage von Seminarterminen aufgrund von internen Vereinbarungen mit den Schulen ist nicht statthaft, sofern nicht im Vorfeld alle Beteiligten um Einwilligung gebeten wurden. Auf keinen Fall können einzelne Beteiligte vor vollendete Tatsachen gestellt werden. Es ist nicht möglich mitzuteilen, daß jemand auf Klassenfahrt gehe, sondern es ist um die Möglichkeit der Teilnahme an einer Klassenfahrt nachzufragen.
- Unterrichtsbesuchstermine sind aus eigenem Antrieb in ausreichender Anzahl anzubieten.
- Ständige Absagen von Besuchsterminen und häufige Angabe von Krankheitstagen erscheinen in vielen Fällen als Ausdruck von Schul- und Anforderungsflucht. Beim Führen einer Statistik fällt auf, in welcher Häufung solche Tage mit der Lage von Seminarveranstaltungen korrespondieren. Die Referendare sollten zumindest wissen, daß dies nicht unbemerkt bleibt.

Besonders unersprießlich ist es, wenn sich nicht einwandfrei verhaltende Referendare über die so unmöglichen Schüler beschweren. Den Schülern ist es z.B. verboten, im Unterricht zu essen, aber während der Seminarveranstaltung beginnen einige – trotz gegenläufig geäußerter Wünsche der Seminarleitung – mit den Kekstüten zu rascheln. Die Schüler erhalten Einträge, wenn sie keine Hausaufgaben angefertigt haben, die Referendare haben gestellte Aufgaben in beachtlicher Häufigkeit nicht angefertigt. Auf wundersame Weise sind daran oft plötzlich nicht mehr funktionierende Computer oder Drucker schuld. Andere Kulturtechniken scheinen kaum mehr zur Verfügung zu stehen.

### 7.10 Was im Referendariat noch wichtig ist

Das Referendariat ist mit einer komplexen Lern- und Organisations-, Bewertungs- und Abhängigkeitssituation verbunden. Die Referendare sollen etwas erproben, aber sie sollen es „richtig" machen. Sie sollen frei von Ängsten unterrichten, wissen aber, daß sie am Ende benotet werden usw. Das alles heißt, den individuellen Weg zwischen der Verwirklichung persönlicher Vorstellungen und mehr oder weniger genormten Anforderungen zu finden. Vor dem Hintergrund, daß hier eine Berufsentscheidung ganz bewußt getroffen wurde, erscheinen gelegentlich geäußerte Kritiken über die Ausbildung, die Schule, die Anforderungen und dergl. in einem sonderbaren Licht. Gemeint sind solche Kritiken, die nicht auf die prinzipiell in vielen Bereichen vorkommenden Bedingungen, Optimierungen und Modernisierungen abzielen, sondern solche, die zu verstehen geben, daß ihnen das Gesamtsystem nicht behagt. Dahinter stehen Haltungen, die davon ausgehen, daß die gesamte Ausbildung ihnen nicht gemäß und letztlich nur ein Klotz am Bein ist. Kritik wird nicht selten von denjenigen geäußert, die versuchen, mit minimalem Aufwand das Referendariat zu absolvieren. Hier hält sich der ganze Aufwand der Unterrichtsvorbereitung dann in einem Rahmen, der bestenfalls unanschaulichen, theoretischen, uninteressanten und für die Schüler auf dieser Basis auch unwichtigen Unterricht erlaubt. Wer das Referendariat nicht als Chance zur persönlichen Weiterentwicklung, Bereicherung, zum Lernen schlechthin begreift, wird die gesamte Zeit über mit der Ausbildung hadern. Ähnlich verhält es sich mit jenen, die die äußeren Bedingungen (schlechte Schulausstattung, schwierige Schüler) für unzumutbar halten. Warum diese Referendare sich ausgerechnet für den Schuldienst entschieden haben, bleibt unergründlich. Es mag gern bestritten werden, daß es Fälle völliger Deplacierung von Referendaren in der Schule gibt, aber dann müßte auch erklärt werden, warum man ausgerechnet für diesen Beruf die Ausnahme in Anspruch nimmt und davon ausgeht, daß es nur geeignete Kandidaten gibt. Und man müßte erklären, warum man darauf dringt, Personen in den Schuldienst aufzunehmen, deren Passung mehr als fragwürdig ist. Es steht außer Zweifel, daß es gänzlich unfähige Referendare gibt, die keinerlei Entwicklung durchlaufen, und die eine Belastung für die Schule darstellen. Es sind Fälle bekannt, in denen die Schulen die Zusammenarbeit mit der Ausbildungsinstitution mit Recht verweigerten, die die Referendare nicht mehr in die Klassen ließen und die sie mit „ungenügend" bewerteten. In solchen Fällen versagen auch viele Beratungsgespräche. Allerdings bestehen diese Referendare – einmal in das Referendariat eingetreten – trotz aller Widrigkeiten darauf, den Weg bis zum Examen zu gehen. Eine falsche Berufswahl kann aber nicht durch vertröstende Hinweise auf mögliche Besserung, Flucht in die Krankheit oder die Stellungnahme ausgeglichen werden: „Ich bin ja hier, um das zu lernen." Es ist die Pflicht der Seminare, die Betreffenden rechtzeitig aufzuklären, wenngleich dies rechtlich bedenklich sein kann, da es Fälle gibt, in denen die Referendare dann „Voreingenommenheit" geltend machten.

Diesen finsteren Fällen stehen diejenigen gegenüber, die mit Freude und Engagement, mit Fleiß und Selbstkritikfähigkeit an ihrem angestrebten Ziel arbeiten. In diesem Sinne können die Referendare selbst dazu beitragen, die Seminare zu einem Ort der Begegnung, des interessanten und interessierten Austausches zu machen und sich als die Teilnehmer eines ganz bestimmten Seminars auch heimisch zu fühlen. Dazu gehören sicher eine gewisse Akzeptanz der Verhältnisse sowie ein positives Anspannungsgefühl für Lehrproben.

Man mache sich bewußt, welche Einstellungen neben der Bereitschaft zur Mitarbeit und zur ordentlichen Unterrichtsvorbereitung wünschenswert sind:

- die Verinnerlichung des Umstandes, sich von den Schülern in wohlverstandener Weise distanzieren müssen,
- das Bewußtmachen der Vorbildrolle des Lehrers,
- das Aushalten des Umstandes, daß man nicht von allen Schülern „geliebt" wird,
- das Aushalten des Umstandes, daß man den Schülern etwas abverlangen und auch unpopuläre Maßnahmen treffen muß,
- das Aushalten des Umstandes, daß ein gleichbleibender Anforderungsdruck herrscht, der in der Natur der Sache liegt,
- ein Widerstehen der in Kollegien mitunter auftretenden, negativen Ansichten über die Schüler,
- das Bewußtmachen, was der Beamtenstatus bedeutet, und daß es sich dabei nicht um eine lächerliche Marginalie handelt,
- das Bewußtmachen, daß Rollenerwartungen zu erfüllen sind (dienstliche Korrektheit),
- das Einbringen eines Arbeitsverhaltens in den Seminaren (kein Freizeitverhalten)
- das Bewußtmachen, daß man mit der Entscheidung für diesen Beruf Teil des (Schul)Systems werden will und es vertritt,
- das Einlassen auf einen Anforderungsstandard, der – bei allen berechtigten Einwänden – im jeweiligen Moment noch die Norm ist (es wird ein Staatsexamen abgelegt, keine Gesellenprüfung),
- eine Bejahung des Leistungsprinzips.

## Kapitel 8 Die Prüfungsarbeit

Die schriftliche Prüfungsarbeit (Examensarbeit) ist nach wie vor verpflichtender Bestandteil der Zweiten Staatsprüfungen und in den Lehrerprüfungsordnungen verankert. Die Anfertigung der Arbeit wird von den Referendaren nicht selten für unnötig gehalten, wobei im wesentlichen auf die Arbeitsbelastung im Zusammenhang mit dem gesamten Prüfungsgang und die bereits erbrachte Qualifikationsleistung bei der Anfertigung der Arbeit zur Ersten Staatsprüfung verwiesen wird. Mit dem letzteren wird gelegentlich das Argument verbunden, daß man „wissenschaftlich arbeiten" könne, habe man damit hinreichend bewiesen. Die Arbeiten zum Zweiten Staatsexamen können die Richtigkeit dieses Verweises in keiner Weise bestätigen.

Diejenigen, denen das Anfertigen der Arbeit eine Last ist, die bereits mühsam nach einem geeigneten Thema suchten, haben in der Regel auch in der Arbeit kaum Sinnvolles zu sagen. Hier beschränkt sich die Thematik oft auf das Grundprinzip von „Planung, Durchführung und Auswertung einer Unterrichtseinheit" – das sicher nicht originellste Schema. Es ist deshalb weniger geeignet, weil es singulär angelegt ist, wenig verallgemeinerbare Aussagen zuläßt und im Prinzip zu nicht sehr umfänglicher Erkenntnis fortschreitet. Diesem Arbeitstyp merkt man nicht selten an, daß der Autor kaum eine wichtige Botschaft zu transportieren hat, nichts, worauf es ihm im besonderen ankommt, wo er schon immer Defizite gesehen hat, was er schon immer sagen wollte, wo er eine Lösung für ein Problem anbieten kann. Diese Arbeiten sind zudem meist deskriptiv und geraten im didaktischen Teil schnell zu einer Art Plauderei über Unterricht.

Diesem Typus steht die Untersuchung eines Sachverhaltes mit dem Ziel, etwas herauszufinden, gegenüber. Herausgefunden werden kann ebenso wie bei den Hospitationen eine Vielzahl von Bedingtheiten, Relationen, Gründen, Regelhaftigkeiten, Muster, Besonderheiten usw. im Rahmen der Unterrichtsmerkmale, der Schülerergebnisse, des Lehrerverhaltens und dergl. mehr. Hier kommen die Autoren aufgrund einer echten Fragestellung auch zu einem verallgemeinerbaren Ergebnis. Nicht der Bericht, sondern der methodische Weg sowie das Ergebnis und seine Interpretation stehen nun im Mittelpunkt.

Wegen der Vielfältigkeit der Themenstellungen ist es in der Sache kaum möglich, sinnvolle Hinweise zur Anlage der Arbeit zu machen, denn ein Thema wie „Bilder im Geschichtsunterricht betrachten, verstehen und interpretieren – Erprobung schüleraktivierender Verfahren in einer Unterrichtsreihe zum Absolutismus" erforderte eine andere Anlage als das Thema „Möglichkeiten zur Verstärkung der Elternarbeit in der Grundschule mit dem Ziel, ausländische Eltern in das Schulleben zu integrieren." Dennoch gibt es eine Reihe von Gemeinsamkeiten, auf die mehr oder weniger bei allen Arbeitsthemen geachtet werden sollte:

1. Schon frühzeitig im Referendariat kann Ausschau nach sinnvollen Themenfeldern gehalten werden. Kurz vor Ausgabetermin der Themenstellung noch zu schwanken, in welchem Fach die Arbeit angesiedelt werden könnte, ist keinesfalls hilfreich.
2. Bevor die eigentliche Arbeit am Text beginnt, sollten die Lehrer noch einmal in die Prüfungsordnungen schauen und genau diejenigen Passagen lesen, die zum Ausdruck bringen, was die schriftliche Prüfungsarbeit eigentlich belegen soll. Dies könnte manche Arbeit von ausuferndem Theorie-Ballast zugunsten der didaktischen Anteile befreien.
3. Im Idealfall erwächst das Thema aus der Begeisterung und dem wahren Interesse für die Sache. Dann quälen sich die Autoren nicht durch ihre Seiten, sondern ihnen reicht der zur Verfügung stehende Platz für das Viele, das sie zu sagen haben, nicht aus. Andernfalls wissen sie oft nicht recht, wie sie die Seiten füllen sollen und strecken den Text dann durch das Einbringen von Unwichtigkeiten.
4. Die Thematik sollte im besten Fall auf einen Praxisausschnitt fokussieren, bei dem das Anliegen darin besteht, eine Situation kontrollierbar aufzuwerten, z.B. eine Lernleistung zu steigern.
5. Arbeiten, die auf eine Art Untersuchung hinauslaufen, haben den Vorteil, in jedem Fall ein deutliches Ergebnis aufweisen zu können.
6. Die Untersuchungsarbeit geht in der Regel von einer einfachen Fragestellung aus. Sie vergleicht z.B. vorher – nachher, Klasse A mit Klasse B, Vortest – Nachtest, früher – jetzt (historisch) usw.
7. Arbeiten, die Fallstudien zum Inhalt haben, müssen sich in besonderer Weise um Klarheit der Fragestellung und deutliche Definition von Merkmalsausprägungen (Zuordnung bestimmten Verhaltens, bestimmter Erscheinungen usw. zu klaren Kriterien) bemühen, um die deskriptiven Anteile zu reduzieren.
8. Arbeiten, die mit unscharfen Begriffen operieren, stehen in besonderer Gefahr, sich in Irrwegen zu verlieren oder im Teil der Sachdarstellung auszuufern. Dazu gehören z.B. Begriffe wie: Motivation, Handlungsorientierung, Öffnung, Schüleraktivierung, kooperatives Lernen, Schülerorientierung.
9. Auf der methodischen Ebene sind Begriffe gut zu überlegen wie: Erprobung, Verbesserung, Schulung, Einsatz von Material x, Erweiterung von y usw. Der Grund dafür ist folgender: Wenn eine Sache erprobt wird, kann am Ende oft nur gesagt werden, ob Verfahren und Ergebnis zufriedenstellend waren oder nicht. Der Grund dafür kann hingegen nur schwer benannt werden, weil die Bedingungen nicht bekannt waren bzw. nicht konstant gehalten werden konnten (Unterricht als interdependenter Prozeß). Arbeiten, die sich eine Verbesserung der Leistung der Schüler mit Hilfe einer bestimmten Methode zum Inhalt nehmen, sind stets mit dem Problem konfrontiert, eine Verbesserung nicht nur belegen zu müssen, sondern sie auch

tatsächlich auf die gewählten Maßnahmen zurückführen zu können. Eigentlich bräuchte man dazu eine Vergleichsgruppe. Wird dieses Problem dann noch mit der genannten unscharfen Begrifflichkeit verkoppelt, bleibt vollends unklar, was z.b. ohnehin schon „schüleraktivierend" war, und was auf die „besonderen Maßnahmen" zurückzuführen ist. Wenn ein Thema lautet „Maßnahmen zur Verbesserung von...", so liegt ein weiteres theoretisches Problem vor: Es geht im Unterricht immer um die Verbesserung von Lernergebnissen. Diese können ohnehin nur mit „Maßnahmen" erreicht werden, so daß man sich bei mancher Themenstellung fragt, wie man den Unterricht eigentlich ohne die genannten „Maßnahmen" erteilen sollte. Deshalb liegt die Kunst darin zu zeigen, was das Besondere der gewählten Methoden oder Medien gegenüber dem „Normalen" ist.
10. Von besonderer Wichtigkeit ist die möglichst schon anfangs zu stellende Untersuchungsfrage bzw. die der Arbeit zugrunde gelegte Erkenntnisfrage. Sie kann dann nachfolgend genau dargelegt werden, und zwar indem man präzise zeigt, an welchen Merkmalen sich die Frage (bzw. die Beantwortung) erweisen soll. Beispiel: Wenn die Untersuchungsfrage lautet: „Wie lassen sich die Leseleistungen der Schüler verbessern?", dann muß festgelegt werden, woran man eine Verbesserung erkennen kann. Es ist dann jedoch immer noch die Frage, ob das gewählte Merkmal das Treffende ist.
11. Dringend abzuraten ist vom Aufwerfen einer Vielzahl von Fragen. Geradezu zur Unsitte wird es, wenn diese an vielen Stellen der Arbeit auftauchen und wenn immer weitere Fragen, der die Arbeit angeblich ebenfalls nachgeht, nachgeschoben werden. In der Regel wird dann keine der Fragen tatsächlich beantwortet, und sie erhalten rein rhetorischen Charakter.
12. Als eine Art Faustregel kann gelten: Ein Drittel Theorie, zwei Drittel eigene Untersuchungsdarstellung, Auswertung, Diskussion (Praxisteil).
13. Es ist hilfreich, bereits im Theorieteil auf die aus ihm erwachsenden Entscheidungen im Praxisteil zu verweisen. Andernfalls ergeben sich nicht selten Arbeiten, die zwar einen durchaus interessanten Theorieteil besitzen, der Praxisteil aber von diesem entkoppelt erscheint.
14. Die zentralen Begriffe des Titels der Arbeit müssen im Theorieteil präzise definiert werden. Dazu ist es nicht notwendig, alle Literaturpositionen zu beleuchten, sondern die verwendeten kritisch vorzustellen und zu begründen, warum auf diese rekurriert wurde.
15. Die einmal verwendete Begrifflichkeit sollte durchgehalten werden. Beispiel: Wenn von Projektunterricht die Rede ist, sollte nicht zwischen Projekt, projektartigem Unterricht oder Projektunterricht ständig gewechselt werden.
16. Die Frage nach dem Ort des Einbringens von Belegkopien (z.B. Schülertest-Ergebnisse, Schülerzeichnungen, Schülertexte im laufenden Text oder im Anhang) kann durch den Umfang bzw. durch die Antwort auf die Frage

nach der Notwendigkeit der Kommentierung beantwortet werden. Dinge, auf die explizit Bezug genommen wird, die Belege für bestimmte Merkmalsausprägungen sind, die Klassifizierungen von Leistungen darstellen oder dergl. sollten der besseren Lesbarkeit zuliebe in den laufenden Text einmontiert werden. Weitere Belege können dann in den Anhang gestellt werden. Dort machen sie nur Sinn, wenn sie nicht das Gleiche zeigen wie das Kommentierte im Text. Formal ist auf einwandfreie Zuordnung der Belege im Text zu achten, um sie im Anhang problemlos schnell auffinden zu können. In den Anhang können umfangreichere Tabellenteile gestellt werden; das Muster und die Erläuterung zum Lesen der Tabelle stehen besser im fortlaufenden Text.

17. Die Ergebnisse der dargestellten Unterrichtsarbeit können kritisch gewürdigt werden. Es schadet der Arbeit nichts, wenn in der Sache, z.B. bei den Schülerleistungen, kein meßbarer Erfolg erzielt wurde, es sei denn, die getroffene Maßnahme war von vornherein und erkennbar zum Scheitern verurteilt. Es kommt in keinem Fall darauf an, unliebsame Ergebnisse zu schönen. Dies würde jeder Gutachter als eher ärgerlich empfinden.

18. In welcher Form Zitierformalien und Literaturangaben erfolgen sollen, ist sicher jedem freigestellt. Allerdings findet sich in den Arbeiten viel Unsicherheit im Umgang mit Fußnoten. Das Fußnotenverfahren ist legitim, behindert aber den Lesefluß nicht unerheblich, und wenn man auf einer Seite zum wiederholten Male „ebd." findet, die Erstnennung aber Seiten zurück liegt, so ist die Methode verfehlt. Als Vorschlag wird hier geraten: Zitat oder Sinnzitat und direkt dabei der Autorenname, das Jahr und die Seitenangabe. Dies behindert auf der einen Seite den Lesefluß nicht, ist auf der anderen Seite aber ausreichend informativ. Man mache sich klar, wozu die Quellenangabe dient. Sie soll einem Interessierten das Auffinden der Stelle in der Originalliteratur ermöglichen. Folglich muß bei dem vorgeschlagenen Verfahren der Autor samt Titelangabe mit der genannten Jahreszahl im Literaturverzeichnis auftauchen. Je nach Fächertradition sind auch andere Möglichkeiten denkbar. Das Verfahren, die Zitate durch Ziffern in eckigen Klammern zu belegen, die dann im Literaturverzeichnis wieder auftauchen, ist möglich, aber nicht sehr informativ (kein alphabetisches Literaturverzeichnis).

19. Es ist darauf zu achten, daß alle Zitate und Sinnzitate im gleichen gewählten Modus verbleiben (es gibt in der Literatur viele Vorschläge mit Beispielen). Dies gilt auch für die Angaben im Literaturverzeichnis selbst. Hier kann nicht gewechselt werden, z.B. Angaben mal mit Verlag, mal ohne einzubringen usw. Eine Sonderbehandlung müssen antike Autoren, graue Literatur und Hochschulschriften, Dissertationen und Habilitationen erfahren. Hier mache man sich mit den grundlegenden Regeln vertraut.

20. Ungünstig gewürdigt wird der Umstand, wenn Autoren im laufenden Text genannt werden, im Literaturverzeichnis aber nicht auftauchen. Umgekehrt dürfen im Literaturverzeichnis nicht Werke erscheinen, die im Text gar nicht verarbeitet wurden.
21. In vielen Fällen ist der Leser überrascht, daß weite Strecken der Theoriedarstellung auf einem oder zwei Autoren fußen. Hier wundert es nicht, wenn beim Leser eine gewisse Skepsis darüber aufkommt, ob die Darstellung damit hinreichend fundiert ist.
22. Es fällt auf, daß sich erstaunlich viele Literaturangaben auf die ersten zehn Seiten eines Werkes beziehen. Wurde vielleicht gar nicht mehr gelesen?
23. Eine nicht unbeträchtliche Zahl an Arbeiten erhält die Note „mangelhaft", weil Formalien nicht eingehalten wurden. Das ist völlig unnötig.

Elke Hartmann (Hrsg.)

# Technische Bildung in Unterrichtsforschung und Lehrerbildung

**Tagung der EGTB und der Martin-Luther-Universität Halle-Wittenberg**

Frankfurt am Main, Berlin, Bern, Bruxelles, New York, Oxford, Wien, 2005.
200 S., zahlr. Abb. und Tab.
ISBN 3-631-53225-3 · br. € 39.–*

Technische Bildung in der Schule gehört zu den zukunftsfähigen Elementen einer modernen Allgemeinbildung. Eine adäquate Lehrerausbildung erfüllt ihren Anspruch auf Zukunftsfähigkeit u. a. durch den Einsatz moderner Lehr- und Lernmedien wie das E-Learning. Beide Seiten – Technikunterricht und Lehrerausbildung – waren Gegenstand einer wissenschaftlichen Tagung. Ein über zwei Schulhalbjahre angelegter Unterrichtsversuch sollte einerseits die Umsetzbarkeit der Rahmenrichtlinien an Gymnasien aufzeigen, andererseits aber auch die Wirkung von Technikunterricht auf Wissen, Einstellungen und Interessen von Schülern und Schülerinnen zur Technik herausarbeiten. Ein gemeinsames Projekt zweier Universitäten stellt Ergebnisse zur Nutzung des Internets in der Lehrerausbildung an zentralen Themen vor. Ein Resümee zum Stand der technischen Bildung in Polen, Ungarn und Deutschland schließt den Band ab.

*Aus dem Inhalt:* Konzept und wichtige Ergebnisse einer empirischen Untersuchung zum Technikunterricht · Konzeption der Unterrichtseinheiten: Trinkwasser- und Abwassertechnik, Nutzung erneuerbarer Energien, Grundlagen des Steuerns und Regelns · Konzepte und Vorschläge zum E-Learning in der Lehrerausbildung an Themen wie Energieeinsparung im Haus oder Technikdidaktik und Soziotechnik · Stand und Probleme der technischen Bildung in den Ländern Polen, Ungarn und Deutschland

Frankfurt am Main · Berlin · Bern · Bruxelles · New York · Oxford · Wien
Auslieferung: Verlag Peter Lang AG
Moosstr. 1, CH-2542 Pieterlen
Telefax 00 41 (0) 32 / 376 17 27

*inklusive der in Deutschland gültigen Mehrwertsteuer
Preisänderungen vorbehalten

**Homepage http://www.peterlang.de**